本丛书由澳门基金会策划并资助出版

澳门特别行政区法律丛书

澳门特别行政区法律丛书

澳门选举制度

The Election System
in Macau

赵向阳/著

社会科学文献出版社
SOCIAL SCIENCES ACADEMIC PRESS (CHINA)

澳門基金會
FUNDAÇÃO MACAU

总　序

　　自 1995 年澳门基金会开始编辑出版第一套《澳门法律丛书》至今，整整 17 年过去了。在历史的长河中，17 年或许只是昙花一现，但对澳门来说，这 17 年却具有非同凡响的时代意义；它不仅跨越了两个世纪，更重要的是，它开创了"一国两制"的新纪元，首创性地成功实践了"澳人治澳、高度自治"的政治理念。如果说，17 年前我们编辑出版《澳门法律丛书》还仅仅是澳门历史上首次用中文对澳门法律作初步研究的尝试，以配合过渡期澳门法律本地化政策的开展，那么，17 年后我们再组织编写这套更为详细、更有深度的《澳门特别行政区法律丛书》，便是完全受回归后当家作主的使命感所驱使，旨在让广大澳门居民更全面、更准确、更深刻地认识和了解澳门法律，以适应澳门法律改革的需要。

　　目前，在澳门实行的法律包括三个部分，即《澳门基本法》、被保留下来的澳门原有法律和澳门特别行政区立法机关新制定的法律；其中，《澳门基本法》在整个澳门本地法律体系中具有宪制性法律的地位，而被保留下来的以《刑法典》《民法典》《刑事诉讼法典》《民事诉讼法典》和《商法典》为核心的澳门原有法律，则继续成为澳门现行法律中最主要的组成部分。正因为如此，澳门回归后虽然在政治领域和经济领域发生了巨大的变化，但法律领域相对来说变化不大。这种法制现状一方面表明澳门法律就其特征而言，仍然保留了回归前受葡萄牙法律影响而形成的大陆法系成文法特色，另一方面也表明澳门法律就其内容而言，"老化"程度比较明显，不少原有法律已经跟不上澳门社会发展的步伐。近几年来，澳门居民要求切实加

1

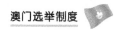

强法律改革措施的呼声之所以越来越强烈，其道理就在于此。从这一意义上说，组织编写《澳门特别行政区法律丛书》，既是为了向澳门地区内外的广大中文读者介绍澳门特别行政区的法律，同时也是为了对澳门法律作更系统、更深入的研究，并通过对澳门法律的全面梳理，激浊扬清，承前启后，以此来推动澳门法律改革的深化与发展。

与回归前出版的《澳门法律丛书》相比，《澳门特别行政区法律丛书》除了具有特殊的政治意义之外，其本身还折射出很多亮点，尤其是在作者阵容、选题范围与内容涵盖方面，更颇具特色。

在作者阵容方面，《澳门特别行政区法律丛书》最显著的特点就是所有的作者都是本地的法律专家、学者及法律实务工作者，其中尤以本地的中青年法律人才为主。众所周知，由于历史的原因，澳门本地法律人才的培养起步很晚，可以说，在1992年之前，澳门基本上还没有本地华人法律人才。今天，这一人才状况得到了极大的改善，由澳门居民组成的本地法律人才队伍已经初步形成并不断扩大，其中多数本地法律人才为澳门本地大学法学院自己培养的毕业生；他们年轻，却充满朝气，求知欲旺盛；他们羽翼未丰，却敢于思索，敢于挑起时代的重任。正是有了这样一支本地法律人才队伍，《澳门特别行政区法律丛书》的编辑出版才会今非昔比。特别应当指出的是，参与撰写本套法律丛书的作者分别来自不同的工作部门，他们有的是大学教师，有的是法官或检察官，有的是政府法律顾问，有的是律师工作者；但无论是来自哪一个工作部门，这些作者都对其负责介绍和研究的法律领域具有全面、深刻的认识；通过长期的法律教学或法律实务工作经验的积累，通过自身孜孜不倦地钻研和探索，他们在相应部门法领域中的专业水平得到了公认。毋庸置疑，作者阵容的本地化和专业性，不仅充分展示了十多年来澳门本地法律人才的崛起与成熟，而且也使本套法律丛书的权威性得到了切实的保证。

在选题范围方面，《澳门特别行政区法律丛书》最显著的特点就是范围广、分工细。如上所述，澳门法律具有典型的大陆法系成文法特色，各种社会管理活动都必须以法律为依据；然而，由于澳门是一个享有高度自治权的特别行政区，除少数涉及国家主权且列于《澳门基本法》附件三的全国性法律之外，其他的全国性法律并不在澳门生效和实施；因此，在法律领域，用"麻雀虽小，五脏俱全"来形容澳门法律是再合适不过了。正是考虑到澳门法律的全面性和多样性，我们在组织编写《澳门特别行政区法律丛书》时，采用了比较规范的法律分类法，将所有的法律分为两大类：第一类为重要的部门法领域，包括基本法、刑法、民法、商法、行政法、各种诉讼法、国际公法与私法、法制史等理论界一致公认的部门法；第二类为特定的法律制度，包括与选举、教育、税务、金融、博彩、劳资关系、居留权、个人身份资料保护、环境保护等社会管理制度直接相关的各种专项法律。按此分类，本套法律丛书共计 35 本（且不排除增加的可能性），将分批出版，其规模之大、选题之全、分类之细、论述之新，实为澳门开埠以来之首创。由此可见，本套法律丛书的出版，必将为世人认识和研究澳门法律，提供一个最权威、最丰富、最完整的资料平台。

在内容涵盖方面，《澳门特别行政区法律丛书》最显著的特点就是既有具体法律条款的解释与介绍，又有作者从理论研究的角度出发所作之评析与批判。在大陆法系国家或地区，法律本身与法学理论是息息相关、不可分割的，法学理论不仅催生了各种法律，而且也是推动法律不断完善、不断发展的源泉。澳门法律同样如此，它所赖以生存的理论基础正是来自大陆法系的各种学说和理念，一言以蔽之，要真正懂得并了解澳门法律，就必须全面掌握大陆法系的法学理论。遗憾的是，受制于种种原因，法学理论研究长期以来在澳门受到了不应有的"冷落"；法学理论研究的匮乏，客观上成为澳门法律改革步履维艰、进展缓慢的重要原因之一。基于此，为了营造一个百家争鸣、百花齐放的法学理论研究氛围，进一步深化对澳门法律的认识和研究，提升本套法律丛书的学术价值，我们鼓励每一位作者在介绍、解释现行法律条款的同时，加强理论探索，大胆提出质疑，将大陆法系的法学理论融入对法律条款的解释之中。可以预见，在本套法律丛书的带动下，澳门的法学理论研究一定会逐步得到重视，而由此取得的各种理论研究成果，一定会生生不息，成为推动澳门法律改革发展的强大动力。

编辑出版《澳门特别行政区法律丛书》无疑也是时代赋予我们的重任。在《澳门基本法》所确立的"一国两制"框架下，澳门法律虽是中国法律的一个组成部分，但又具有相对的独立性，从而在中国境内形成了一个独特的大陆法系法域。我们希望通过本套法律丛书在中国内地的出版，可以让所有的中国内地居民都能更深刻、更全面地了解澳门、熟悉澳门，因为澳门也是祖国大家庭的一个成员；我们也希望通过本套法律丛书在中国内地的出版，为澳门和中国内地法律界之间的交流架起一道更宽阔、更

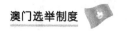

紧密的桥梁，因为只有沟通，才能在法律领域真正做到相互尊重，相互理解，相互支持。

编辑出版《澳门特别行政区法律丛书》显然还是一项浩瀚的文字工程。值此丛书出版之际，我们谨对社会科学文献出版社为此付出的艰辛努力和劳动，表示最诚挚的谢意。

《澳门特别行政区法律丛书》

编委会

Contents

目 录

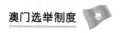

前　言

　　本书旨在介绍澳门的选举制度，包括选民登记制度、立法会选举制度和行政长官选举制度，也包括与此相关的政制发展问题；而基于立法会选举制度的若干机制亦为行政长官选举制度所沿用，故其所占篇幅较多，包括对法律演变的梳理和对现行规定的分析。

　　澳门选举制度皆由法律规范，了解立法过程中的讨论对于把握其立法原意颇有裨益；而在法律实施过程中选举管理委员会发出的指引，则有助于厘清对法律条文的界定和操作。因此，本书将立法会审议法案的意见书和选管会的指引酌情列出，以便参阅。

　　至于每届立法会或行政长官选举的实况分析，笔者以为更多属于政治学等学科的范畴，故本书较少涉及。

　　本人自回归前夕至今一直担任现职，在不同程度上参与了选举法的制定、修改及政制发展工作，但限于学养，尚未能就此领域作出全面而深入的理论分析。书中或有缺失讹误还望指教。

　　借此机会谨向所有为本书的写作和出版付出努力的朋友致以衷心的感谢！

赵向阳

第一章

绪 论

选举制度，在 21 世纪的当今世界，是实行民主政治的宪制基础，是维护公民参政权利的宪制保障，是政府进行合法更替或改组的宪制程序[①]。当然，此处所言之"选举制度"是指符合国际公认准则的规范体系。

选举制度的制定、修改和运作，既取决于各种政治力量对比和公民社会的发展程度，也是当地历史传统、经济制度、社会结构、政治文化、法律意识和宗教状况等诸多复杂因素综合作用的结果，甚至在某些情况下还包括国际局势和外部力量的影响；既是实施选举法并在实践中不断予以完善的法治过程，也是可能左右政局变幻、政策转向的政治过程，尤其是在许多国家或地区更导致了政党政治的产生和发展，从而极大地改变了政治生态的构成和政治体制的运作模式。

近代意义的选举制度已存续了数百年[②]，各国各地区的法律规定不尽相同甚至相去甚远，而其实际运作方式更是花样百出、效果迥异。然而，不论何种选举制度都首先要对选举权的享有和行使作出规范和保障。因此，探讨澳门选举制度亦需了解选举权的内容和特点。

---

① 此处的"政府"主要是指行政机关及立法机关。
② 胡盛仪、陈小京、田穗生：《中外选举制度比较》，商务印书馆，2000，第 28～45 页。

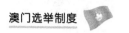

第一节　选举权的法理分析与国际公约

相比较而言，选举权是权利家族中的年轻一员。它既有权利的一般属性和特点，又有其自身的内涵和外延。因此，先了解权利的概念有助于认识选举权的基本特征。

一　关于权利的概念

如何定义"权利"，可谓百花齐放，变动不居，但也有共通之处，在此仅举几例。

中国内地学者关于权利概念中较为典型的观点有："规范说"，即认为权利是指法律所允许的能够作出一定行为的尺度；"利益说"，将权利称作是人们对个人和社会价值追求的确认，是在一定社会经济关系基础上产生的需要和利益的法权形态；"力量说"，即强调权利是指法律关系的主体具有自己这样行为或要求他人这样行为或不这样行为的能力或资格；"手段说"，即强调权利是一种谋取利益的合法手段[①]。

从概念上看，"权利"概念有狭义和广义之分。狭义的权利概念只是指法律权利，也即指法律关系中的主体以相对自由地作为或不作为的法定方式获得利益的一种能动的手段。广义的权利概念则是泛指主体可为或不可为的自由度[②]。当然，这也是一家之言。《牛津法律大辞典》指出：

在古希腊哲学和罗马法中，权利似乎与正确和正义一致。后来，有时从自由意志的基本论据中推导出权利，有时认为，权利实质上是根据两者之间的法律关系，由法律决定并通过法律认可和保护，有时被看做是受法律公正地承认和保护的某种利益。

自然权利或道德权利与法律权利常常被区分开来。前者是指声称应受自然正义和道义原则承认和保护的各种要求；而后者可以有，也可以

---

① 林喆：《公民基本人权法律制度研究》，北京大学出版社，2006，第7页。
② 林喆：《公民基本人权法律制度研究》，北京大学出版社，2006，第7页。

没有任何道德基础，但实际却受特定法律制度本身的承认和保护，而唯有后者才具有实际的法律意义。

同样，人们会碰到像社会权利、政治权利、经济权利以及诸如此类的用语。只要这些权利被特定法律承认，它们就是合法权利；而他们未被承认时，就可能只是道义要求，或者仅是意愿、抱负或主张。准确地说，任何一类特别法人或个别人具有的合法权利，都依赖于当时正被谈论的特定法律本身。权利可以通过立法确立或剥夺，或者被法院宣告不存在。

法律权利的存在是以各种观念为基础的。而基础之一是道德，如果现存的法律权利是道德方面的权利，那么这种由法定权利认可的道德要求应被承认。但并非所有得到称许的道德方面的要求，都被认作法定权利，反题并不成立。另一个基础是利益，但不是每种利益都得到法定权利的保护。再一个基础是义务，权利即尽相关义务的能力。但在权利和义务之间可能会缺少一致。通常与法定权利相关并相对应的是法定义务，在此关系下，如果一个人有一种特别的法定权利，则必定有另一个人或一些人承受法定义务。但是义务的存在对于权利的存在来说，并不总是必不可少的，义务同样可以独立存在。例如，根据刑法，不需要给予任何人以任何权利，而只有服从的义务①。

20 世纪 90 年代末上海出版的《法学大辞典》说，"'权利'与'义务'相对。法律赋予法律关系主体享有某种作为或不作为的许可。法律意义上的权利实际上就构成法本身，它和相应的义务构成法的核心内容，两者相互依存，有着不可分割的联系"②。21 世纪初北京出版的《法律辞典》与前者较为一致："从通常的角度来说，权利是法律赋予权利主体作为或不作为的许可或认可。例如法律赋予人们享有的某种权益，权利人有权作出或不作出一定的行为或者要求他人作出相应的行为。"③ 两者简明扼要，但对于表述如此重要和内容丰富的概念略显力有不逮。

换个具体角度看，"对于实证宪法学而言，'宪法权利'是指受到宪

① 〔英〕戴维·M. 沃克（David M. Walde）：《牛津法律大辞典》（中译本），北京社会与科技发展研究所组织翻译，光明日报出版社，1988，第 774 页。
② 曾庆敏主编《法学大辞典》，上海辞书出版社，1998，第 460 页。
③ 中国社会科学院法学研究所编《法律辞典》，法律出版社，2003，第 1128 页。

法规定的、国家不可侵犯或有义务保护的一种活动能力；这种能力是否受到侵犯或受到适当保护，受制于司法机构的独立审查，且如果它确实因国家侵犯或未能适当保护而受到损害，国家有义务提供适当的补救。因此，在更广的意义上，权利（或自由）也包含着保护权利（或自由）的制度"①。

关于权利概念的研究可谓汗牛充栋、绵绵不绝，对于权利分类的各种说法也是观点纷呈，不一而足②。但是把选举权作为一种"直接的政治权利"则几无异议③。

二 关于选举权的法理分析

选举权是指"公民依照法律规定享有选举国家各级代表机关或国家公职人员的权利"④。选举权研究通常包括选举权的法律性质，选举权的享有和行使，选举权的限制、剥夺及其救济，也包括被选举权的主要内容⑤。

（一）选举权的法律性质

关于选举权的性质有以下几种主要观点⑥：

1. "应有权利说"，又称"个人权利说"

这种学说认为，选举权是公民当然享有的，与生俱来的且不可转让的权利，它属于公民的自然权利，不得任意地被限制与剥夺。固有权利说源于资产阶级革命时期启蒙思想家提出的天赋人权学说、社会契约思想和人民主权理论。他们从自然法的立场出发，主张国家主权属于全体人民，人民为表达他们的公共意志，都有权参与主权的行使。参加选举就是表达意见的一种方式，因此人民应当享有选举权。

---

① 张千帆：《宪法学导论》，法律出版社，2008，第 478 页。
② 左潞生：《比较宪法》，台北国立编译馆，1963，第 85 页；林喆：《公民基本人权法律制度研究》，北京大学出版社，2006，第 16～17 页。
③ 张千帆：《宪法学导论》，法律出版社，2008，第 477 页。
④ 中国社会科学院法学研究所编《法律辞典》，法律出版社，2003，第 1708 页。
⑤ 陈宏光：《论选举权的享有、限制与剥夺及其法律救济》，载中国法学会宪法学会编《宪法研究》（第一卷），北京法律出版社，2002，第 538～547 页。本小节较多引介该文内容。
⑥ 左潞生：《比较宪法》，台北国立编译馆，1963，第 151～152 页。

2. "社会职务说",又称"社会义务说"

这种学说认为,选举权是国家依据法律赋予公民的一种社会义务。国家基于公共利益的目的授予公民选举权的资格,要求选民以国家的名义必须行使选举权[1]。从这个意义上讲,选举权不是公民的权利,而是受国家委托的义务,被授予选举权的公民必须依法履行选举职责,否则应承担不履行社会职责的法律责任。"社会职务说"的形成主要受到了社会连带主义理论的影响。社会连带主义认为,社会成员之间的依赖性(连带性)是社会生活和政治生活的基本原则,也是法律规范的基础。社会连带关系中的法律主体只能执行因社会地位产生的一定社会职责,履行社会规范赋予的义务。人们的一切社会行为(包括选举活动)都是社会职务的体现,或者说是义务。根据"社会职务说",国家可以基于社会利益而规定选民行使职务的相当资格,对选举作出必要的限制,如国籍、年龄、住所等。同时选民负有履行选举职务的义务,不得自行放弃和转让。国家可强制选民履行投票义务。因此,"社会职务说"是实行强制投票制的理论基础。在这种学说中又有"委托说"和"授权说"的分歧:"委托说"认为,选举权是国家委托给公民的公务;"授权说"认为,选举是参与任命国家机关的行为,属于国家职能的行使。因此,选举本身就是国家机关的活动[2]。

3. "权利义务说",又称"权利兼义务说"

这种学说认为,选举权具有权利和义务两种性质。首先,选举权是宪法和法律赋予公民的权利,该权利不是固有的,而是赋予的。但是选举权不同于一般的权利,它是为了公共利益而设定的公权利,公民行使选举权也应当为了国家利益和维护公共利益。其次,选举权也是公民的社会责任或义务。由于选举是以公益为目的的,对于公民个人来说,是一种权利性的社会义务。对于国家和社会,则是一种社会责任。选举权不仅关系到权利享有者的个人利益,而且涉及公共利益,只有公民的参与,才能体现民意,促进社会政治生活健康发展。因此,行使选举权是履行社会公益的职务,公民不宜任意放弃。根据"权利义务说",既然选举权是法律赋予的权利,任何对选举权的侵犯或疏漏都应获得法律救济;既然选举权蕴涵着社会职务(义务)

---

① 王世杰、钱端升:《比较宪法》,中国政法大学出版社,1997,第134页。
② 吴大英等:《比较立法制度》,群众出版社,1992,第87页。

性质，则不得转让、委托或放弃选举权。国家必要时可采用强制投票制，保障社会公益的实现。

（二）选举权的享有

选举权的享有是指选举权在法律上的确认和取得。宪法和法律一般规定选举权享有的主体和范围，同时规定了行使选举权应具备的条件和资格，从这个意义上讲，选举权的享有和行使是有限的，需要法律的界定与维护。

1. 享有选举权的主体

享有选举权的主体是具备选民资格的公民。关于选举权的主体，不同国家的宪法和选举法有不同的表述和内容，如国民、公民、人民等。然而其基本含义是一致的，都是指国家的全体成员。在公民与选民的关系上，公民的范围大于选民，所有的选民都是公民，但是并非所有的公民都是选民。可见，享有选举权的法律主体具有两个特点：①法定性。法律的设定是享有选举权的基础。②限定性。在选民中排除了依法被剥夺选举权和被选举权的人。

根据以上分析，选举权的法律主体可以分为三种类型：①一般主体。依据法律规定享有选举权的公民。②特殊主体。指不具备行使选举权的行为能力而不能行使该项权利的公民。例如，有关选举权的法律规定，精神病患者不能行使选举权利，经选举委员会确认，不行使选举权利。但不行使选举权利不等于不享有选举权，这种状态在法律上应视为精神障碍者对选举权的强制性"放弃"，但不同于被法律剥夺选举权。③特定主体。被依法剥夺政治权利的公民不享有选举权和被选举权。

2. 选举权的范围

由于投票是选举活动最直接的表现，其他一切环节都是为最终投票服务的。因此，有一种观点把选举和投票等同起来，认为选举权就是投票权。这种理解是不正确的，至少是不全面的。选举是由一系列复杂的程序构成的，投票只是选举活动的一个重要环节。因此，选举权的内容并非仅限于投票权，选举权的范围可以概括为确认权、推荐权、被选权、投票权和救济权。

（1）确认权。选民登记是确认选举权的重要形式，是行使选举权的前提。所谓选民登记，是以选民名册的形式将享有选举权的公民登记入册。它是国家负责选举工作的机构，依法对公民是否享有选举权进行审查确认的活动。凡是登记在册的公民都是享有选举权的选民，可依法参加选举活动，因此选民登记是确认选举权并保障其合法有效行使的重要程序。选举权被登记确认是公民的权利，也是选举权的重要方面。

（2）推荐（提名）候选人权。推荐候选人是选民行使选举权的重要组成部分，它是选举权中推荐权的表现。在选举制度中，推荐候选人有多种方式，其中，由选民联名直接推荐是重要形式之一，也是选民行使选举权的重要内容。

（3）被选举权。选民依法享有选举权和被选举权，从广义上说，被选举权也是选举权的组成部分。传统的宪法学认为，被选举权只是一种资格，不是主张选举的权利，因此被选举权受到的限制往往大于选举权。这种认识有失偏颇，权利受到限制不能否定权利本身的属性。同时，选举权是被选举权的基础，没有选举权就不可能享有被选举权，只有享有选举权的公民才有可能成为行使被选举权的候选人。从这个意义上说，被选举权亦是选举权的有机组成。

（4）投票权。投票权是选民行使选举权时对其选择行为作判断的意思表示。选举投票权是选举权行使的最直接、最重要的方式。根据不同国家选举法的规定，投票行使权可以作出肯定的意思表示即投赞成票，也可以作出否定的意思表示即投反对票，还可以作出另有选择的意思表示即另选其他任何选民，甚至可以作出不行使选举权的意思表示即投弃权票。

（5）救济权。当选民的选举权行使受到侵害或选举权行使的结果因受到非法干预而不能表达和反映其意志，选举权的法律主体可以寻求法律途径对选举权及其行使予以维护和补救。这是选举权的一种延伸。对选举权的救济可分为对选举权利本身的救济和对选举权利结果的救济。前者指选举权受到侵犯，如选举权未被依法确认，可以通过选举诉讼获得救济。后者是指选举意愿与选举实效相违背，选民可运用诸如"选举无效"之诉等方式确认投票结果合法性，这也是选举权的展开形态。

3. 享有选举权的条件

享有选举权的条件可分为积极的条件和消极的条件。积极条件一般包括国籍条件、年龄条件和居住条件。各国宪法和选举法对选举权的积极条件在立法技术上多采取肯定资格和否定资格两种规定方式。肯定资格是享有选举权必须具备的资格，否定资格是享有选举权时不可具有的条件。例如，各国法律在国籍条件上为否定资格，即外国人没有选举权。在年龄条件上为肯定资格，即必须达到一定年龄才具有选举权和被选举权。在居住条件上为否定

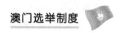

资格，即选民必须在选区内居住一定时期才享有选举权。

消极条件，指具有选举权的人在特定条件下不能行使选举权。一般包括能力条件、限权条件、财产条件等。能力条件要求享有选举权者必须有健康的精神状态，精神病患者不能行使选举权。限权条件要求选民必须依法享有不受限制或剥夺的政治权利，被剥夺政治权利的人不得行使选举权。各国宪法或选举法一般规定严重的刑事犯罪分子予以剥夺政治权利。财产条件要求选民必须具备一定的财产资格才能行使选举权，这种限制在现代社会已逐步被取消。

（三）选举权的限制与剥夺

基本权利的绝对性和相对性是法学研究中的重要论题。"天赋人权"学说认为，人的权利是与生俱来的，任何人都不能予以剥夺。在民主宪政的社会里，人的权利神圣不可侵犯，法律应当确认和保障基本权利不可剥夺、不可转让和不可放弃的法律性质及其社会地位，这就是权利绝对化的表现。绝对化的权利是法治思想所设计的人的基本权利应然与理想的状态。但是我们既然承认权利是受到法律确认与保障的，就应当承认权利本质上具有社会的属性。因此，从维护每个社会成员的合法权益和社会整体利益的立场出发，不能不对权利的行使作出必要的限制。对于选举权来说，最严重的限制就是对选举权的剥夺。

选举权的剥夺，即依法被剥夺政治权利的人不享有选举权和被选举权。剥夺政治权利（包括选举权和被选举权）的法律依据主要是刑法和选举法。其具有以下特点：①剥夺选举权对象的特定性。即剥夺政治权利的对象是特定的犯罪分子。选举法规定依法被剥夺政治权利的人没有选举权和被选举权。②剥夺选举权的有期性。例如，中国《刑法》规定，剥夺政治权利一般是有期限的，因被判死刑、无期徒刑而被剥夺政治权利终身的除外，剥夺政治权利的期限为 1~5 年。③剥夺选举权的可恢复性。即被剥夺政治权利期满后恢复政治权利的选民，仍然可以行使选举权。从以上特点可以看出，剥夺选举权实质上是一种权利的停止，它是限制权利行使的一种形式。

（四）选举权的法律救济

选举权在享有、行使过程中，难免会发生因选举行为引起的各种争议，解决选举纠纷的有效途径是选举诉讼。

然而，关于选举诉讼的法律性质有不同的观点。"政治主义说"认为，选举权和被选举权是公民的政治权利，选举过程中出现的纠纷和引起的诉讼，具有高度的政治性，并且选举诉讼的裁判也具有高度的政治后果，因此选举诉讼是一种政治行为，只能由政权机关来解决。"法律主义说"认为，选举诉讼是法律问题，在现代民主宪政的法治国家，选举权和被选举权不仅是公民的基本政治权利，同时这种政治权利也是法律上的权利，应以法律的确认和保护为前提。选举过程中出现的纠纷和诉讼，应当用法律的方式和途径予以解决，选举诉讼是对政治问题的法律裁判，必然产生法律后果。因此，选举诉讼应当由司法机关裁决。

至于选举诉讼属于什么类型的诉讼，是民事诉讼？刑事诉讼？行政诉讼还是宪法诉讼？不同国家存在不同的体制。西方国家一般认为，选举权和被选举权属于公权利，它与私权关系有严格的区别，涉及公权利行使的选举诉讼是公法上的诉讼，应当是行政诉讼或宪法诉讼调整的范围。

（五）对选举权的另一种分析

与上述研究有所不同，另一种观点指出，"从实用主义与功利主义的角度看，民主选举的理论基础大致如下。首先，一般都同意，社会需要一个政府的统治，但什么样的政府呢？一个能够代表并促进'公共利益'的政府，其中你我的根本利益都能获得一定程度的保障。因此，这个政府的主要领导人——尤其是政策与法律的决定机构——必须能至少近似地代表社会中每个人的利益。其次，这个政府由谁组成并如何产生呢？这个问题答案是通过选举。因此，要完成利益代表职能，选举应该具备如下基本特征：

第一，选举权应该是普遍的。否则，很简单，所谓选举就不能代表所有人的利益。只有基于令人信服的公共利益的理由——如主要由年龄表征的发育状态不足以使之参与有意义的政治决定，才可以通过法律剥夺任何人的选举权。第二，被选举权也应该是普遍的，候选人应当自由产生。否则，公众就失去了可供选择的对象。第三，选举过程应该是自由的，而不是受到强迫或操纵的。否则，'选举'就完全失去了意义。这基本上要求投票是无记名与秘密的，以防止政客对选民施加压力。第四，选举权应该是平等的，即每张选票都应大致代表同样的分量（'一人一票'原则）。否则，和其他选民相比，某些选民就被不适当地剥夺或限制了选举权"①。

这种观点更为接近《公民权利和政治权利国际公约》（以下简称《公约》）相关规定的精神。

三　关于选举权的国际公约

《中华人民共和国澳门特别行政区基本法》（以下简称《基本法》）第40条第1款规定，"《公民权利和政治权利国际公约》《经济、社会与文化权利的国际公约》和国际劳工公约适用于澳门的有关规定继续有效，通过澳门特别行政区的法律予以实施"。

《公民权利和政治权利国际公约》涉及选举权的主要是第25条的规定："每个公民应有下列权利和机会，不受第二条所述的区分和不受不合理的限制：（甲）直接或通过自由选择的代表参与公共事务；（乙）在真正的定期的选举中选举和被选举，这种选举应是普遍的和平等的并以无记名投票方式进行，以保证选举人的意志的自由表达；（丙）在一般的平等的条件下，参加本国公务。"

（一）联合国人权委员会对第25条的共识

如何理解第25条的规定，各个国家自然会有不同的解读。经过长时间的艰苦努力，联合国人权事务委员会终于在1996年第57届会议上提出了具有共识意义的第25号"一般性意见书"。主要包括如下内容②：

（1）《公约》第25条承认并保护每个公民参与公共事务的权利、选举权和被选举权、参加公务的权利。

（2）公民权利的主体是公民，这与其他权利的主体是所有人有所不同。当公民作为立法机构的成员或因担任行政职务而行使权力时，他们直接参与公共事务。这种直接参与的权利得到第25条第2项的支持。

（3）第25条第2项列出了公民作为选举人或候选人参加公共事务的权利的具体规定。根据第2项定期举行的真正选举至关重要，有助于确保代表

---

① 张千帆：《宪法学导论》，法律出版社，2008，第384、391～392页。
② 国际人权法教程编写组：《国际人权法教程》（第一卷），中国政法大学出版社，2002，第286～290页。

对行使授予他们的立法权或行政权负责。举行这种选举的间隔期不得过长，以保证政府职务的基础仍然是选民自由表达的意愿。因此第2项规定的权利和职务应受到法律保护。

（4）选举权和公民投票权必须由法律规定，仅受合理的限制，如为投票权规定的最低年龄限制；以身体残疾为由或强加识字、教育或财产要求来限制选举权都是不合理的。

（5）国家必须采取有效措施，保证有投票权的人行使这项权利。在规定选举人必须登记的情况下，应该提供便利，不得对这种登记设置任何障碍。如果对登记实行居住规定，则规定必须合理，不得以排除无家可归者行使投票权的方式推行这种要求。刑法应禁止对登记或投票的任何侵权性干涉以及对投票人进行恫吓或胁迫。应该严格执行这些法律，为确保知情社区有效行使第25条规定的权利，必须对投票人进行教育并开展登记活动。

（6）言论、集会和结社自由也是有效行使投票权的重要条件，必须受到充分保障。应该采取积极措施，克服具体困难，如文盲、语言障碍、贫困和妨碍迁徙自由等障碍，所有这一切均阻碍有投票权的人有效行使他们的权利。应该用包括少数人的语言发表有关投票的信息和材料。应该采取具体办法，如用图片和标记来确保文盲投票人在作出其选择之前获得充分的信息。

（7）缔约国应该在其报告中说明和解释剥夺公民投票权的法律规定。剥夺这种权利的理由应该客观合理。如果因某一罪行而被判罪是丧失投票权的依据，丧失投票权的期限应该与所犯罪行和刑期相称。被剥夺自由但没有被判有罪的人应有权行使投票权。

（8）与提名日期、费用或交存有关的条件应合理，不得有歧视性。如果有合理的根据认为某些选举产生的职位与担任具体职务相抵触（如司法部门、高级军官、公务员），为避免任何利益冲突而采取的措施不应该不当地限制第2项所保护的权利。解除选举权产生的职位理由应该由法律根据客观性和合理性标准加以规定，并包含公正程序。

（9）国家应采取措施，保证举行期间投票保密的要求，并在有缺席投票制度的情况下，也对其进行保密。这意味着应该保护投票人不受任何形式的胁迫或压力，以免透露他们打算如何投票或投了谁的票，以及避免投票进程受到任何非法或任意干涉。撤销这些权利即违反《公约》第25条。投票箱的安全必须得到保证；清点选票时应有候选人或其代理人在场，应制订投票和记票方法的独立审查程序以及司法审查或其他相当的程序，以便选举人能相信投票安全和选票的统计；给残疾人、盲人或文盲提供的协助，应该向选举人充分介绍这些保障。

（10）尽管《公约》不强迫实行任何特定选举制度，但缔约国实行的任何选举制度必须与第25条保护的权利相符，并必须保证和落实选举人自由表达的意愿。必须执行一人一票的原则，在每一个国家选举制度的框架内，投票人所投下的票应一律平等。划分选区和分配选票的办法不应该歪曲投票人的分配或歧视任何群体，不应该无理排除或限制公民自由选择其代表的权利。

（二）人权法专家对第25条的解读

联合国人权委员会关于《公约》第25条的一般意见无疑是各成员国最终妥协的产物，但毕竟是确立了极为重要的基本原则，成为正确理解该条规定（尤其是第2项关于选举权的规定）的法理和政治基础。对于第25条的研究早已成为国际人权法学和宪法学的重要课题，而著名国际人权法学专家（奥地利联邦公共管理学院法学教授、维也纳路德维希·菠茨曼人权研究所所长）曼弗雷德·诺瓦克（Manfred Nowak）博士，在1993年出版的《民权公约评注》一书中所作的解读具有重要的参考价值①。《民权公约评注》关于《公约》第25条第2项的评注主要包括如下内容。

第25条第2项并没有规定哪些机关应通过选举产生，这个问题由各缔约国在其各自的民主模式的范围内决定。但在任何情况下，都不能从这一区别中得出行政机关必须由选举产生这样的一种相反结论。关键是哪些集法律和事实上的权力于一身的国家机关应该通过选举获得直接或间接的合法性。而选举权和被选举权的具体建构方式是由以下几项原则所决定的：

1. 普遍选举权原则

它意味着选举权不应只限于某个群体或阶级，是属于全体公民；而大多数国家仍然认为将外国人、儿童和未成年人、无法律能力者以及被定罪的犯人排除在选举权之外的做法不构成对该原则的违反。事实上，将选举权利限于"公民"的做法来源于近代民族国家的概念，即只有那些通过国籍这一特殊纽带与"他们的"国家发生联系的人才能够行使政治权利。从传统上说，公民

---

① 〔奥〕诺瓦克：《民权公约评注——联合国〈公民权利和政治权利国际公约〉》，毕小青、孙世彦等译，生活·读书·新知三联书店，2003。本小节之引介参见中译本第437~451页，脚注从略。

资格不仅意味着在一个国家的社会中的消极的成员资格，而且还意味着在一个国家的社会中的积极的成员资格，所有"具有完全公民权利和政治权利"的人都享有这一资格。同时，就被选举权而言，有时可以允许国家作出广泛深远的限制。例如，担任公共职务的年龄通常要比参加选举的最低年龄高一些。由于被选举担任公共职务涉及更大责任，某些在选举权方面属于不合理的排除限制在被选举权方面则被认为是合理的，只要这些限制不是过分的或带有歧视性的。

2. 平等选举权原则

普遍选举权涉及谁有权选举的问题，而平等选举权的原则意味着每张选票都具有同等的价值。这主要是针对选票平等数量价值而言，某些人所投的选票比其他人所投的选票更有价值的做法都是违反了此项原则。然而，在不同选举制度中选票效力不平等的情况也为数不少且被广泛接受，这种不平等在多数表决制中自然要比在比例表决制中更为明显。

3. 秘密（无记名）投票原则

秘密投票是自由选举，主要是保护少数人不受多数人影响的最好保障。当然，秘密投票只涉及选举权，即投票本身。候选人的姓名以及为有效的提名候选人所需的支持声明都是公开的。与其他投票原则一样，秘密投票原则也可以受到合理的限制，只要这些限制在事实上具有正常合理性。例如，在受到老人、残疾人或盲人的信任的情况下由他人按前者的意愿作出投票。

4. 自由选举原则

秘密投票是保障自由选举的重要方式，但选民自由意志的表达不仅仅与投票日有关，还包括选民在投票日之前，在不受国家或其他公私实体强迫或操纵的情况下，独立形成其自己观点的权利。在某种意义上，自由选举原则与《公约》第18条、第19条、第21条和第22条规定的政治自由密切相关。因此，自由选举原则保护合资格选民形成和表达其意志的过程中，不受到压力或其他影响的权力，以及参选政党的候选人不受阻碍的开展竞选活动。

第二节　选举制度的类型及其政治影响

选举权无疑是选举制度的一项重要内容，而选举制度还包括选区划分、选举程序（从提名候选人、竞选到投票的若干环节）和选举规则（在澳门选举法中称为选举标准，即确定当选的标准）等其他重要方面；其中又以选举规则更为重要，通常以此作为选举制度分类的主要依据，进而分析其所产生的政治影响。

按照选举规则的不同，可将选举制度分为多数票决制、比例代表制和混合制三大类。

一　关于多数票决制

多数票决制，是指在选举中获得最多选票的候选人（或候选名单）当选的制度。而根据所需当选票数的多少，又可将其分为相对多数制（多一票即可）和绝对多数制（需获得所有选民或已投票选民的过半数方可当选）；两种制度中又有若干不同的情况。

（一）相对多数制

1. 单一议席相对多数制

这是指在一个选区中只能产生一个席位（如一名议会议员）或一个名单（如美国总统选举中各州选举人团）的规定下，获最多选票者（不一定要过半数）即可当选（在美国又被称为"胜者全取"的制度）。这是最简单的相对多数制，在许多国家或地区仍被采用。

2. 多议席相对多数制

这是指在一个选区中需产生超过一个以上议席的情况下，候选人按其得票数的高低依次当选的制度。在这种制度下，按照选民可选候选人数目的不同，又可分为全额连记法、限制连记法和非让渡投票三种投票方式。由于投票和计算方式较为复杂，这种制度已逐渐较少被采用[1]。

（二）绝对多数制

绝对多数制，只能在选举单一议席（如一个选区只能产生一个议员）或单一职位（通常为总统或地区最高领导人）的情况下采用，并主要以获得已投票选民过半数选票作为计票标准（但在第二轮投票中则多采取相对多数制）。在绝对多数制中，又可分为"一轮投票制"和"两轮投票制"，但前者由于投票和计票方式太复杂，只有极少数国家仍然采用（如澳大利

---

① 王业立：《比较选举制度》，五南图书出版公司，2001，第 14~17 页。

亚的众议员选举和爱尔兰及斯里兰卡的总统选举)[①],而采用后者的国家则为数不少。据统计,在 91 个总统由人民直接选举的国家中,有 51 个是采用"两轮投票制",占 56.4%[②]。所以,绝对多数制通常被称为"两轮选举制"。当然,如果在第一轮投票中已有候选人获得过半数选票则无须进行第二轮选举,如未有候选人获得过半数选票则就获选票最多的两名候选人进行第二轮投票,此时大多是以相对多数计出胜者。

二 关于比例代表制

顾名思义,比例代表制就是强调比例代表性,各政党(或参选组别)在议会中所得议席比例,应尽量符合各政党在选举中所得选票比例。比例代表制只能适用于一个选区有多于一席的议会选举,并且通常而言,议席越多则比例代表性越强[③]。澳门就是实行此制的一个典型。在比例代表制下,根据计票方式的不同又可以分为最大余数法和最高平均数法两种类型。

(一) 最大余数法[④]

最大余数法(large remainder system)的计算方式是先计算出一个当选商数,然后以各政党之得票数除以此当选商数,其整数部分即为各党之当选席位数,若有议席尚未分配完毕,则比较各党剩余票数的多寡,依序分配。常见的当选商数有以下几种计算公式:

(1)嘿尔商数(Hare quota),将有效票总(V)除以选区应选之席位(N),所得到之商数(Q),其公式为:$Q = V/N$。

(2)哈根巴赫–毕斯乔夫商数(Hagenbach-Bischoff quota),是以选区应选席位加 1($N+1$)为除数,其公式为:$Q = V/N + 1$。

(3)族普商数(Droop quota),将哈根巴赫–毕斯乔夫商数加 1,即公式为:$Q =(V/N + 1)+1$。

---

① 王业立:《比较选举制度》,五南图书出版公司,2001,第 18 页。
② 王业立:《比较选举制度》,五南图书出版公司,2001,第 19 页。
③ 曾庆敏主编《法学大辞典》,上海辞书出版社,1988,第 144 页;胡盛仪、陈小京、田穗生:《中外选举制度比较》,商务印书馆,2010,第 212 页。
④ 《比例代表制选票之计算》,http://www2.cchs.kh.edu.tw/secretary/公民与社会/比例代表制选票之计算.pdf。

（4）因皮里亚立商数（Imperiali quoto），以选区应选席位加 2（$N+2$）为除数，其公式为：$Q = V/N + 2$。

以嘿尔商数为例，将最大余数法之计算如表 1 - 1 所示。

表 1 - 1 最大余数法分配席位计算过程

政党别	各党得票	商数得席位	剩余选票	余票得席位	总席位数
甲	3800	1	1800	1	2
乙	3100	1	1100	0	1
丙	1700	0	1700	1	1
丁	1400	0	1400	1	1

表 1 - 1 中假设某选区共有甲、乙、丙、丁四党参选，各党所获选票如表所示，应选名额为五席，有效票总数为一万票，故嘿尔商数为二千。各党所获选票除以嘿尔商数，结果甲、乙两党各得一席，此时该选区尚有三席未分配，比较各党剩余票多寡，结果甲、丙、丁依序得到其余三席。

（二）最高平均数法

最高平均数法（highest average system）是将各党的得票数，依次除以一系列的余数，席位依序给予每次商数最大的政党，直至所有席位分配完毕为止。最常见的是顿特法（D'hondt method），又称汉狄算法。基本规则为，把每一参选党派所取得票数除以 1、2、3，直至议席数目，然后将得出的数字分配予该党派名单上排第一位的候选人、第二位候选人。依此类推，然后比较各党派候选人所获得的数字，高者为胜（见表 1 - 2）。

表 1 - 2 汉狄最高平均数法分配席位计算过程

政党别	1	2	3	4	5	6	7	8	赢得议席
甲	100000（1）	50000（3）	33333（5）	25000（8）	20000	16666	14286	12500	4
乙	80000（2）	40000（4）	26666（7）	20000	16000	13333	11428	10000	3
丙	30000（6）	15000	10000	7500	6000	5000	4286	3750	1
丁	20000	10000	6666	5000	4000	3333	2857	2500	0

注：括号内的数字为得到席位的顺序。

分配第一席时，由于各党皆尚未分配到任何席位，所以除数皆为 1，甲党票数最高得到该席；分配第二席时，由于甲党已得一席故其票数除以

2（1 + 1），比较各党票数，由乙党获得；分配第三席时，乙党由于也已获得一席，故其除数亦为 2，比较各党票数，甲党得到该席；分配第四席时，甲党由于已得到两席，故其除数为 3（2 + 1），比较各党票数，第四席由丙党获得；依序第五席由乙党获得。一般而言，顿特最高平均数法会使大党超额获得席位，小党则会超额损失席位，故有利于大党。最大余数法则给予大党和小党相等的对待，不会特别对大党或小党有利。

需要指出的是，澳门立法会选举（包括直接选举和间接选举），自 1976 年第一届立法会至 1988 年第四届立法会选举，均是使用该计算法，但到 1991 年修改选举法后采用“改良汉狄法”，即将除数改为 1、2、4、8、16……

另一种较常见的最高平均数法为圣拉噶最高平均数法（Sainte-Laguë highest average system），其席位分配方式与顿特最高平均数法几乎完全相同（见表 1 - 3），唯一的不同是除数不再是 1，2，3，4……而代之以 1，3，5，7……使大党在取得第一席之后，要取得席位的困难度增加。在实际运作上大多数国家多采用修正的圣拉噶制（modified Sainte-Laguë），使用的除数为 1.4，3，5，7……将第一个除数改为 1.4，会削弱纯粹的圣拉噶制给予小党获得席位的机会。修正的圣拉噶制倾向有利于中等规模（middle-sized）政党，而不会有利于小党，北欧斯堪的纳维亚（Scandinavian）地区的国家就是采用此法。

表 1 - 3　圣拉噶最高平均数法分配席位计算过程

政党别	各党得票	第二席	第三席	第四席	第五席	总席位数
甲	3800（1）	1266.6	1900（3）	1266.6	1266.6（5）	2
乙	3100	3100（2）	1033.3	1033.3	1033.3	1
丙	1700	1700	1700（3）	566.6	566.6	1
丁	1400	1400	1400	1400（4）	1400	1

注：括号内的数字为得到席位的顺序。

以上所探讨的几种名单比例代表制分配席位的方式，就其比例代表性而言，以最大余数法最佳，（修正的）圣拉噶最高平均数法次之，而顿特（汉狄）最高平均数法之比例性偏差最严重。

三　混合制

简言之，混合制就是部分议席采用单一席位相对多数制，部分议席采用比例代表制。因此，混合制只能适用于国会或立法机关选举。在混合制下，通常的做法是规定一定比例的议席（如德国曾规定为 3/5，韩国曾规定为 3/4）由每一选区单一席位按相对多数票制取得，另一部分议席按比例代表制方式计票分配给各参选政党；但该等参选政党必须或者已获得若干单一议席，或者得票率要达到一定的百分比，这又被称为"政党门槛"。在混合制下，多数国家规定选民要投两票，一票投选本选区的单一席位，另一票投给参选政党。

当然，在具体做法上相关国家是有所不同的。目前采用混合制的国家有 30 余个，另外我国台湾地区也是采用此制，但以一票制方式为之①。

四　选举制度的政治影响

采用何种选制，对于政党政治的产生和发展、竞选策略和政治交易、投票行为和选举文化、选举结果和政治运作都将产生广泛而重大的政治影响。下面就对前述主要选制的政治影响简要分述如下②。

（一）相对多数票制的政治影响

政治学学者的研究认为，相对多数票决制倾向于产生两党制，是形成和维系两党竞争的充分条件；或者虽然此种选制本身不能产生两党制，但它有助于维持一个已经存在的两党政治。其根据原因在于这种"胜者全取"选举结果，会逐步将多党并存的格局缩小至两党竞争的局面。因为选民在投票时原本想投给第三党，但后者既然不能当选，于是大多倾向于将选票投给原本不打算支持的大党中较为不讨厌的一党；或者干脆不参加投票，而原来就支持两大党中一党的选民则多数会参加投票，"此消彼长"之下更加增加了两大党候选人当选的机会。与此同时，基于原本不支持两大党的选民的投票心理，两大党的候选人也会呼吁此类选民作"策略性投票"，以提高自己的胜选概率。

当然，两党政治的产生和发展取决于各方面的条件，而相对多数票制只是其中的一个因素。相对多数票决制同时也对两党的竞选政纲产生重大影

---

①　王业立：《比较选举制度》，五南图书出版公司，2001，第 34~38 页。
②　王业立：《比较选举制度》，五南图书出版公司，2001，第 44~67 页。

响。因为在此种选制下必须获得最多选民的支持，故其最佳竞选策略就是提出能为大多数人认可的政纲。因此，两党的政策主张日渐接近甚至重迭，选民也越来越难作出明确的区分，对如何投票甚是困惑。在这种情况下，候选人的个人形象则成了突出自己、标榜优越的利器，负面宣传的竞选策略也就"应运而生"，以各种手法抹黑对方似乎成了制胜的法宝。

然而两党制对于稳定政局和保持政策连续性等方面有一定帮助，但为数不少的投给第三党的选票被浪费、投票人在议会中没有自己的代表以及相对于比例制更容易被操纵等也是不争的事实。

（二） 比例代表制的政治影响

此制的性质就是体现"比例代表性"，从而较为能够反映多元民意的走向。在实行比例代表制的国家中，一个政党只要能跨过"政党门栏"就可以依其得票比例得到相应的议席。具体而言，"实行比例代表制，就可以保证一切参加竞选的政党所提名单中名列首位的候选人准能当选，当然还要看该党能否获得一个席位所需的起码选票"①。因此，在此制之下小党的存活机会就大一些，小党之间相互联合最终走向两党制的诱因就比较小一些。简言之，比例代表制容易导致多党制的出现，而这也是多党联合政府较易出现政局不稳的原因之一②。

对比相对多数票制，在比例代表制下，参选政党（团体）在提出候选名单时并非以个人声望或形象为第一考虑，而会更注重候选人在不同阶层中的代表性，甚至为了培养接班人而将资历较浅的年轻人列入其中。同时，为了争取特定选民的支持，竞选政纲需要有鲜明的政策立场，而无须如相对多数票制下尽量扩宽政治光谱。当然，在比例代表制下选民的选票被大量浪费的机率也要低得多，使其选举权的价值能够得以较为充分实现。

另外，港、澳两个特别行政区的立法会选举也实行比例代表制，并形成了独特的地方经验和政治效果③。

---

① 〔美〕哈罗德·F. 戈斯内尔、理查德·G. 斯莫卡尔：《美国政党和选举》，复旦大学国际政治系译，上海译文出版社，1980，第119页。
② 王业立：《比较选举制度》，五南图书出版公司，2001，第53～54页。
③ 马岳、蔡子强：《选举制度的政治效果——港式比例代表制的经验》，香港城市大学出版社，2004。

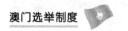

（三）两轮决选制的政治影响

如前所述，两轮决选制主要适用于国家或地区最高领导人的选举。其政治影响的主要表现是，在此制之下候选人的数目未必很少，而为了在第二轮投票中能够获胜，政党或候选人之间的合纵连横关系将会十分复杂，政治交易在所难免。事实上，有些候选人明知胜望不大也要参选正是为了在第二轮选举中"待价而沽"，以支持进入第二轮中的某位候选人而获取政治利益。因此，出现在第一轮投票中位列第一，却在第二轮投票中败在第二名手下的情况也就不难理解了。

第二章

澳门选举制度概说

第一章关于选举权与选举制度研究的简要介绍，对于了解澳门选举制度具有基础意义。澳门虽然地域狭小，人口不多（至 2012 年面积为 29.9 平方公里、人口为 58.2 万），但较早建立了选举制度并具有其自身特点和价值；尤其在澳门回归祖国后得到了长足发展和不断完善。

第一节　选举制度的产生和变化

"澳门，包括澳门半岛、氹仔岛和路环岛，自古以来就是中国的领土，十六世纪中叶以后被葡萄牙逐步占领。一九八七年四月十三日，中葡两国政府签署了关于澳门问题的联合声明，确认中华人民共和国政府于一九九九年十二月二十日恢复对澳门行使主权，从而实现了长期以来中国人民收回澳门的共同愿望。"① 这一独特的历史过程形成了独特的管治模式，包括回归前后政治性质完全不同的选举制度。政治性质的区别取决于宪制基础的变更，但这并不要求也不能割断选举制度产生和变化的历史脉络。

---

① 《澳门特别行政区基本法》序言第一段。

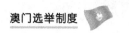

一 回归前选举制度述要

从 1553 年葡萄牙人首次登陆澳门，到 1976 年葡国代行宪法权力的革命委员会通过《澳门组织章程》的数百年间，伴随着对澳门管治模式的调整、国际局势的变化和葡国 1974 年民主革命成功，选举制度从无到有应运而生，并在历史的发展中逐步走向进步①。

关于澳门历史研究的一项共识认为，葡人居澳的历史大致可以分为华洋共处分治时期、殖民管治时期和行政管理时期②。在不同的时期里选举制度的有无和状况如何，差异颇大。

（一）华洋共处分治时期

华洋共处分治时期大致为 17 世纪中叶至 19 世纪初。所谓"华洋共处分治"是指，中国人和葡国人共居澳门但分别管治。在此期间，无论是中国还是葡国均未建立共和政制，因此也就谈不上近代意义的选举制度。虽然，早在 1583 年居澳葡人首次选举产生了由 6 人组成的议事会，但那只是局限于葡人之间的推选，只是解决居澳葡人内部管理的一种政治安排，完全与华人无关。

（二）殖民管治时期

此时期始于 1820 年葡国完成君主立宪至 1974 年"4·25"革命成功。在此时期，尤其是 19 世纪末葡国主张海外省实行政治、立法和行政自治的殖民思想逐渐形成，但在实践中强调中央集权的传统仍然具有很大的影响力；对澳门的管治模式亦始终在建立地方自治和维护中央集权的博弈中调整，相关的宪法规定和法律法令名目繁多、数量不菲、内容庞杂，但总体方向仍然是逐步加强地方自治并涉及选举制度的建立和演变。

例如，1917 年的《澳门省组织章程》规定，澳门享有行政财政自主权，受中央政府的领导和监督（第 2 条）。澳门设有两个本身的机关，即总督和政务委员会。政务委员会"依法密切协同总督运作"（第 54 条），但有立法

---

① 吴志良：《生存之道——论澳门政治制度与政治发展》，澳门成人教育学会，1998。
② 吴志良：《澳门政制》，澳门基金会，1995，第 7~64 页。

动议权（第 70 条）。虽然章程规定只有总督行使立法权，但首次允许政务委员会有立法动议权仍然具有重要意义，即将来有可能将立法权一分为二。政务委员会由公务员成员和非公务员成员两部分组成。后者包括市政厅所有葡裔或葡籍议员，以及由总督委任的两名华人代表，他们必须是加入葡籍超过 5 年且居澳 8 年以上并能读写葡文的华人。以葡籍为基本条件以及要求必须能够读写葡文，正是殖民地色彩的体现。总的来说该委员会并无选举产生的成员①。

1920 年的第 7030 号法令赋予各殖民地较高程度的自治，包括扩大总督的立法权，将政务委员会一分为二，设立立法会和行政会，但立法会还不是立法机关。只是总督在立法时必须咨询立法会的意见，而且行政会的成员同时也是立法会议员，立法会议员还包括，市政厅推选的一名市政议员，从 30 名纳税最多的市民中选举产生一名议员，以及总督在华人社会委任的两名代表。其中从纳税最多的市民中选举一名议员是对被选举权以财产限制的典型规定。

1926 年颁布的《澳门殖民地组织章程》，又将立法会和行政会合二为一，恢复设立政务委员会。政务委员会仅具有决议和咨询职责，其成员包括由政府官员出任的当然委员、由总督委任的委员以及由选举产生的委员——包括由居民直接选举的一位代表和由澳门商会（中华总商会）推选的一位代表。其中引入直选机制是为首创，而由澳门商会推选代表也可以视为"间选制度"之先声。这部章程的规定已然削弱了地方自治，而在萨拉查（Salazar）推行独裁统治下的 36 年（1932～1968 年），1933 年的《葡萄牙殖民地帝国组织章程》更进一步地削减殖民地自治权，再度强化了中央集权。

值得玩味的是，同样在萨拉查执政下的 1955 年《澳门省章程》却首次将澳门定位于"公权法人，享有行政财政自治"。总督和政务委员会首次被界定为澳门地区的"自我管理机关"。这无疑是强化地方自治的重要步骤。政务委员会成员中不仅有直选产生的成员（3 名），且首次多于总督委任的成员（2 名）。1963 年的《澳门省政治行政章程》又再次设立立法会，并且和总督、政务委员一起被列为自我管理机关。立法会由总督担任主席，具有

---

① 萧伟华（Jorge Noronha e Silveira）：《澳门宪法历史研究资料（1820～1974）》，澳门法律公共行政翻译学会译，澳门政府法律翻译办公室，1997，第 43 页。

立法和咨询功能。除一般立法权外，立法会尚有专属立法权，这就使立法会首次享有独立于总督的部分立法权。同时章程规定立法会成员有立法创制权，这是立法会走向真正立法机关不可缺少的制度要素。在立法会组成方面亦有若干进步，包括（直选和间选）选举产生的议员（8 名），首次多于官守议员（2 名）及总督委任议员（1 名）之和。选举产生的议员中，首次明确规定有 3 名议员由三个界别的团体选举产生，这对于日后订定间接选举制度具有深远影响。

1972 年的《澳门省政治行政章程》的制订与 1971 年葡国修改宪法密切相关。是次修宪将葡国的海外属地称为自治地区，新的政治行政章程在推动地方自治方面又向前走了一步。首先，不再设立政务委员会，只保留总督和立法会作为"自我管理机关"。其次，进一步扩大了立法会的立法权，包括更多的专属立法领域，但同时设立授权立法制度，这可以视为是对削弱总督立法权的一种"补偿"，也适应当时立法会立法资源不足的情况。最后，在立法会组成方面更为开放，在总数 14 人的组成人员中，除总督作为主席并委任一位华人社会代表外，其中，5 人由登记选民直接选举产生，3 人由法律承认的行政公益法人和行政团体选出①，2 人由经济利益团体的代表选出，1 人由私人机构和团体选出，2 人由道德及文化利益团体代表选出。另外，需要注意的是，政务委员会虽然不再存在但又设立了"协助总督行使职权"的咨询会。总督在立法、草拟经济发展计划和核准 500 万元以上开支时必须听取其意见，但这些意见并无约束力。咨询会仍由三部分人士组成，官守成员 3 人，选举成员 5 人，总督委任的社会知名人士名额不定。

对于以上简要回顾，可以指出以下几点：

其一，澳门政治架构的设置、权限及运作，伴随着葡国政局变化和政策调整而反反复复、有进有退，但逐步加强地区自治、渐进扩大民主成分仍然是总的趋势。不能忽视的是，在任何情况下总督均由葡国委任，同时也不存在平等普及的选举权。

其二，具体而言，所有的选举均不包括非葡籍的广大华人居民，只有个别华人代表能够例外。同时，即使是在葡籍人士中对被选举权也常有限制。

---

① "行政团体"在当时澳门的具体情况下是指市政机构的执行委员会。参见林园丁、张德荣等《澳门特区民主发展前景研究——以选举制度为视角（专题研究报告）》，澳门理工学院一国两制研究中心，2010，第 53 页。

而所谓选民登记及选举运作都是按葡国法律为之，澳门地区不存在自身的选民登记和选举制度。

其三，尽管如此，立法会由三部分组成以及间选议员的产生方式和界别划分，对于日后（包括澳门特别行政区）的立法会制度产生了直接影响（但三种议员的比例时有调整），可谓颇具生命力，应该说含有一定的合理性。

其四，从总督、政务委员会（行政会/咨询会）、立法会这样一种权力格局，可以合理推测其反映了葡国政府的这样一种政治考虑：首先要确保总督大权在握，以便能够有效执行中央政府的政策和指令、有效对澳门实施管治；其次又要避免其独断专行，故需设置咨询机构以作适当平衡。另外，随着时间的推移产生了在当地拥有丰厚资源的土生葡人族群[1]，对其利益也需要给予照顾，以避免其冲击以总督为代表的葡国利益；立法会的设立应是与此不无关联。事实上，土生葡人的利益并不总是和葡国政府的利益吻合，并且在某些情况下，可能恰恰相反。因此，直到很晚才设立立法会，而且在最初只是行使很少的权力，也就不难理解了。在立法会组成上，也可以看到逐步用华人对土生葡人形成制约的策略思维。

（三）行政管理时期

与第二次世界大战后多数西欧国家实行民主政体不同，葡萄牙长期处在萨拉查建立的独裁统治下，被后来成为葡国总统（1986～1996年）的社会党领袖苏亚雷斯（Soares）斥为葡国历史上最黑暗的时代之一[2]。1974年4月25日，一群中下级军官发动政变推翻了独裁政权，开启了葡国民主的新时代，更成为新一波民主革命的重要成果[3]。

具有社会主义色彩的新政权迅速推行非殖民化政策，包括对澳门的政策

---

[1] 土生葡人是"澳门居民中的一个特殊群体，是在澳门历史展过程中形成的。按一般理解，土生葡人主要是指在澳门出生、具有葡萄牙血统的澳门葡籍居民，包括葡萄牙人与中国人或者其他种族人士结合所生的混血儿，以及长期或几代在澳门定居的葡萄牙人及其后代。据估计，目前澳门土生葡人占总人口不足2%。他们都懂葡文，一般能够讲流利的广州话，但只有少数能阅读中文。他们认同葡萄牙为自己的祖居国，长期接受葡国教育和文化，信奉天主教，保留许多欧洲的生活方式；同时又世代居澳，视澳门为故乡，受华人社会风俗习惯深刻影响。在澳门回归前，土生葡人的社会地位一般比中国人要高，他们容易在政府部门找到较理想、工资高的工作"。引自吴志良、杨允中主编《澳门百科全书》（修订版），澳门基金会，2005，第25页。
[2] 苏亚雷斯：《轭下的葡萄牙》，李小冰等译，中国文联出版公司，1992，第208页。
[3] 赵向阳主编《当代资本主义国家政治体纵论》，河南人民出版社，1990，第4～11页。

作出重大调整，1976 年 1 月 1 日撤走了所有在澳门的近千名驻军①。1976 年 4 月 2 日通过的（后于 1982 年、1989 年及 1992 年修改）新宪法明确规定，澳门只是"受葡萄牙行政管理的地区"。而在此之前（1976 年 2 月 17 日）颁布的《澳门组织章程》，更是先行一步，真正确立了地方自治制度。

戏剧性地成为革命后第一位澳门总督的李安道（Leandro dos Santos）于 1974 年 11 月 19 日抵澳履新，1975 年 1 月 6 日就宣布成立由 9 人组成（其中包括 2 名华人代表）的组织章程起草小组。"4·25"革命的积极参加者李安道认为，立法会议员应全部由直接选举产生，更合乎民主原则。但此议遭到两位华人代表的反对②。华人代表的态度，在当时只有葡人享有选举权、华人居民从无参选经验，保留间选和委任议席反而对华人（尤其是其领袖）较为有利的政治条件下并非不可理解。事实上，在 1976 年和 1980 年的"两届立法会的直接选举中，都完全没有华人参加竞选"③，而华人议员皆由间选或委任产生。甚至时至 2010 年澳门也并未由普选产生全体立法会议员。

经过近一年的起草、公众讨论（包括在市政厅举行了三场公开讨论会）和修改工作④，《澳门组织章程》于 1976 年 1 月 6 日由当时行使宪制权力的革命委员会通过并于 2 月 17 日公布生效（后于 1979 年、1990 年及 1996 年作出修改）。这部章程是葡国革命的产物，体现了以加强澳门地方自治为主要内容的非殖民化政策；也是葡国主流政治力量与澳门土生葡人政治斗争及妥协的结果，这种斗争在此后十年间愈演愈烈，并集中体现在由总统委任的总督与土生葡人为主的立法会之间的角力，以至于在 1984 年 2 月发生了澳门历史上绝无仅有的总督解散立法会事件⑤。然而，这部章程的内容及其实施仍具有多方面的意义。

第一，确立了较为全面的地方自治权。此章程第 2 条规定，澳门地区是"一个具有内部公权"（并在遵循一定原则下），"享有行政、经济、财政及立法自治权的法人"。虽然此时澳门并不享有司法权，但在 1990 年葡国议会修改章程时规定"共和国总统在听取国务委员会及共和国政府意见后，有

① 吴志良：《生存之道——论澳门政治制度与政治发展》，澳门成人教育学会，1998，第 293 页。
② 吴志良：《生存之道——论澳门政治制度与政治发展》，澳门成人教育学会，1998，第 293 页。
③ 李炳时：《澳门总督与立法会》，澳门基金会，1994，第 90 页。
④ 李安道：《从草拟澳门组织章程到立法会的成立》，载《澳门立法会成立 20 周年（1976～1996）》，澳门立法会，1996，第 25～26 页。
⑤ 李炳时：《澳门总督与立法会》，澳门基金会，1994。

权限决定澳门法院何时被授予完全及专属的审判权",在作出授权决定之后就具备了高度自治的基本要素（事实上直到 1999 年 3 月 20 日葡国总统才作出这项授权决定）①。

第二，赋予总督更为广泛的权力，并略微调整了总督任命程序。赋予总督更大的权力，包括将原来由中央政府行使的部分权力划归总督，这既是强化地方自治的一项主要内容，也是为了应对即将产生的立法会可能对行政管治权的冲击。在总督的委任方面，章程第 7 条第 2 款规定，"总督的委任系预先咨询当地居民，尤其是透过立法会及最基层的社会利益组织的代表"。如此规定既反映了葡国革命民主思潮的影响，也与章程起草过程的政治妥协有关。虽然实际上这种咨询在许多情况下只是聊备一格而已②，且更无法同澳门特区行政长官在当地选举或协商产生相比，但较之以往完全无须听取澳门人意见的做法来说仍不失为一种进步。

第三，赋予立法会更大的权力，包括一般立法权和专属立法权，订定税收制度、核准财政收支和省览预算执行报告等财政经济方面的权限；尤其是首次享有对总督施政的监督权，初步形成了总督主导下的行政与立法相互制约的政制模式。包括总督在特定状态下采取限制个人自由等措施时必须事先听取立法会的意见（第 11 条第 1 款 d 项）；总督在立法许可以外颁布的法令，须经立法会追认；如追认被拒绝时则停止实施（第 15 条）；核准政府征收本地区专有收入及本年政费支出，核准总督按照法律的规定借入和借出款项及其他信用活动，订定总督职权范围内的批给制度，订定总督解散行政团体的条件，审议总督或政府的行为，以及表决对施政方针的弹劾动议等等（第 30 条）。当然，作出这些规定也许是对于总督扩权的一种平衡，但并不能改变总督"一元集权"的基本状况。

第四，建立了较为完整的立法会制度。包括总督既不再担任立法会主席，也不是立法会成员，并且在出席立法会时并无表决权（第 37 条第 1 款）；立法会设有主席和副主席各一人，均由议员选举产生（第 21 条第 1 款）；立法会实行恒常运作，但每年不得超过 8 个月（第 32 条）；除非基于维护公共利益且经一定程序而作出另外决定，否则立法会全体会议必须公开

① 王伟华：《一国两制下的澳门特别行政区司法制度》，晨辉出版有限公司，2009，第 64 页。
② 简能思（Vitalino Canas）：《政治学研究初阶》（中译本），法律翻译办公室、澳门大学法学院翻译出版，1997，第 303 页。

进行；以及立法会有权组织常设及临时委员会（第 35 条）等。这些规定在较大程度上参照了西方议会的通常做法，而立法会真正能够发挥作用还取决于对议员地位、权力和保障方面的规定。

第五，对立法会议员地位、权力保障作出较完备的规定。包括议员在执行职务期间发言和表决不可侵犯，但涉及"诽谤、诋毁、侮辱、违反公共道德或公开引诱犯罪等民事及刑事责任"可由立法会决定停止其职务；以及在会议期间，未经立法会同意不得扣押或拘押议员（但现行犯情况下例外），而有关刑事程序一经开始就需通知立法会（第 26 条）。议员在进行立法会活动时有权豁免其原职工作，有权要求政府提供与立法会工作相关的文件资料，并有权领取法律规定的报酬（第 27 条）。议员有权提出立法动议（第 39 条），有权进行表决（第 35 条），有权向总督提出书面咨询（第 38 条）等。

第六，确立了立法会的组成方式。章程规定，立法会由直接选举及间接选举产生的各 6 名议员和总督委任的 5 名议员组成（第 21 条）。章程同时规定，相关选举法例由政府制定（1990 年修改章程时才改为由立法会制定选举法，且属于立法会的专属立法权），这也将是澳门第一次有其本身的选举制度。这种直选和间选议员数额相同的制度一直维持到 2005 年的澳门特区第二届立法会，而委任议员也将一直并存于 2013 年之后，可见其影响之深。以今天的术语评述，这种立法会组成结构体现了"均衡参与"的原则。

（四）1976～1999 年立法会选举的几点观察

《澳门组织章程》颁布之后，历任总督皆由葡国总统委任；因此逐步建立起来的选举制度只是规范立法会以及市政议会和咨询会部分成员的选举，而并不涉及总督。于 1976～1999 年举行的 6 届立法会选举，在一定程度上反映了澳门政治发展的历程和特点。台湾暨南国际大学公共行政与政策学系的一篇硕士论文对此提出了几点看法，可成一家之言；虽然笔者并非对其完全认同（尤其是第 5 点），但认为对于学术研究颇具参考价值。

综观自 1976～1999 年的 23 年来，澳门经历了六次的立法会选举，总体而言，有以下六个特点：

1. 从 1976 年起具民主性质的直选可以说是天上掉下来的礼物，澳门各方面显然没有做好准备。因为居民的参与是被动的，缺乏对政制参与的热情与投票的意欲，使得有高度动员能力的候选组别可以获得巨大的优势，这可以从 1984 年到 1996 年的四次选举与一次补选中获得印证；选民教育水平与公民教育的不足，也让贿选的情况更为严重。

2. 包括符合资格选民的定义、间选方面的界别划分、各利益的议席分配等选举规则的变化往往是反映了执政当局是为了达成某种政治目的而造成的。例如，1984 年选举权的开放，其实就是为了借由选民基数的扩大，减少土生葡人在直选部分的影响力，间接减少行政当局在立法会所遇到的阻碍；而间选的界别划分，一方面既是符合了行政当局的意愿，……另一方面，来自经济或雇主利益的议员在数量上占有优势，也达到了各界别间利益的平衡状态。

3. 商界开始透过直选进入立法会，借着资金上的优势，商界的力量在议会不断增强，侵蚀到传统社团的票源与影响力。事实上从 1976 年首届的立法会开始，商界就透过间选进入了议会，刚开始的时候，商界并没有参与直选，直到 1992 年，商界逐步增强了参与立法会直选的力度，到了 1996 年则更为高调，但这并不代表 1992 年之前就没有来自商界的力量参与直选，只是不会那么高调，例如，商人只是在背后支持，又或者是只成为该组别的第二、第三候选人而已。

4. 中国因素始终成为澳门政制的焦点。除了 1976 年以及 1980 年首两届的立法会比较不明显之外，中国因素始终左右着澳门的政局。从 1984 年澳门总督与立法会的争论，到最后以解散立法会告终开始，传统社团与土生葡人合作参与 1984 年的第三届立法会直选，这肯定是得到北京中央的支持或者是允许的。到了 1987 年，中葡联合声明签署，澳门正式进入过渡期，而 1990 年修改的《澳门组织章程》，将直选、间选与委任各增加两席的决定，也当然是得到北京中央的允许，否则不可能有 1996 年那一届立法会当选的议员可以坐"直通车"过渡到 1999 年后澳门特别行政区的安排。

5. 澳门社团政治的本质是小圈子的"共识政治"。这具有排他性，倾向于保守、封闭的家长作风，造成政治垄断以及大众市民对政治的疏离，与澳门市民渴望建构一个高效率、廉洁的现代政府及一个公开、公平、公正、民主的社会的意愿背道而驰，澳门的传统社团必须重新定位，才不会被时代的洪流冲走。

6. 各参选社团缺乏长期的组织系统。澳门的社团每到立法会选举之前很短一段时期才开始布置安排选举事宜，选举机关才开始运作，常常临时抱佛脚，只在选举期间才跟选民见面并发表议论，到了选举结束之后，这个机关便消失得无影无踪，更遑论随后定期向社会大众汇报议会工作的情形。而一些落选团体，甚至整个都"消失"在社会了。不管是对选情的了解、对候选人的培养，参选社团都缺乏长远的考虑；尤其是参政社团往往既不重视，也缺乏专门熟悉选举的组织者，无法替候选人进行选举事务的策略性安排，难以预先确定自己组别可能获得的选票①。

二 回归后选举制度述要

在 20 世纪 70 年代末至 90 年代中期，伴随着葡国总督与土生葡人的激烈政治斗争②，澳门进入过渡期后，华人领袖政治角色的日益加强以及葡国为适应过渡期需要而作出政策调整，葡国议会于 1979 年（第 53/79 号法律）、1990 年（第 13/90 号法律）及 1996 年（第 23－A/96 号法律）对《澳门组织章程》作出修改③。其中涉及选举制度的主要内容包括：①将立法会任期由 3 年改为 4 年；②将由政府制定立法会选举条例改为"制定立法会选举法为立法会的专属权限"；③删除了关于立法会间接选举的界别划分条款，改为由立法会选举法规定。这些修改，以及立法会由直选、间选和委任议员组成的种种规定均在澳门特区的选举制度中得以延续。

此外，更重要的是，在立法会选举法方面，1991 年通过的第 4/91/M 号法律对选举规则作出重大修改，形成所谓"改良汉狄法"，对选举结果产生了重大影响，使曾经出现的一张候选名单产生三个席位的情况成为几乎不可能再发生的事情④。此制亦沿用至今。

1999 年 12 月 20 日，澳门回归祖国，开始了"一国两制"、"澳人治澳"、高度自治的历史新纪元，选举制度也随之发生了重大变化。

（一） 宪制基础的变更

中国政府恢复对澳门行使主权，必然导致选举制度的宪制基础的变更：

---

① 劳日添：《澳门立法会选举制度之研究》，台湾暨南国际大学公共行政与政策学系硕士论文，2007，第 69~70 页。
② 李炳时：《澳门总督与立法会》，澳门基金会，1994，第 1~95 页。
③ 王禹编《澳门组织章程及有关宪制文件》，濠江法律学社，2010，第 24~80 页。
④ 余振：《澳门的选举制度与 1992 年立法会直选》，《澳门研究》1993 年第 1 期，第 23~27 页。

中国《宪法》、国家主权机关的相关决定和澳门《基本法》构成了新的宪制基础。

1. 国家《宪法》的有关规定

基于国家主权原则和澳门特别行政区的法律地位，澳门同样必须处于中国现行宪法的效力范围之内，这是不容置疑的根本原则。至于宪法中哪些规定适用于澳门特区，应根据"一国两制"方针作出具体分析[①]。例如，至少应包括以下规定：宪法序言最后一段关于"宪法具有最高法律效力"的表述；第31条关于设立特别行政区及另行制定其专有制度的规定；第57条关于全国人民代表大会（以下简称全国人大）及其常委会性质和地位的规定；第58条关于全国人大及其常委会行使国家立法权的规定；第62条关于全国人大职权的规定；第67条关于全国人大常委会职权的规定；第80条关于国家主席职责的规定；第81条关于国家主席代表国家的规定；第85条关于中央人民政府/国务院性质和地位的规定；第89条关于国务院职权的规定；第93条关于国家中央军事委员会的规定，等等。这些规定对于"一国两制"原则的确立、澳门特别行政区的设立、澳门《基本法》的制定、正确理解和处理中央与澳门的关系（尤其正确理解中央对行政长官任命权的性质）等都具有直接的宪制规范意义。

2. 全国人大的有关规定

其中最重要的是1993年3月31日第八届全国人大第一次会议通过的三项决定。一是《关于〈中华人民共和国澳门特别行政区基本法〉的决定》，其中明确指出"澳门特别行政区基本法是根据《中华人民共和国宪法》按照澳门具体情况制定的，是符合宪法的"。这是全国人大首次以一项专门决定确认一项法律的合宪性，也是再次明确指出《基本法》与《宪法》的关系，这为我们正确认识《宪法》的适用问题提供了指向性启示。二是《关于设立澳门特别行政区的决定》，其中明确规定"自1999年12月20日起设立澳门特别行政区"。由于《基本法》并未规定其实施日期，因此上述规定为《基本法》的实施提供了宪制依据，也就使公布《基本法》的国家主席令（1993年第3号）能够规定《基本法》"于1999年12月20日起实施"。三是《关于澳门特别行政区第一届政府、立法机关和司法机关产生办法的

---

① 对此学术界有不同意见，参见庄金锋《宪法在特别行政区适用性问题再探讨》，《"一国两制"研究》2011年第7期，第24～31页。

决定》，其中第 2 条规定，"全国人民代表大会设立澳门特别行政区筹备委员会，负责筹备成立澳门特别行政区的有关事宜，根据本决定规定第一届政府、立法会和司法机关的具体产生办法。筹备委员会由内地委员和不少于50% 的澳门委员组成，主任委员和委员由全国人民代表大会常务委员会委任"。据此成立的筹委会分别制定了《澳门特别行政区第一届政府推选委员会具体产生办法》(1998 年 11 月 7 日)、《澳门特别行政区第一任行政长官人选的产生办法》(1999 年 1 月 16 日)、《澳门特别行政区第一届立法会具体产生办法》(1999 年 4 月 10 日) 以及《关于对原澳门最后一届立法会由选举产生的议员过渡为澳门特别行政区第一届立法会议员资格确认和缺额补充的决定》(1999 年 8 月 29 日)①，并按照上述规定选举产生了第一任行政长官人选，使回归前最后一届立法会成功过渡为澳门特别行政区第一届立法会；而构成特区选举制度的两项重要法律《选民登记法》和《立法会选举法》，正是由特区第一届立法会制定，并经第一任行政长官签署公布生效。

3. 《基本法》及附件一《澳门特别行政区行政长官的产生办法》和附件二《澳门特别行政区立法会的产生办法》

《基本法》第 46 ~ 48 条关于行政长官人选的条件、产生制度及任期的规定是制定《行政长官选举法》基础性规定；而附件一《澳门特别行政区行政长官的产生办法》则对于如何"选举产生"作出了具体规定，尤其是授权澳门特别行政区制定《行政长官选举法》并予以实施。

《基本法》第 68 条关于"立法会多数议员由选举产生"，第 69 条关于立法会任期 4 年的规定，确立了立法会构成的重要原则——多数议员由选举产生和立法会选举周期。而附件二《澳门特别行政区立法会的产生办法》则具体规定了第二届、第三届以后各届直接、间接及委任议员的人数，进一步体现了"多数议员由选举产生"的原则，同时授权澳门特区制定《立法会选举法》以建立立法会选举制度。

上述两项制定选举法的授权亦是高度自治的重要体现，因为在单一制国家的通常情况下规范地方选举的法律均由国家立法订定。

(二) 建立了完整的选举制度

澳门特别行政区立法会分别于 2000 年 12 月 7 日、2001 年 2 月 21 日及

---

① 郑言实编《澳门过渡时期重要文件汇编》，澳门基金会，2000，第 166 ~ 201 页。

2004 年 4 月 1 日通过了第 13/2000 号法律《选民登记法》、第 3/2001 号法律《立法会选举制度》和第 3/2004 号法律《行政长官选举法》，从而形成了完整的选举制度体系。"其中，立法会选举制度体现了与回归前相衔接的特点，而行政长官选举制度则具创制性。"① 事实上，回归前澳门地区最高官职——总督皆为葡国委任，根本就不存在选举，也就无以产生相关选举法。只有在回归之后，澳门居民才在历史上首次参与本地区最高领导人的选举，也才有可能建立完整的选举制度。而在回归前的选举制度也只是局限于立法会选举。

《行政长官选举法》的制定与实施，是澳门民主政治的一项重大发展；澳门居民通过具有广泛代表性的选举委员会选举产生行政长官人选，无疑也是澳人治澳的重要体现。同时，《行政长官选举法》是《基本法》及附件一有关规定具体化和制度化，从而使政治体制中最重要的部分得以完善和运作，使行政长官能够在很高认受性的基础上展开施政。

（三）立法机制的调整及其他

按照《基本法》第 71 条的规定，立法会行使立法权，其中自然包括制定选举法的权力。澳门特区第 13/2009 号法律《关于订定内部规范的法律制度》第 6 条规定"选民登记和选举制度"属于"法律保留"范畴。然而，根据《基本法》第 75 条的规定，涉及政治体制的法案只能由政府提出，《基本法》附件二《澳门特别行政区立法会的产生办法》第 2 条亦明确规定，"议员的具体选举办法，由澳门特别行政区政府提出并经立法会通过的选举法加以规定"。换言之，这与回归前选举法由议员提案明显不同。

另外，与回归前相比，选举制度尚有两项较为重要的调整。其一是在选民登记中对法人选民设置了更高的条件（尤其是 2008 年对《选民登记法》的修改）；其二是在立法会间接选举中较大幅度地提高了"参选门栏"：由 5 个社团法人选民即可提出候选名单（第 4/91/M 号法律第 36 条第 2 款），提高至占该界别法人选民总数的 20% 社团组成的提名委员会方可提出候选名单（经 2012 年修改的第 3/2001 号法律《立法会选举法》第 43 条第 2 款）。

---

① 娄胜华：《混合与过渡——澳门选举制度的变革与特征分析》，载《社会科学》2010 年第 3 期，第 82 页。

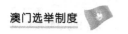

三　小结：一则简要的评论

以下是澳门理工学院娄胜华教授的简要分析。

　　从 1976 年澳葡政府在澳门确立选举法律制度到 2008 年回归后特区政府首次展开选举法律的修订，在 30 多年的时间内，澳门选举法律制度经历了两个不同的政治时代，其间的发展与变化主要表现在以下几个方面：①在法律文本上，经历了从无到有、从简单粗糙到严密精细的过程。②在法律形式上，早期选举法律是融合型的，即与选举相涉的规范包含在单一法律之中，无论是选民登记，还是立法会选举、咨询会选举都由一个选举法来统一规范，后来逐渐采用分立形式，由规范不同选举事务的单项性法律组成选举法律体系。现如今澳门选举法律体系，除了确立选举原则的宪制性法律外，主要包括规范选民登记的《选民登记法》、规范立法会选举事务的《立法会选举法》与规范行政长官选举事务的《行政长官选举法》三个单项性选举法律，以及相关权利法律。③在变动节奏上，几乎少有立法会届期不涉及选举法律的"修订"甚或"重订"的，表面上看，选举法律始终处于变动不居状态。但是，从变动幅度看，未见有剧烈的革新性变化，而是修补完善型的调整，即使是回归后的重订，强调的仍然是"衔接"，也就是说，选举法律的变动频度大而幅度小。④在发展动力上，选举法律制度发展的主导性力量并非源于澳门社会内部，而更多地受到外部政治因素的影响。无论在澳葡时代，还是在回归后的特区时期，作为非独立政治体的澳门，其内部政治制度的变动难以做到完全自主。而从选举制度在澳门确立到如今的 30 多年正是澳门的过渡与转折期，强调安定与追求平稳实际上成为中、葡双方以及澳门社会内部的共识。因此，推动选举制度作剧烈变革的整体性动力相对不足，纵然澳门社会内部逐渐积蓄的推动力量偶有"举动"，亦难以成功。正因此，虽然澳门选举制度自确立以来持续"修订"，但是制度变迁循着渐进式而非突变式的路径，制度的性质及其实质性内容并未发生根本性改变，基本保持了初始制度的混合型结构与过渡性特征[①]。

---

① 娄胜华：《混合与过渡——澳门选举制度的变革与特征分析》，《社会科学》2010 年第 3 期，第 82 页。

第二节 选举制度的构成和特点

自澳门特区立法会于 2004 年 4 月 1 日通过《行政长官选举法》之后，澳门建立了完整的选举制度。而从全面和多层次的角度分析，澳门特区的选举制度是一系列法律构成并颇具特点的规范体系。

一 选举制度的构成

（一）国际人权公约的相关规定及其意义

这主要是指前引《公民权利和政治权利国际公约》第 25 条的规定，以及与保护选举权密切相关的其他条文（例如，第 18 条"思想、良心、宗教和信仰自由"；第 19 条"主张、发表和信息自由"；第 21 条"结社和工会自由"；以及第 9 条"人身自由和安全"，第 14 条"公正审判等"）。

值得注意的是《基本法》第 40 条关于人权国际公约的规定。其中第 1 款规范如何实施人权公约及劳工公约适用于澳门的规定，即"通过澳门特别行政区的法律予以实施"。这就表明实施上述公约的规定与实施其他国际公约有所不同，前者不能直接适用，后者则包括多种实施方式[1]。而更重要的是第 2 款的规定，"澳门居民享有的权利和自由，除依法规定外不得限制，此种限制不得与本条第 1 款规定抵触"。对此，试作如下分析。

第一，此规定所指"澳门居民享有的权利和自由"并非限于人权公约适用于澳门的规定，而是涵盖了《基本法》第三章"居民的基本权利和义务"的全部内容。事实上，义务本身也是一种限制，同样必须遵守本款的规定。

第二，作出限制的根本目的在于保障权利，而并非为了压制或剥夺权利，即"对此等权利只能加以同这些权利的性质不相违背而且只是为了促进民主社会中一般福利目的的法律所确定的限制"[2]。

---

[1] 饶戈平：《国际条约在澳门的适用问题研究》，澳门理工学院—国两制研究中心，2011。

[2] 《经济、社会和文化权利国际公约》第 4 条。

第三，作出限制只能以法律为之，这既是公约要求的"形式要件"（《公民权利和政治权利国际公约》第 18 条第 3 款、第 19 条第 3 款），也是防止非法或任意限制权利的制度保障。就澳门而言，只能由立法会根据《基本法》第 71 条第 1 项制定相关法律（或部分相关条文），并由其修改、暂停实施和废止。澳门第 13/2009 号法律《关于订定内部规范的法律制度》第 4 条对此作出了具体规定。

第四，此种限制的实质要件是"不得与本条第一款规定抵触"。这就表明作出的限制必须符合人权公约的要求。包括：①必须具备合法的目的，即是旨在维护国家安全、公共安全、公共秩序、公共卫生、公共道德、其他人的权利自由、公平利益。②必须符合相对性的标准，即施加的限制必须同它所要保护的合法目的相称。限制性的措施必须对它们的保护职能而言是适当的，在可能取得的预期效果的措施中其侵犯性最小，同其保护的利益相称。③必须符合"必要性"原则，即这种限制或干预必须是"在一个民主社会是必要的"，或对于任何社会来说都是必要的①。④遵守对人权条文解释所达成的共识，"对权利作广义解释，而对限制性规定作狭义解释"②。

第五，"不得与本条第一款规定抵触"，为立法会制定限制性法律或条文设定了一项宪制性标准。而《基本法》第 11 条第 2 款规定，"澳门特别行政区的任何法律、法令、行政法规和其他规范性文件均不得同本法相抵触"。也就是说，立法会制定相关法律时，既不能抵触《基本法》也不能抵触国际人权公约的有关规定，从而形成了"同构型的两重标准"。或者说，只要符合了后者也就是符合了前者。然而，能否将两者等量齐观则值得研究，从逻辑关系来看是前者派生出后者，但从国际人权公约的法律地位上看则需要考虑公约与宪法的关系，即相关公约是否为宪法确认的一种法律渊源，是否具有高于本国一般法律的地位③。

第六，一个延伸问题是，根据《基本法》第 11 条第 2 款和第 40 条第 2 款，立法会在制定其他法律时必须不能抵触《基本法》，而在制定涉及权利

---

① 国际人权法教程项目组编写组：《国际人权法教程》（第一卷），中国政法大学出版社，2002，第 387~388 页。

② 〔奥〕诺瓦克：《民权公约评注——联合国〈公民权利和政治权利国际公约〉》（上册），毕小青、孙世彦等译，生活·读书·新知三联书店，2003，第 8 页。

③ 许多国家的宪法（如葡国宪法第 8 条）对此有明确规定，我国《宪法》并无相关内容。

限制的法律时则不能抵触国际人权公约；另外，立法会制定的法律如涉及设立、确认、维护和发展人权时，可以超越国际人权公约的范围，而如果涉及权利限制时则不能"越雷池一步"。

（二）《基本法》的规定

1. 总则性规定（《基本法》第一章）

（1）《基本法》第 2 条规定："中华人民共和国全国人民代表大会授权澳门特别行政区依照本法的规定实行高度自治，享有行政管理权、立法权、独立的司法权和终审权。"正是由于"实行高度自治"澳门特区才可以有其本身的选举制度，这也是"一国两制"的体现。行使行政管理权的最高领导人行政长官、行使立法权的立法会之多数议员均由选举产生；而独立的司法权和终审权为选举的公平、公正和廉洁提供了司法保障，尤其是在审理相关司法上诉、审理选举违法案件方面具有不可或缺的作用。

（2）《基本法》第 3 条规定："澳门特别行政区的行政机关和立法机关由澳门特别行政区的永久性居民依照本法有关规定组成。"这就规定了只有澳门特区的永久居民才可以参加行政长官及立法会议员选举，当然仍要同时符合相关法律的具体要求。

（3）《基本法》第 4 条规定："澳门特别行政区依法保障澳门特别行政区居民和其他人的权利和自由。"这是关于人权保障的法制原则，即保障包括选举权在内的各项居民权利和自由均应以法律为之。因此，这也是立法会的一项重要职责。

（4）《基本法》第 9 条规定："澳门特别行政区的行政机关、立法机关和司法机关，除使用中文外，还可使用葡文，葡文也是正式语文。"其中，中文居于主要地位，葡文居于次要地位。因此，所有选举法律及相关文件首先必须具备中文版本，同时也要有葡文版本。这既体现了国家主权的要求，也反映了澳门绝大多数居民使用中文的基本状况，也照顾到历史传统和葡裔人士的需要。

（5）《基本法》第 11 条规定："根据中华人民共和国宪法第三十一条，澳门特别行政区的制度和政策，包括社会、经济制度，有关保障居民的基本权利和自由的制度，行政管理、立法和司法方面的制度，以及有关政策，均以本法的规定为依据。澳门特别行政区的任何法律、法令、行政法规和其他规范性文件均不得同本法相抵触。"这是关于选举法律的合宪性原则，即制定选举法律首先必须符合《基本法》的有关规定，不能抵触国家对澳门特别行政区的基本方针，不能改变《基本法》规定的各项制度、体制和有关政策，不能侵犯包括选举权在内的各项权利和自由。

2. 中央权力的规定（《基本法》第二章）

（1）《基本法》第 12 条规定："澳门特别行政区是中华人民共和国的一个享有高度自治权的地方行政区域，直辖于中央人民政府。"这是关于澳门特别行政区法律地位的规定，是我们正确理解《基本法》第 15 条规定的中央任命权的法律基础。

（2）《基本法》第 15 条规定："中央人民政府依照本法有关规定任免澳门特别行政区行政长官、政府主要官员和检察长。"此条规定的关键在于，该等任命权完全属于中央，如何任免只能是依照《基本法》的有关规定，而不能由澳门特区的法律作出任何规限。

（3）《基本法》第 17 条规定："澳门特别行政区享有立法权。澳门特别行政区的立法机关制定的法律须报全国人民代表大会常务委员会备案。备案不影响该法律的生效。全国人民代表大会常务委员会在征询其所属的澳门特别行政区基本法委员会的意见后，如认为澳门特别行政区立法机关制定的任何法律不符合本法关于中央管理的事务及中央和澳门特别行政区关系的条款，可将有关法律发回，但不作修改。经全国人民代表大会常务委员会发回的法律立即失效。该法律的失效，除澳门特别行政区的法律另有规定外，无溯及力。"根据此条规定，如果澳门特区的选举法削弱或损害了中央政府的任免权，全国人大常委会可按照有关程序将该法律发回。当然，如果出现这种情况将形成重大宪政危机，而且由于在通常情况下并无溯及力，因此很难处理。所以在制定或修改选举法时立法会需要慎重和严谨，而作为（根据《基本法》第 75 条的规定）提出法案的政府更是责无旁贷。当然，出现这种情况的可能性非常小或者几乎无可能。

（4）《基本法》第 21 条第 2 款规定："根据全国人民代表大会确定的代表名额和代表产生办法，由澳门特别行政区居民中的中国公民在澳门选出澳门特别行政区的全国人民代表大会代表，参加最高国家权力机关的工作。"这表明产生多少名以及如何产生澳门地区的全国人大代表，并非属于澳门特区选举制度的范畴。

（5）《基本法》第 22 条规定："中央人民政府所属各部门、各省、自治区、直辖市均不得干预澳门特别行政区依照本法自行管理的事务。"这就要求相关方面维护澳门特区依照《基本法》制定选举法律和依法进行选举活动。

3. 权利性规定（《基本法》第三章）

（1）《基本法》第 24 条第 2 款对澳门特别行政区永久性居民作出了界定，其中包括符合条件的葡萄牙人和其他外国人。因此，在规定选民资格时只能以永久性居民为基础，而并非只限定其中的中国籍居民；但是作为行政长官的候选人则必须同时具备两种身份。

（2）《基本法》第 25 条规定："澳门居民在法律面前一律平等，不因国籍、血统、种族、性别、语言、宗教、政治或思想信仰、文化程度、经济状况或社会条件而受到歧视。"需要注意的是，其中并不包括"年龄"这一项，因此选举法律规定年满 18 周岁才可以成为选民和候选人，年满 40 周岁才可成为行政长官选举候选人并不违反此条规定。

（3）《基本法》第 26 条规定："澳门特别行政区永久性居民依法享有选举权和被选举权。"此处的"依法"既包括《基本法》的相关规定，也包括由澳门特区立法会制定的选举法律，同时后者不能与前者相抵触。

（4）《基本法》第 27 条规定："澳门居民享有言论、新闻、出版的自由，结社、集会、游行、示威的自由，组织和参加工会、罢工的权利和自由。"以及第 28 条关于人身自由不受侵犯的规定，第 29 条关于罪刑法定的规定，第 30 条关于人格尊严不受侵犯的规定，第 32 条关于通信自由和通信秘密受法律保护的规定，第 34 条关于信仰自由的规定，第 36 条关于诉诸法律向法院起诉权利的规定，等等，均与保障居民的选举权和被选举权密切相关。

（5）《基本法》第 40 条与选举制度的关联已在前文表述，同样具有重要意义。

4. 体制性规定（《基本法》第四章）

（1）《基本法》第 45 条规定："澳门特别行政区行政长官是澳门特别行政区的首长，代表澳门特别行政区。澳门特别行政区行政长官依照本法规定对中央人民政府和澳门特别行政区负责。"行政长官的双重宪制地位和身份以及双重宪制责任，充分说明了行政长官选举的重要性。

（2）《基本法》第 46 条规定了担任行政长官者必须具备的年龄条件、身份条件、居住年期条件和国籍条件（在本书第十章第四节有较详细分析）。

（3）《基本法》第 47 条规定了行政长官产生方式的基本制度（详见本书第十章第四节）。

（4）《基本法》第 48 条规定："澳门特别行政区行政长官任期五年，可连任一次。"这也是关于行政长官选举周期的规定。

（5）《基本法》第 50 条第 7 项规定，"委任部分立法会议员"是行政长官的一项职权，这就表明在未对此项规定作出修改之前，澳门不能实行全体立法会议员由普选产生的制度。

（6）《基本法》第 54 条规定了行政长官必须辞职的情况，而由此产生的非周期性选举时限由第 55 条第 2 款订定。

（7）《基本法》第 71 条第 7 项规定："如立法会全体议员三分之一联合动议，指控行政长官有严重违法或渎职行为而不辞职，经立法会通过决议，可委托终审法院院长负责组成独立的调查委员会进行调查。调查委员会如认为有足够证据构成上述指控，立法会以全体议员三分之二多数通过，可提出弹劾案，报请中央人民政府决定。"在这种情况下，如中央人民政府免去行政长官职务，则也需要进行非周期性行政长官选举；而中央人民政府如何决定完全是其不可转让的专属权限。

（8）《基本法》第 68 条规定了多数议员由选举产生，而产生办法由附件二规定。附件二确定了立法会议员包括直接选举、间接选举和委任议员的三种产生方式（详见本书第五章至第七章）。

（9）《基本法》第 75 条规定了议员的提案权，第 76 条规定了议员的质询权，第 77 条规定了议员通过法案、议案权，第 79 条规定了议员发言和表决的免责权，第 80 条规定了逮捕议员的特定程序，凡此等等既是确保立法会议员能够履行其法定职责，也是尊重选举结果的价值体现。如果议员不能依法提出法案或议案、对政府工作提出质询、动议和参加关于公共利益问题的辩论、审议和通过财政预算、审议和表决法案，那么立法会选举的意义将荡然无存。

（10）《基本法》第 52 条规定了行政长官可以解散立法会的情形，一旦立法会被解散则将进行提前选举。而第 70 条则规定了提前选举的期限。

（11）《基本法》第 81 条规定了立法会议员丧失资格的情形和程序，一旦出现缺位亦将进行补选（参见本书第五章第五节）。

（12）《基本法》第 83 条关于法院独立行使审判权的规定，第 87 条关于法官产生方式的规定，第 89 条关于法官不听从任何命令或指示的规定，第 90 条关于检察院独立行使检察职能的规定等，都是确保选举公平、公正、公开和廉洁的重要机制，尤其是在解决选举争议、打击选举犯罪方面具有不可替代的作用。

（三）选举法律

这主要是指《选民登记法》《立法会选举法》和《行政长官选举法》，同时也包括选举管理委员会发出的效力地位较低的具有约束力的指引。具体内容详见本书以后各章的表述。

（四）其他相关法律

（1）保障居民基本权利的法律。包括 1989 年制定的第 8/89/M 号法律《视听广播业务法》，1990 年制定的第 7/90/M 号法律《出版法》，1993 年制定的第 2/93/M 号法律《集会权及示威权》，1994 年制定的第 5/94/M 号法律《请愿权的行使》，1998 年制定的第 5/98/M 号法律《宗教及崇拜的自由》，1999 年制定的第 2/99/M 号法律《结社权规范》，以及 1999 年 12 月制定的第 8/1999 号法律《澳门特别行政区永久性居民及居留权法》。居民基本权利是各项权利相互关联的规范体系；保障居民的言论、新闻、出版、结社、集会游行和宗教信仰的自由，对于选举权的自由行使、选举过程的公平、公正和公开同样具有重要作用。

（2）规范刑事犯罪及其处罚、民事责任及其赔偿，以及诉讼程序的法律。包括 1995 年制定《刑法典》，1996 年制定的《刑事诉讼法典》，1999 年制定的《民法典》《民事诉讼法典》及《行政诉讼法典》。除由选举法规定的相关选举犯罪之外，涉及其他犯罪的均适用《刑法典》并按照《刑事诉讼法典》追究其刑事责任；涉及民事责任的则按照《民法典》及《民事诉讼法典》确认责任、裁决赔偿；而根据选举法的规定，某些选举案件适用《行政诉讼法典》（《行政长官选举法》第 154 条第 2 款）。对于选举争议的司法上诉则由选举法规定其管辖、程序和时限。

二　选举制度的特点

对于澳门选举制度的特点，可以从不同角度探讨。本小节仅指涉法律规范和实质内容两个方面。

（一）法律规范的特点

1. 渊源的多样性

这主要指构成选举制度之法律渊源的多样化：既包括《公民权利和政

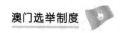

治权利国际公约》的相关条款，也包括《基本法》及附件一、附件二的宪制性规定；既有直接规范选民登记、行政长官选举和立法会选举的专门法律，也有保障其他相关权利（结社、集会、游行、言论、出版自由及永久性居民身份之界定）的单行法律的配套支持。其中，国际公约和《基本法》的法律位阶高于本地法律，后者以前者为依据和基础，同时也是对前者的具体实施和规范。

2. 体系的完整性

这主要表现为，从选民登记中关于自然人选民登记和法人选民登记的具体规定，到选举管理和选举程序的各个环节；从对选举争议的处理，到对选举违法行为的处罚；从各项实体性内容到各项程序性制度均作出了全面规定，从而构成完整的选举制度体系。尤其重要的是通过独立行使审判权和终审权的司法运作，为居民依法行使选举权提供了坚实可靠的司法保障。

3. 规范的科学性

所谓科学性，只能是相对而言，主要指两层意思：一是指立法技术上的严谨性；二是指选举法与其他相关法的协调性。前者包括选举法律的结构设置较为合理，章节安排符合其内在逻辑，条文表述较为清晰准确，法律规定与实际运作较为一致；从而具有较高的可理解性和可操作性，能够较为充分地实现选举法的功能。后者是指正确处理选举法与其他法律尤其是规定各项基本制度的法律之间的相互关系。例如，关于选民登记中自然人选民登记涉及永久性居民的界定，法人选民登记则涉及《民法典》关于非牟利法人的规定以及《结社权》法律中关于政治团体的规定；关于竞选活动中的集会游行涉及《集会游行法》的有关规定，对于传媒报道选举活动的规范涉及《视听广播法》和《出版法》的相关规定等，在这种情况下必须遵循法律统一性原则，维护基本制度的完整和稳定；只有在现行制度不足以规范的情况下方才作出另行规定。再如，《选举法》中关于司法上诉程序，关于犯罪的定义、犯罪未遂的处罚等皆在诉讼法典或《刑法典》中已有规定，选举法规定的特殊程序、新的罪名以至于设立"污点证人"制度皆属于"一般法"与"特别法"的关系。基于选举程序的特殊要求及选举法的特定价值取向，在某种程度上可以允许或必须作出与诉讼法典或刑法典有所不同的规定。"如刑事责任与纪律责任同时追究的原则、处罚犯罪未遂犯原则、加处从刑的原则、刑罚不得中止或代替的原则等，这些原则都表现出立法者保障公正选举的决心。"①

（二）实体内容的特点

1. 总体特征：混合式宝塔型②

澳门选举制度，包括立法会选举和行政长官选举。前者又包括由全体自然人选民（截至 2012 年 12 月 31 日，为 277153 人）参与的直接选举（2009年选出 12 名议员并将于 2013 年选出 14 名议员），以及只是由法人选民（截至 2012 年 12 月 31 日共有 719 个）③ 参与的间接选举（2009 年选出 10 名议员并将于 2013 年选出 12 名议员）。后者由一个具有广泛代表性的选举委员会（2009 年选举时为 300 人而 2014 年选举行政长官时为 400 人）选举产生行政长官。直选、间选、选举团选举三者并存谓之"混合式"，而三者之间从选民人数到应选名额皆由多至少呈"宝塔形"。

2. 投票权：一人一票与一人多票

在立法会选举中，每位自然人选民皆在直接选举中享有一个投票权；如果某位选民同时又是法人选民（社团）的投票人，则其可以同时在间接选举中再投一票（详情参阅本书第八章）；即在同一届立法会选举中其享有两个投票权。如果当年同时举行行政长官选举（如 2009 年），该选民作为法人选民的投票人可以参加行政长官选举委员会委员选举（参阅本书第十章）；如其当选为选委会委员就可以投票选举行政长官，即在行政长官选举中共可享有两个投票权。换言之，在同时进行立法会和行政长官选举的双选举年，一位选民有可能以不同身份最多享有四个投票权。那么，这种情况是否违反国际公约确立的普遍选举权和平等选举权原则呢？试作以下两点分析：

其一，按照前引奥地利学者的理解，普遍选举权"意味着选举权不应只限于某些群体或阶级，而是所有人的一项基本权利。……但是我们不能忽略一个事实，那就是在各个国家中所谓的普遍选举权并非一个绝对的准则。

---

① 石磊：《澳门选举贿赂犯罪及选举制度研究（上篇）》，《新视角》2011 年第 1 期。
② 有学者称为"多元代表制与非完全普选"。娄胜华：《混合与过渡：澳门选举制度的变革及特征分析》，《社会科学》2010 年第 3 期，第 78~85 页。
③ 自然人选民和法人选民统计数字引自澳门特区政府行政公职局网站。

而只是一个由它们对民主参与的理解所决定的相对原则"①。以立法会间选为例。首先，此种间选制度是以各个社会利益界别均衡参与为基础；包括工商金融界、劳工界、专业界、社会服务、文化、教育和体育界，应该说是涵盖了绝大多数"群体"和"阶级"。其次，各界别参选是以法人选民的方式为之，而对于每个人参加社团的权利在法律上并无任何限制且受到法律的保障，因此也就不存在限制某位居民（选民）透过参加社团进而成为该法人选民之投票人的问题。最后，间选制度本身就是在一定历史时期被广为接受的一种"对民主参与的理解"。虽然这种方式或理解不断受到批评挑战，但其本身并未构成对普遍选举权的否定，只是以另一种（可能不太完美的）方式作为体现。

其二，"平等选举权的原则意味着每张选票都具有同样的价值"②。这可以理解为，在每一项选举中每个选民所投的一票都必须按照同一标准和同等价值予以统计，并最后按照得票多少的顺序决定当选名单。具体而言，立法会选举包括直选和间选两项选举，如果在每次选举中对于每张选票都予以公平对待，而不是某人的一票可以等同其他若干选民的若干票，就符合平等选举权原则。事实上，在秘密无记名投票制下也不可能对不同选民的投票作出区分。当然，从根本上说，"一人一票"能够在更大程度上反映平等选举权原则，但在充分实现该原则过程中可以有多种安排，只要其方向正确，则仍然是可以接受和必要的。

3. 立法会选举：多议席/比例制

澳门立法会选举（无论直选或间选）均以整个澳门为单一选区选出（官委议员除外的）全体议员，是为典型的"单选区多议席制"。在直选中，每张候选名单所列候选人最少为4人，最多为本届立法会直选议席的总数（2009年第四届立法会为12人，2013年第五届立法会为14人）。选民只能就一个候选名单投一票，且不可对选票所列候选人的顺序作任何变动。这既不同于"混合连记投票法"（允许选民可投出与选区应选名额相同的票数，并且可将选票投给同一政党或不同政党的候选人），也不同于"选择投票

---

① 〔奥〕诺瓦克：《民权公约评注——联合国〈公民权利和政治权利国际公约〉》（上册），毕小青、孙世彦等译，生活·读书·新知三联书店，2003，第438～439页。

② 〔奥〕诺瓦克：《民权公约评注——联合国〈公民权利和政治权利国际公约〉》（上册），毕小青、孙世彦等译，生活·读书·新知三联书店，2003，第441页。

制"（即选民可按自己的偏好在所选名单中将候选人排序并予以标记）①。这两种投票方式同样适用于单选区多议席制，但均具有开放性特征，只是开放程度有所不同而已。而澳门的投票方式则仍然属于"封闭式"，选民除了选择一个候选名单之外并无其他权利。这种投票方式，在民主政治并不发达的阶段，无论对于选民抑或对于参选团体以及选举管理机关来说，都是易于理解和操作的；但的确限制了选民在不同候选名单中选取自己心仪的人选。

与上述投票方式直接相关的是，在这种情况下也只能实行比例代表制。具体说就是采用改良汉狄制，即经过修改的最高平均数法的计票方式。因此，每个参选团体无不在力争最多选票的同时，精心安排候选名单中候选人的排名顺序（尤其是第一、第二名），并在事先估计票数够多的情况下分拆名单以使所获选票达到最大效益（即减少选票浪费）；而与此相关的配票策略能否成功则成为关键。此外，改良汉狄制又使得票较少、甚至很少（相对于第一议席得票数而言）的候选名单也有机会取得一席。例如，在2009年立法会选举中，第一席位当选者得票21098，而最后一席当选者得票7857。这虽有助达致立法会多元化和均衡参与的目标，但也可能导致参加选举的组别越来越多，为提高曝光率而采取"激进"手法，从而使立法会由于纷争不断难以达成共识。在这种情况下，间选议席和委任议席就具有了平衡作用。虽然有意见认为，间选及委任议席在监督政府方面力有不逮或不欲为之，但这两种议席的存在对于协调立法和行政关系，保障政府依法施政的顺利进行是有其价值和必要的。

另外，间接选举的基础同样包含多种元素，既有以经济标准为主的金融、工商界，也有以就业方式为主的劳工界；既有以特定职业为主的专业界和教育界，也有以活动性质作区分的社会服务界、文化界及体育界。需要注意的是，由于参加间选是以法人选民的方式为之，而作为法人选民的社团成员却并不受职业、阶层等限制（专业界情况略有不同），因此各界别社团的人员重叠、功能模糊的情况是存在的。

4. 行政长官选举：双层多数制

所谓"双层"是指整个行政长官选举，包括行政长官选举委员会选举和由该委员会选举行政长官之两项选举。

---

① 王业立：《比较选举制度》，五南图书出版公司，2001，第30~31页。

所谓"多数"是指选举委员会委员选举和行政长官选举皆为多数票决制。有所不同的是，选举委员会委员选举实行相对多数制，一次投票"搞定"。行政长官选举实行绝对多数制与相对多数制并用：第一轮投票中获得全体选委会委员过半数票者当选；如无人能达此数则在得票最多的两人中进行第二轮投票，以取相对多数票者胜出，这种情况迄今尚无出现。另一个特殊情况是法律既未规定，现实也未出现，即只有一个候选人但在第一轮投票人未过半数，是否亦需进行第二轮投票。按照常理应进行第二轮投票，故有必要就此作出具体规定。

根据《行政长官选举法》的规定，在行政长官选委会委员选举中，如各界别只有一个候选名单，则无须投票，各候选人皆自动当选；如果有一个以上的候选名单，就必须进行投票（这种情况只在 2009 年第三任行政长官选举委员会选举中的文化界出现过一次）。此项投票不同于立法会选举，是选人而非选名单（《行政长官选举法》第 60 条第 1 款第 2 项），每个界别的投票人分别选举本界别的选委会委员。也就是说，每个人可以投的票数与该组别应选名额相同（例如文化界有 12 个名额，即可投选 12 名候选人）。这同前述"混合连记投票法"基本一致。2012 年 8 月 29 日，澳门立法会通过了第 11/2012 号法律，修改了《行政长官选举法》中关于选委会委员自动当选的规定，即在选委会委员选举中某个界别只有一张候选名单也需进行投票。这将使"混合连记投票法"在 2014 年的行政长官选举委员会委员选举中首次较大规模的采用，效果如何尚有待观察。

另外，可以顺便指出的是，选委会委员的选举与以美国总统选举为代表的选举人（团）制不同，它不以地域为代表（美国每个州的总统选举人的数目为各州的众议员和参议员总数）；也不是完全意义上的职业代表制，而是以社会利益界别（其中包括职业因素）为基础。因此，有学者从职业代表制角度对此提出质疑并非完全切题，"如何界定何种职业属于何种界别——如警察或公务员是否属于'劳工、社会服务、宗教等界'，如何划分不同职界的名额——'工商、金融界'代表为何多于'文化、教育、专业等界'或'劳工、社会服务、宗教等界'的代表？为什么要为'立法会议员的代表、市政机构成员的代表'等专门规定选举人名额？（澳门《基本法》附件一）这些问题都难以找到令人信服的依据"。"民主的要义是代议制所代表的是人而不是职业、财产或其他东西。"①

对此，可以提出两点，一是要立足于澳门的历史和现实情况，全面分析澳门特区政治体制性质、构成和模式，从而对这种选举方式的合理性和必要性得出正确的结论。二是选举行政长官不同选举立法会议员，行政长官并非代议机关；另外，虽然代议制代表的是人，但任何人（或其家人）都会从事某种职业，其财产亦要得到合法保护，这些同样是在一定程度上靠代议制去实现。

第三节　选举制度的研究与思考

仅以本节来说，所谓"研究"，是指以较为严谨的学术规范对澳门选举制度（或其某个领域）作出较为系统的理论分析；所谓"思考"，主要是指对选举制度的某些方面提出问题或初步探讨。当然，两者之间并非界限分明而是互有交叉，相辅相成。现仅以笔者所阅之中文版本著述为参考，略述一二。

一　研究概况述要

（一）总体情况

相比较而言，关于澳门选举制度的专门研究不是很多，但在其他研究中，尤其是关于政治制度（体制）研究中涉及选举的内容却为数不少。对于政治制度的研究，又以研究回归前政治制度发展史的成果最为丰硕（其中澳门学者吴志良博士的著述较为全面系统），而研究回归后政治体制者主要以《基本法》为基础和重点（其中已故著名宪法学家萧蔚云教授主编的《论澳门特别行政区行政长官制》一书是为最重要和最新成果之一）。

（二）研究资料

此处主要指各类出版物，现大致按出版年份分述之。

---

① 张千帆：《宪法学导论》，法律出版社，2008，第393页。

（1）纪事类。包括由澳门基金会出版的各种澳门编年史，如施白蒂（Beatriz Basto da Silva）著、金国平等译的《澳门编年史》三卷；1994 年黄汉强、吴志良主编的《澳门概览》（史地篇）；1999 年郑言实编的《澳门回归大事记 1972～1999》；2000 年华荔著《澳门法律本地化历程》；澳门特区政府新闻局编辑出版的《澳门年鉴》（2000～2012 每年一卷）；等等。

（2）文献类。包括澳门特别行政区基本法咨询委员会编辑出版的《中华人民共和国澳门特别行政区基本法（草案）征求意见稿》咨询意见报告书（1991 年 11 月），《中华人民共和国澳门特别行政区基本法（草案）》咨询意见报告书（1992 年 8 月）；1996 年澳门立法会编辑出版的《澳门立法会成立二十周年（1976～1996）》；萧伟华（Jorge Noronha e Silveira）所著，沈振耀、黄显辉合译的《澳门宪法历史研究资料（1820～1974）》，1997 年由法律翻译办公室与澳门大学法学院合作出版；郑言实编《澳门过渡时期重要文件汇编》（2000 年澳门基金会）；澳门特区立法会编辑出版《选举法例汇编·行政长官选举法》（第二版）、《选举法例汇编·立法会选举法》（第二版）、《选举法例汇编·选民登记法》（第二版），均为 2008 年出版；2009 年行政暨公职局编辑出版的《选举法例·前文本与现行文本对照》；2009 年澳门理工学院一国两制研究中心编辑出版的《中华人民共和国澳门特别行政区宪政法律文献汇编》；王禹编《澳门组织章程及有关宪制文件》（2010 年澳门濠江法律出版社）；全国人大常委会澳门基本法委员会办公室编《中华人民共和国澳门特别行政区基本法起草委员会文件汇编》及《全国人民代表大会澳门特别行政区筹备委员会文件汇编》（2011 年中国民主法制出版社出版），等等。

（3）统计类。主要有 1999 年澳门政府行政暨公职局编辑出版的《选举活动综合报告（1996～1999）》；2010 年的《选举活动综合报告（2001～2009）》。以及澳门政府统计暨普查局公布的各项统计，尤其是人口统计。

（4）期刊类。主要有澳门政府行政公职局编辑出版的月刊《行政杂志》；澳门大学澳门研究中心主办的《澳门研究》（不定期）；澳门理工学院一国两制研究中心主办的《"一国两制"研究》季刊；王禹主编的《基本法研究》（不定期）；国务院发展研究中心港澳研究所主办的《港澳研究》季刊；其他内地刊物则不胜枚举，其中也时有刊载相关文章。

（5）文集类。包括余振编《澳门政治与公共政策初探——澳门大学中文公共行政课程部分学生论文集》（澳门基金会，1994），余振编《双城记——港澳的政治、经济及社会发展》（澳门社会科学学会，1998），余振编《澳门回归前后的问题与对策》（名流政策（澳门）研究所，1999）；余振、余永逸、邝锦钧编《双城记 II——回归后港澳的政治、经济及社会发展》（澳门社会科学学会，2003）。此外，由澳门理工学院一国两制研究中心出版的《"一国两制"与宪政发展——庆祝澳门特别行政区成立十周年研讨会文集》（2009），《"阳光政府与公民社会建设"学术研讨会论文文集》（2010），《"一国两制"与澳门特区法制建设——大型学术研讨论文集》（2010），《政治发展与"一国两制"理论探索——学术研究论文集》（2012）。此外，澳门基本法推广协会亦自 2000 年始每年 3 月底举办纪念基本法研讨会并将论文结集出版。

（6）民意调查。包括澳门发展策略研究中心举办并出版的《澳门特区居民素质调查报告》（2005）；《"一国两制"研究》编辑部举办的"一国两制"综合指标民意调查 I、II、III（分载《"一国两制"研究》2011 年第 10 期，第 92~104 页，2012 年第 1 期第 104~108 页，2012 年第 3 期第 96~109 页），"阳光政府与阳光社会中型民意调查报告"（载《"一国两制"研究》2011 年第 7 期，第 41~47 页）；澳门新视角学会（始于 2010 年 6 月）由李略博士主持每半年一次的"澳门特区政府施政满意度调查报告"、"澳门市民对直选议员满意度调查报告"至 2012 年 12 月已举行 6 次，参见澳门新视角网页（www. myra. org. mo）。

（三）研究成果

此处仅列出相关专著。

1. 澳门政治制度史研究

主要有吴志良著的《澳门政治制度——沿革、现状和发展》（澳门公共行政管理学会，1993）；李炳时著的《澳门总督与立法会》（澳门基金会，1994）；吴志良著的《澳门政制》（澳门基金会，1995）、《生存之道——论澳门政治制度与政治发展》（澳门成人教育学会，1998）；简能思（Vitalino Canas）著的《政治学研究初阶》（*Preliminares de Estudo da Ciência Política*）（澳门政府法律翻译办公室、澳门大学法学院，1998）；何志辉的《从殖民宪制到高度自治：澳门两百年来宪制演进述评》（澳门理工学院一国两制研究中心，2009），等等。

2. 澳门基本法研究

这方面的研究成果甚多，仅以出版年份为序述之。其中具有代表性的著作有《澳门基本法文献集》（澳门日报出版社，1993），萧蔚云主编的《一国两制与澳门特别行政区基本法》（北京大学出版社，1993），萧蔚云的《澳门基本法讲座》（原载《澳门与澳门基本法》，澳门日报出版社，1994；后译成葡文单行出版），许崇德主编的《港澳基本法教程》（中国人民大学出版社，1994），梁凡的《基本法九九讲》（澳门基金会，1994），杨允中的《澳门与澳门基本法》（澳门基金会，1994，1995年修订版），《澳门基本法问答集》（澳门大众报有限公司，1995），杨允中的《"一国两制"与现代宪法学》（澳门大学，1996），杨静辉、李祥琴的《港澳基本法比较研究》（北京大学出版社，1997），蓝天主编的《"一国两制"法律问题研究》（总卷）（法律出版社，1997），杨允中的《澳门基本法释要》（澳门基金会，1998），赵国强的《澳门特别行政区基本法 ABC》（澳门五洲传播出版社，1999），杨静辉的《澳门基本法释义》（人民出版社，1999），骆伟建的《澳门特别行政区基本法概论》（澳门基金会，2000），王叔文主编的《澳门特别行政区基本法导论》（中共中央党校出版社，2001），萧蔚云的《论澳门基本法》（北京大学出版社，2003），杨允中的《澳门基本法释要》（修订版）（澳门法务局，2003），杨允中的《"一国两制"与澳门成功实践》（中国大百科全书出版社，2004），萧蔚云主编的《论澳门特别行政区行政长官制》（澳门科技大学，2005），杨允中的《论正确实践"一国两制"》（澳门大学澳门研究中心，2005），骆伟建的《澳门特别行政区基本法新论》（社会科学文献出版社、澳门基金会，2012），杨允中、许昌等的《"一国两制"理论探析》（澳门理工学院一国两制研究中心，2012），等等。另有反映澳门学者研究成果的论文集有骆伟建、王禹主编的《澳门人文社会科学研究文选·基本法卷》（社会科学文献出版社，2009）。

3. 澳门政治社会研究

包括吴志良、陈欣欣著的《澳门政治社会研究》（澳门成人教育学会，2000）；娄胜华著的《转型时期澳门社团研究》（广东人民出版社，2004）；张元元著的《澳门法治化治理中的角色分析》（澳门理工学院一国两制研究中心，2009）；潘冠瑾著的《澳门社团体制变迁：自治、代表与参政》（社会科学文献出版社、澳门基金会，2010）；王磊、甘超英等著的《澳门回归十年宪制发展研究》（澳门理工学院一国两制研究中心，2010）；娄胜华、潘冠瑾、林媛著的《新秩序——澳门社会治理研究》（澳门基金会，2010），等等。

4. 选举制度与投票行为研究

包括余振、刘伯龙、吴德荣著的《澳门华人政治文化》（澳门基金会，1994，此乃研究澳门华人政治文化的开山之作，其中通过华人政治文化研究探讨华人投票行为亦为首例）；林园丁、张德荣等著的《澳门特区民主发展前景研究——以选举制度为视角（专题研究报告）》（澳门理工学院一国两制研究中心，2010）。

此外，尚有若干论文值得提及：台湾暨南国际大学公共行政学系劳日添的硕士论文《澳门立法会选举制度之研究》（2007 年 6 月 28 日），这是迄今所见全面研究澳门立法会选举制度的硕士论文，具有一定的学术价值。

发表于国务院发展研究中心港澳研究所主办的《港澳研究》的相关论文包括：赵向阳《澳门特别行政区〈行政长官选举法〉论述》（创刊号，2005 年 11 月），刘祖云《澳门社团政治功能的个案研究》（2010 年夏季号），王禹《澳门特别行政区行政长官产生办法研究》（2011 年夏季号），姚秀兰、肖礼山《澳门社团参与立法会选举之实证分析》（2011 年冬季号）。

发表于其他文集或杂志的论文有：伍成昌的《澳门政党政治和民主发展的局限》，郑玉群的《澳门政治参与——1992 年立法会选举个案分析》均载于《澳门政治与公共政策初探》（澳门基金会，1994）；余永逸、余振的《港澳选举文化比较研究》（载《双诚记 II》，2003，第 175 ~ 196 页）；娄胜华的《混合与过渡——澳门选举制度的变革及特征分析》（上海《社会科学》2010 年第 3 期，第 78 ~ 85 页）、《竞争与均衡：第四届立法会直选活动及其结果透析》（《"一国两制"研究》第 2 期，2009 年 10 月，第 24 ~ 28 页）；骆伟建的《论选举制度对行政立法关系的影响》（《"一国两制"研究》2012 年第 4 期，第 34 ~ 39 页）；石磊的《澳门选举贿赂犯罪及选举制度研究》（2011 年第 7 ~ 8 期）。

澳门每届立法会选举前后，均有诸多分析文章和报道见诸报章；如2008 年澳门特区修改三项选举法律时，社会各界人士和学者对选举制度的改革提出了不少意见；而在 2012 年讨论政制发展期间更是意见纷呈，其中不乏关于选举制度的内容；对此很难一一列举，但可以肯定的是关于澳门选举制度的研究仍有待系统深化、持续努力。

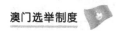

二 若干问题之观察与思考

（一）选举制度与国家主权

"中华人民共和国于1999年12月20日对澳门恢复行使主权"，是设立澳门特别行政区以及确立澳门特区政治体制的根本前提。而中国政府在中葡关于澳门问题联合声明中关于特区政制设置的基本政策，则是国家意志的直接宣示。换言之，无论是回归前后澳门都不是、将来也不可能是所谓的"独立的政治实体"，澳门特区的政治体制以及与其密切相关的选举制度的建立、修改和发展，都必须置于国家主权之下。明乎此，方可避免"非分之想、僭越之举"。

（二）选举制度与政治体制

选举制度是政治体制的重要组成部分，实行何种选举制度取决并服务于政治体制的模式。澳门特区的选举制度之所以由"行政长官选举"和"立法会选举"两部分组成，首先是因为澳门特区政治体制的基本模式是以行政长官为核心的行政主导制（萧蔚云教授谓之"行政长官制"），而并非是由立法会中占多数席位政党（政团）负责组阁的议会制。即使行政长官与立法会中多数议员政治立场一致或具有共同的政治背景，也不能改变行政主导制模式而只是有利于其运作，也不能将行政长官选举与立法会选举合二为一，更不能以立法会选举取代行政长官选举。除非国家对《基本法》作出重大修改，从而变更政制模式；但这在可见的将来几乎是不可能的事情。

而两种选举的最大区别在于，行政长官选举只是产生行政长官人选的程序，最终的结果取决于中央政府的任命。由于澳门特区是直辖于中央政府，并享有高度自治权的地方行政区域（《基本法》第12条），行政长官代表澳门特区并对中央政府和澳门特区负责（《基本法》第45条），因此，中央政府的任命权是主权的一种体现。中国内地省、自治区、直辖市的行政首长（省长、自治区主席、市长）由同级人民代表大会选举产生，并无另行任命。这是因为国家实行人民代表大会制度，人民代表大会是国家权力机关。这与澳门实行的制度是不同的，也是"一国两制"的一项重要体现。而

"一国两制"的另一个重要方面是澳门特区实行高度自治和"澳人治澳",在这种情况下唯有保留中央对行政长官的任命权方可达致"维护一国原则、尊重两制差异"。因此,无论对《行政长官选举法》如何进行规定或修改,都不能触及中央任命权的底线。

立法会选举的情况则有所不同,它完全是一种地方选举。立法会的任何议员都不具备代表澳门特别行政区的宪制地位,也无须和无资格承担,只能由行政长官承担的宪制责任。当然,在任何情况下立法会议员都必须履行其按照《基本法》第101条作出的誓言,并非完全可以"为所欲为"。相比较行政长官选举而言,立法会选举更多的是体现"澳人治澳"原则。

(三) 如何看待立法会的组成模式

立法会由直接选举、间接选举和行政长官委任三种议员组成的模式,的确并不多见,也的确受到了一些批评,但这并不能构成完全否定之的充分理由。关键在于首先应确立一些较为合理中肯的评价原则,采取理性探讨的科学态度,尤其要秉持尊重历史和实事求是的精神。

第一,早在20世纪60年代之前澳门设立过的政务委员会、立法会(立法委员会)、行政会、咨询会作为协助总督施政的咨询架构并享有部分立法权,其组成人员的大多数(有时是全数)由总督委任。1963年和1972年的两份《澳门省政治行政章程》所设立的立法会均由三部分人组成,1976年的《澳门组织章程》以葡国法律的形式再次确认了这种组成模式。因此,这种模式已经成为一种历史传统,形成了一种很难即时改变的历史惯性。当然,这只是问题的一部分,而且并非是最重要的部分。

第二,1976年制定组织章程时,葡国政局尚未最终底定,但已确立了随时将澳门归还中国的基本政策。在这种情况下,为葡国国内政治大局计,为改善中葡两国关系之国际大局计,都需要保持澳门的政局稳定。因此,策划新的立法会体制时不能不慎重考虑。尤其是早期历史上居澳葡人以议事会自治管理抗拒(或排斥)葡国统一管辖的前车之鉴,使葡国当政者不能不考虑再三:防止立法会变成第二个议事会。事实上,当时在澳门的确有一种势力(主要是一些土生葡人)试图"有所作为",令澳门成为一个"政治实体",而立法会正是其一展抱负的用武之地,这在1980年代初的"修章《澳门组织章程》风波"中展露无遗。此计败北有多方面原因,其中包括部分间选和委任的华人议员的不予合作之功①。

第三，虽然澳门华人对于 1974 年葡国发生的民主革命并非十分关心甚至颇为冷淡，但戴着"民主革命光环"的新任总督李安道却明白自己的使命和所面临的形势。因此，虽然他最初提出全部立法会议员均由直接选举产生的设想，但在华人领袖的劝告下很快改变初衷，支持立法会由三部分议员组成的传统做法。事实上，只身来澳的李安道在澳门并无多少政治资源可用，却面对土生葡人的强劲政治反弹，在这种情况下他不得不借重华人力量，同时也不能罔顾澳门 97% 的居民是华人这样一个基本事实，不能无视其参政要求并安排相应的途径。这在当时也只能通过间选和委任制度，使华人代表进入立法会，至少在 1976 年底至 1980 年初只能如此。

第四，在 1976 年之前澳门并无自己的选民登记法和选举法，而按照葡国总统颁布的第 160－B/76 号法令，第一届立法会须于 1976 年 4 月 25 日举行。仓促之间制定的选举法（第 4/76/M 号法令），将选民登记和立法会选举合二为一，而关于选民登记的条件中却规定了华人居民必须居住五年以上的歧视性条文。这在当时身份登记制度较为混乱、选民登记主要以葡文进行等情况下，绝大多数华人或被排除在外或漠不关心或根本不知此事，最后在 175000 名符合年龄要求的居民中只有 3647 人登记为选民（占 2%）②，其中绝大多数是土生葡人。因此第一届立法会的选举结果也就不会出人意料了：全部 6 个直选议席皆由土生葡人取得，华人只取得了 6 名间选议席中的 3 席和 5 名委任议席中的 2 席③。1980 年举行的第二届立法会选举结果亦是如此。这两届立法会的运作几乎成了土生葡人与葡国总督的角力，华人利益完全或基本上被忽视，主要的立法工作几乎全都与维护土生葡人的利益有关④。

第五，自 1987 年 4 月 13 日中葡签署联合声明之后，澳门进入回归前的过渡期。中国政府在联合声明的附件一中表示，"澳门特别行政区立法机关由当地人组成，多数成员通过选举产生"。而在 1993 年 3 月 31 日通过的

---

① 永逸：《假如 1976 年澳门立法会就已有普选……》，《新华澳报》"华澳人语"专栏，2009 年 7 月 31 日。
② 施白蒂：《澳门编年史二十世纪（1950～1988）》，思磊译，澳门基金会，1999，第 117 页。
③ 林园丁、张德荣等：《澳门特区民主发展前景研究——以选举制度为视角（专题研究报告）》，澳门理工学院一国两制研究中心，2010，第 53 页，注 8。
④ 李炳时：《澳门总督与立法会》，澳门基金会，1994，第 2～13 页。

《基本法》附件二"立法会的产生办法"明确规定了"选举产生"包括直接选举和间接选举。因此保留间选制度是中国政府关于立法会组成方式的一个立场，并由宪制性法律作出具体"说明"。从法律上讲，"选举产生"本身就包括了直接选举和间接选举两种情况，如果是"普选产生"则可以理解为只是指直接选举。

第六，过渡期的一项重要工作就是训练和培养治澳人才，必须加强华人（尤其是领袖人才）的政治参与，为"澳人治澳"时代的来临做好准备。而在澳葡政府仍然施行管治的情况下，立法会就成了一个十分适宜的不可替代的政治平台；通过间选进入立法会则成为"安全系数"较高的政治途径。后来成为澳门特区领导人物者大多参加过间选并成功当选议员：第一、第二任行政长官何厚铧（1988、1992、1996）、第一至三届立法会主席曹其真（1984、1988）、第四届立法会主席刘焯华（1988、1992、1996）；其中曹其真和刘焯华亦曾参加过直选并胜出。因此，纵观历史，可以说间选制度功不可没。

第七，至于官委议员（总督/行政长官委任）制度的存在价值，主要体现在有利于均衡参与，维护行政主导和少数族群的合法利益。在立法会选举日渐激进化、民粹化的情况下，如何平衡各阶层的利益，如何保持立法会的理性运作，如何形成行政与立法既相互合作又相互制约并以前者为重的政治生态，需要多管齐下共同努力，其中亦包括委任议员（以及间选议员）的制度安排。

然而，对于是否仍然需要保留间选制度，或者是否应该大幅削减间选议席和官委议席，在澳门社会始终存在不同意见[①]。这涉及以下几个因素：

其一，香港因素的影响。2007年12月29日第十届全国人民代表大会常务委员会第三十一次会议通过了《关于香港特别行政区2012年行政长官和立法会产生办法及有关普选问题的决定》，其中指出"2017年香港特别行政区第五任行政长官的选举可以实行由普选产生的办法；在行政长官由普选产生以后，香港特别行政区立法会的选举可以实行全部议员由普选产生的办法"。全国人大常委会作出上述决定的法律依据是香港《基本法》（1990年4月4日第七届全国人民代表大会第三次会议通过）第45条第2款及第68

---

① 在1991年7月15日至11月15日、1992年3月16日至7月13日，公开咨询《〈中华人民共和国澳门特别行政区基本法（草案）〉征求意见稿》、《〈基本法〉草案》期间有社会人士认为应大幅减少委任议席。见澳门基本法咨询委员会编辑出版《〈中华人民共和国澳门特别行政区基本法（草案）〉咨询意见报告书》（1991年11月21日），第204页，《〈中华人民共和国澳门特别行政区基本法（草案）〉咨询意见报告书》（1992年8月5日），第135页。

条第 2 款的规定："行政长官的产生办法根据香港特别行政区的实际情况和循序渐进的原则而规定，最终达致由一个有广泛代表性的提名委员会全按民主程序提名后普选产生的目标。""立法会的产生办法根据香港特行政区的实际情况和循序渐进的原则而规定，最终达致全部议员由普选产生的目标。"这不能不对同样实行"一国两制"的澳门社会产生一定的影响。

其二，澳门《基本法》的规定。澳门《基本法》中并无上述规定，而且 2012 年 6 月 3 日发布的全国人民代表大会常务委员会公告（第十一届第四十号）指出，对《澳门特别行政区基本法》附件二"立法会产生办法修正案"予以备案并自公布之日起生效。该修正案规定，"一、2013 年第五届立法会由 33 人组成，其中：直接选举的议员 14 人，间接选举的议员 12 人，委任的议员 7 人。二、第六届以及后各届立法会的产生办法，在依照法定程序作出进一步修改前，按照本修正案的规定执行"。换言之，直选和间选议员均在原基础上（12 人及 10 人）增加 2 人，而委任议席则维持不变；此后如未作修改则继续适用。因此，减少或取消间选议员以及减少委任议员均只能通过修改附件二，而取消委任议员更须修改《基本法》，因此均非本地立法所能为之。

其三，社会意见分歧。事实上，早在 1991 年和 1992 年公开咨询《〈澳门基本法〉（草案）征求意见稿》、《〈澳门基本法〉（草案）》期间就有人士建议减少间选议席，将间接选举改为功能界别选举，并要求解释不同界别议员的比例分配原则是什么[①]。此后一直有人士不断提出此类意见，尤其是在 2012 年澳门特区政制发展咨询期间，更成为某些社团或人士的一个重要主张。但同时支持维持间选制度的意见也为数甚多，可以说在这个问题上至今尚未达致社会共识。而可以指出的是，澳门间选制度与香港的功能界别选举的确有很大的不同，从某个层面来说，后者具有较大的合理性和代表性。

其四，改革间选制度有部分共识。基于利益或理念的不同，社会上对于是否保留间选制度分歧很大甚至立场对立，但对于改革或完善间选制度则存在一定的意见交集和讨论空间。包括：第一，重新划分或调整选举组别，但对于按照何种原则或标准进行划分则众说纷纭。第二，严格界定法人选民

---

① 澳门基本法咨询委员会编辑出版《〈中华人民共和国澳门特别行政区基本法（草案）〉咨询意见报告书》（1991 年 11 月 21 日）第 204 页，《〈中华人民共和国澳门特别行政区基本法（草案）〉咨询意见报告书》（1992 年 8 月 5 日）第 135 页。

（社团），例如，要求将此等享有政治权利（选举权）的社团与其他社团分开处理，设定专门的条件（如成员必须全部为永久性居民、成员数量需达到一定的规模、每个成员只能参加一个这样的社团等），以增强其代表性和认受性；同时亦需对其财务来源及开支情况作出规范并要求公开。第三，改革候选人提名制度，或者再较大幅度降低提名门槛（现行规定是占该界别中法人选民总数的20%方可提出一张候选名单），或者规定提出一张候选名单的社团总数不能超过提名门槛的三分之一或四分之一，总之是为了避免垄断提名权，以提高竞争性和公平性。第四，改革目前每一个法人选民（社团）均有22个投票权的制度，或者按照法人选民规模等指标分配选举权，或者由该界别内的成员全部享有投票权，或者废除只能是社团管理层成员参与投票的规定而可以由一般成员行使投票权，等等。

其五，社团政治与选举运作。几乎所有研究澳门社会和政治的学者都认同，澳门的社会管治和选举运作与社团密切相关[1]。而将澳门视为社团社会，认为社团尤其是爱国爱澳主流社团兼具社会和政治功能，是管治澳门的执政联盟的重要成员，则似乎已成为公论，甚至将之命名为"社团治理社会的独特模式"[2]。事实上，间选制度的产生和维系就是以社团政治为基础的，因此立法会间选制度的走向与社团政治的发展密切相关。而可以肯定的是，在未来相当长的时间里，澳门的社团政治不会走向政党政治，间选制度仍将是主流社团维持其政治影响力的主要机制。当然，这在很大程度上取决于政治生态的变化，以及主流社团如何通过自身的改革和发展以争取更大程度的社会认同。

（四）漫谈立法会直接选举

1. 政治生态的影响

这是决定立法会直选结果的宏观基础。试作以下解读：

（1）在1987年中葡签署关于澳门问题联合声明之前（尤其是1984年中英签署香港问题联合声明之前），虽然华人主流传统社团早已承担了一定的

---

[1] 对于澳门社团的研究是关于澳门社会研究中成果最为丰硕的领域之一，包括学术专著《转型时期澳门社团研究——多元社会中法团主义体制解释》《澳门社团体制变迁——自治、代表与参政》及多篇学术论文和学位论文。

[2] 姚秀兰、肖礼山：《澳门社团参与立法会选举之实证分析》，《港澳研究》（冬季号）2011年12月，第114页。该书作者认为，"社团治理社会模式"在回归前的特殊时期确曾存在，但已渐式微。

社会功能、华人领袖亦在中葡涉澳事务中扮演沟通角色，但基于历史和语言等原因，澳门社会仍然处于原有的华洋分治政治生态之中，广大华人居民与建制格格不入。因此，立法会直选就成了土生葡人的"政治嘉年华"，在1976年和1980年举行的两届立法会直选中土生葡人囊括了全部直选议席，立法会亦随之成为土生葡人大战葡国总督的主战场。其结果之一，是时任总督高斯达（Vasco Leite de Almeida e Costa）于1984年1月27日经葡国总统批准解散立法会，并随即颁布法令大幅放宽选民登记条件，使更多的华人居民能够参加直选，选民人数由之前的4195人骤增至51464人，增加十倍有余①。"高斯达对选举制度的修改受到土生葡人的强烈反对，由宋玉生为首的土生葡人声言抵制1984年第三届立法会选举。这次风波惊动北京当局。结果由亲中华人社团领袖出面，同意支持以宋玉生为首的土生葡人精英，以换取他们对选举的支持。"② 由华人和土生葡人组成联合提名委员会取得了6个直选席位中的4席，而2名华人首次循直选进入立法会。此时，已可见政治生态正在出现变化，中国因素将成为日益重要的选举因素之一。

（2）中葡联合声明的签署使20世纪80年代中期以来澳门政治生态发生了重大变化，确保顺利过渡成为中葡两国政府的共同任务，更是爱国爱澳社团的政治使命。因此，立法会不能再成为少数人"为所欲为"的政治舞台，必须要反映大多数居民的利益、服务于顺利过渡的政治目标并成为历练政治人才的重要机制。在新的政治生态和华人占人口总数97%的条件下，土生葡人议员和华人议员数目的此消彼长就是很正常和不可逆转的事情了。在1988年的第四届立法会选举中，华人候选人取得了全部6个直选席位的4席。1992年第五届立法会选举取得全部8席直选席位中的7席。而在1996年举行的回归前最后一届立法会选举和2001年举行的回归后第一次立法会选举，直选议席皆由华人候选人取得。需要强调说明的是，这种情况并不表示土生葡人和华人居民有根本利益冲突，澳门的繁荣稳定是包括土生葡人在内的全体澳门居民的共同愿望，也是其共同努力的结果。

（3）香港进入过渡期后，基于十分复杂的政治原因，社会上对未来特区政治体制的讨论非常热烈，并由此产生了日后在香港政坛发挥重要作用的多个政党。澳门却并未出现这种情况，尤其是在刚进入过渡期时，传统社团

---

① 施白蒂：《澳门编年史二十世纪（1950~1988）》，思磊译，澳门基金会，1999，第154页。
② 余振等：《澳门华人政治文化》，澳门基金会，1993，第86页。

仍保持原有的社会角色和运作模式。因此，在开放选举权不久之后的1988年举行的第四届立法会选举中，出现了"昙花一现"的特殊景观：由华人公务员和专业人士组成的、被称为"民生派"的参选组别"友谊繁荣协进会"，首次参选即取得全部6个直选议席中的3席，得票率高达44.62%。而由华人传统社团与土生葡人组成的"联合提名委员会"参选组别，虽也取得3席，但得票率为34.08%①。

此事产生了两个影响深远的政治后果。一是传统社团调整参选策略，单独组团参选，以保持应有的政治地位；随后1992年举行的立法补选中，街坊总会、妇联总会、归侨总会等传统社团组合首次以"群力促进会"名义参战，即全取两个补选席位；1996年以工会联合总会为主体的"同心协进会"首次参选以及"群力促进会"再次参选即各取两席。此种态势一直保持到2005年特区第三届立法会选举，"友谊繁荣促进会"则逐步淡出政治舞台。二是立法会于1991年通过的《选举法》修改了计票规则，将原先的每一候选名单得票除以1、2、3……以排列其每一候选人得票数，改为除以1、2、4、8……（即通常所说的"改良汉狄计票法"），从而使一张名单可能取得3个议席成为"绝响"。立法会之所以能通过此项修改亦因在全体17名议员中"友谊繁荣协进会"的3名议员仍是少数。由此可见，政治力量对比状况始终是政治生态的重要组成部分，"民生派"的一时胜利只是特定情况下的特殊产物，而并非是改变了政治力量对此的必然结果。

（4）澳门回归祖国之后实行"一国两制"、"澳人治澳"、高度自治方针和制度，政治生态发生了根本转变。自2001～2009年的三届立法会直接选举，保持了传统基层社团、"民主派"及商界人士三分天下的基本态势：同心协进会在2001、2005、2009年的选举中皆能取得2个席位；群力促进会在2001年和2005年选举中取得2席，却在2009年选举中失去一席；被称为"民主派"的"民主新澳门"在2001年和2005年选举中取得2席，2009年时更分拆两张名单取得3席；商界人士则在2001年选举时取得全部10个直选席中的3席，在2005年及2009年的两次选举中取得全部12个选议席中的5席②。传统社团选胜建基于长期服务劳工和基层市民，并在任何重大政治问题上始终坚持爱国爱澳的立场。"民主派"的成功与其向来以

---

① 《澳门立法会成立20周年（1976～1996）》，澳门立法会，1996，附录第52页。
② 《选举活动综合报告（2001～2009）》，澳门政府行政暨公职局，2010，第114、193、208页。

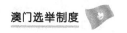

"推进民主、加强监督"为主打政纲、在立法会中以"尖锐批评"政府和抨击商界不无关联，而在居民文化水平不断提高、民主参政意识日益普及、中产阶级尚未形成的情况下，这种政治形象较能取得跨阶层性的支持。而相比较而言，商界人士何以屡战屡胜原因则要复杂得多。

2. 利益板块变动与商界参选常胜之谜

在 2001 年的选举中，以工会联合总会为基础的"同心协进会"取得两席，作为工联总会团体成员的博彩业职工会亦以"娱职联谊会"名义参选并获得一席；但 2005 年选举时该会再次参选却"一无所获"。事实上，这是澳门社会利益板块变动的一个侧面反映。2002 年澳门特区政府决定"开放赌权"，博彩业遂由之前的"一家天下"变为包括华资、美资在内的"六大门派"（正副六张赌牌），且不乏"你中有我"的复杂组合。为支持港澳经济复苏，中央于 2003 年采取了一系列果断措施，其中尤以开放部分内地省、直辖市居民港澳游的效果最为明显。澳门博彩业因此取得了"井喷式"扩张发展，成为带动每年双位数经济增长的"龙头产业"，而旅游业则在很大程度上只是博彩业的"一体两面"。除了博彩业和乘势而起的房地产业，其他行业纷纷式微，劳动人口的就业结构亦随之发生了重大变化：博彩业增聘大量员工并且相对薪酬较丰，而员工的命运又与企业的利润消长不无关联（在尚无工会法和集体谈判权法的情况下更是如此）；博彩业成了就业人数最多的单一行业，且只是分布在"六大公司"门下。

换言之，自 2003 年以来的短短几年间，形成了博彩业"一业独大"，其他行业依附生存的商界利益格局；劳工或雇员阶层亦随之分化，形成了传统行业就业人数锐减、博彩业从业人数大增、微型企业难以为继的劳动人口格局。因此，2005 年和 2009 年选举中当选的商界人士均多少与博彩业有一定联系（且多为直接联系），代表劳工界的同心协进会选情艰难，以跨阶层为基础的群力促进会在 2009 年更失去一席，众多由中产人士和知识阶层组成的参选团体均屡战屡败等情况就不难理解了。当然，选战毕竟不是商战，选举结果如何尚取决于其他诸多因素。

3. 全面分析立法会直选涉及内容

其一，选民结构。包括选民的出生地、年龄、职业、受教育程度以及居住地区等，这是基础性研究。例如：同一出生地的选民可能更易于接受同籍的候选组别；年龄则与其生活阅历和情感取向有关；职业状况可以看出其所处的社会阶层；受教育程度与其判断力有内在联系；居住地区往往有其自身的社会氛围等。

其二，投票行为。选民结构可以在一定程度上决定投票取向，但从政治文化角度分析投票行为似乎更为准确。尤其是选民的公民意识及政治态度如何可以直接决定其如何投票。例如，在公民意识低下的社会中贿选就能够盛行。另外，在具有"社团社会"传统的澳门，与社团联系也是影响投票行为的重要因素。

其三，选举的组织。这方面尤其体现了"社团社会"的政治功能。包括通过长期服务市民形成稳定的感情基础，并在投票时得到体现；培养和提出候选人并通过各种措施维持其良好形象，尤其是在其当选之后仍要为之努力以便形成公信力高的"品牌"；全面规划并执行竞选策略，尤其是在"同构型"甚高的情况下，如何避免"兄弟相争"、此高彼低浪费选票等。近年澳门立法会选举在竞选方面日趋与其他地区接近，包括采用负面的竞选手段；对此不能掉以轻心，否则将会产生选举劣质化的后果。

其四，选举的管理。这主要是政府的责任，包括通过完善选举法和加强执法，严厉打击贿选；选举管理委员会依法制定各项选举指引，使选举程序的各个环节尤其是竞选活动得到具体规范；同时应合理降低竞选经费上限，把资源多少对选举的影响降到最低。总之，是要确保选举的公平、公正、公开和廉洁，以提高立法会选举的合法性和公信力。

应该说，对于立法会直选尚有待更科学、更全面的研究，尤其是建立在基本理论基础上的数量化实证分析，方能产生出类似于《澳门华人政治文化》和《选举制度的政治效果》那样的科研成果。

第三章
选民登记制度

    20 世纪法国最著名思想家和公法学家之一的莱昂·狄骥教授（Léon Duguit，1859－1928），在其晚年所著的《宪法学教程》中指出："行使选举权的基本条件是必须在市政选民登记册上登记。……要行使这项权利的人应提供正式、合法的证明，以证明其符合行使这项权利的必须的条件。……证明方式就是按规定手续在被称为选民册的官方名册上登记，并对特别保证其真实性与可靠性。"[1]

    毫无疑问，作为界定是否享有选举权的实质要件更为重要，但缺乏公正严谨的选民登记程序的保障，将会影响到选举权的实现。因此，狄骥在此书中颇为详细地列出选民登记制度必须具备的基本原则和内容。包括：禁止重复登记、正确选择登记地点、对登记资料作出更正的程序、对选民登记册的审核，有关选民登记的行政和司法上诉，以及选民登记册的公开等[2]。事实上，这些原则和内容的许多方面，至今仍有其价值，澳门选民登记制度的某些方面证明了这一点。对此，本章第一节"回归前的选民登记制度"、第二节"《选民登记法》的制定与修改"、第三节"自然人选民登记"及第四节"法人选民登记"将会述及。

---

[1]　〔法〕莱昂·狄骥：《宪法学教程》（中文译本），王文利等译，辽海出版社、春风文艺出版社，1999，第 286 页。

[2]　〔法〕莱昂·狄骥：《宪法学教程》（中文译本），王文利等译，辽海出版社、春风文艺出版社，1999，第 286～302 页。

第一节 回归前的选民登记制度

从 1976 年《澳门组织章程》生效后颁布的第一部涉及选民登记的法令（第 4/76/M 号法令），到 2000 年 11 月 21 日澳门特区第一届立法会通过第 12/2000 号法律《选民登记法》，2008 年 10 月 15 日澳门特区第四届立法会通过第 9/2008 号法律《修改第 12/2000 号法律〈选民登记法〉》，选民登记制度发生了重大变化；同时也保留了某些一脉相承的内容。其中最重要的变化是对自然人选民资格的界定，以及对法人选民条件的调整。而造成变化的主要原因则是对普遍选举权的落实和因应回归后政治格局的发展。本节主要介绍回归前的选民登记制度。

一 第 4/76/M 号法令的相关规定

《澳门组织章程》第 4 条规定："澳门地区的本身管理机关为总督及立法会，会同总督运作的尚有咨询会。"同时规定立法会由 17 名议员组成，其中 5 名由总督委任，6 名以直接和普遍选举产生，6 名以间接选举产生（第 21 条第 1 款；后经第 13/90 号法律修改为委任议员 7 名，直选及间选议员各 8 名，共计 23 名）。另外，该章程第 76 条第 1 款规定："在本章程实施之日起 90 日内，将为立法会及咨询会进行选举。"因此，急需制定关于选民登记和立法会选举的本地法律，以便在 1976 年当年产生具有部分民主性质的立法会。为此，时任总督的李安道颁布了第 4/76/M 号法令《订定有关办理选民登记及澳门立法会暨咨询会成员之选举应遵规则》，将选民登记与立法会选举"熔为一炉"，相信在很大程度上是受限于时间紧迫；而其中关于选民登记的规定对日后的相关立法产生了深远影响。

1. 建立了选民登记制度的基本框架

一项制度的创立，至少需订定其范围、基本原则、主要内容和运作程序。根据该法令的规定，选民登记包括自然人选民登记和法人选民登记，两种既有联系又有区别的登记；选民登记必须遵循以平等参政权为基础的基本原则；同时，对选民登记的具体内容和所需提交的文件、选民登记的管理和具体程序、选民登记的违法行为及其处罚等，均作出了较为详细的规定。

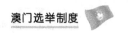

2. 关于选民登记的基本原则

这些原则构成了选民登记制度的合宪性基础。主要包括以下几种原则：

第一，自愿登记原则。法令第 19 条规定："在选举地区作选民登记系自愿的。"现代以来，选举权作为一项基本的政治权利应由权利主体依法自由行使。因此，作为行使选举权之程序性条件的选民登记，亦应具有当事人自愿所为的属性。

第二，登记的单一性原则。法令第 24 条规定，"任何人不得登记超过一次"，这是由选举权的平等性所决定的。在直接选举中任何一个选民只能投一次票，而在当时的情况下投票的前提是已作选民登记。因此，如果一个人可以作两次或以上的选民登记，则有可能作出多次投票，这必然对其他选民的投票权之价值造成侵害。

第三，公开原则。法令规定负责登记的选民登记委员会须在预先公告的时间里进行工作，而公众可以旁听其会议，但不得发言（第 29 条）。而在选民登记截止后，需将选民登记册公开展示十天，以便公众查阅（第 37 条）。

第四，有权申请更改原则。法令第 21 条规定："凡选民有权查阅其本身已办理适当的登记，倘有错误或遗漏，有权申请有关的更正或补充。"事实上，只有公开选民登记资料的安排而不允许选民申请纠正或补允错漏，则公开原则的意义就减少了许多。其实，从完整的意义上说，申请更改资料以确保登记的准确性，是选民登记制度不可或缺的一个部分。

3. 关于选民登记的法律效力

法令规定，凡已作产生效力的选民登记者，均推定其有选举资格（第 41 条）。可以说，这是从选民登记层面对选举权的一种保障，故具有积极意义。

4. 关于选民登记的程序和组织

这方面的内容包括：选民登记的地点（第 23 条），选民登记的内容（第 25 条），负责选民登记的机构及其运作（第 27~31 条），选民登记的办法（第 33 条），选民登记册的制作（第 34 条），其副本的管理（第 39 条）及登记册的保存（第 40 条）等。这些规定对于保障选民登记的严谨性具有重要作用。

5. 关于社团选民的登记

法令对参加间接选举的社团并未设立专门的选民登记制度，而只是规定

"凡以道德、文化、救济及经济利益为宗旨而合法组成的社团,其理监事会的成员均为立法会(间接选举)的选举人"(第6条第1款);而候选人必须具备选民资格(第75条第1款)。同时,法令对于如何界定上述社团也没有作出具体规定。

6. 关于公民团体或提名委员会的参与

法令第26条第3款规定:"公民团体及提名委员会得协助选民登记委员会。"第30条规定:"为着第二六条规定之目的,公民团体或候选人提名委员会须向市政厅长或市政委员会主席指出彼等派驻选民登记委员会作为协助的代表人。"第31条规定:"当选民登记委员会邀请时,各公民团体或候选人提名委员会代表即须应邀参加登记委员会会议。"

需要说明的是:第一,所谓"公民团体"由第3/76/M号法令订定(该法令仅比本小节所述之第4/96/M号法令早公布4天,可见当时的安排相当紧凑),其第10条规定:"市民的组织具有永久性而专为协助市民行使其政治权,尤其是下列者,即为公民社团:a)参加选举;b)订定政府纲领;c)参加政府及当地行政机构组织的活动;d)批评政府的活动;e)推进对市民的公民教育及认识。"第二,当时有多少公民团体不得而知,但可以肯定的是在选民登记截止前应当尚未展开选举程序,故"候选人提名委员会"在理论上似乎不应存在。

7. 关于选民登记中的不法行为及犯罪

法令第177条规定:"关于选民登记的不合法范围,系综合违犯已指定的各种罪名而组成,包括非刑事的在本法令指定的行政或纪律的违犯。"此处将刑事违反与非刑事违反相提并论,因此,对于不法行为之处罚亦难以界定其性质,尤其是处以罚款的情况。例如,法令列举的不法行为及处罚包括"欺诈的登记"(第178条),处以监禁及罚款,"不遵守为发生选民登记效力的报告义务"(第179条),处以罚款二百至二千元;"妨碍登记的报名"(第180条),处以监禁及罚款,"妨碍查阅选民登记的报名"(第181条),"决定性册籍的不修正及不编制补充册"(第182条),"伪造选民登记册"(第184条)等,均处以监禁及罚款,刑期最高为二年,罚款最多为二万元澳门币。

二 第一部相对独立的选民登记法令:第9/84/M号法令

《澳门组织章程》第21条第5款规定:"澳门政府将以法例订定立法会

议员选举及指定的条件，选民的登记及选举资格，选举程序及应举行的日期。"1990 年葡国议会修改《澳门组织章程》时才明确规定，关于"立法会的选举制度，尤其是关于被选要件、选民登记、选举资格、间接选举所代表的社会利益的界定、选举程序及选举日期等"属于"立法会之专属权限"（第 31 条第 1 款第 a 项）。因此，立法会在此之前似乎仍无权制定此类法律。如果说，第 4/76/M 号法令一并规范选民登记和立法会选举是基于时间紧迫；那么由单一法令订定选民登记制度，将选民登记与立法会选举分别处理，是可取和必要的，而且从内容上看，也的确有所进步。

1. 确立了选民登记的法律属性

第 9/84/M 号法令第 2 条规定："一、具有选举资格的个人，有办理本法令所指选民登记的公民权利与义务。二、该登记令选民有资格享有第三十二条所指的优惠及有关法例或规则现有或将来设有的其他优惠。"而第 32 条规定："一、在不妨碍第二条二款之规定，已登记为选民的个人，经任何以该登记为基础的选举进行后，享有豁免因办理本地区有关行政机关发给身份证明文件及旅游证件所应缴付而将构成本地区收入的征收部份之印花税票及/或手续费。二、上款所指优惠伸展至选民之未满十八岁子女。"

由于选民登记与选举权的行使密切相关，故将其界定为一项"公民权利与义务"早已为国际人权公约所肯定（为此而订定优惠却是不多见的"创意"，也不失为是鼓励市民进行选民登记的一种可以接受的方法）。另外，将选民登记定性为一项"权利和义务"，同第 4/76/M 号法令规定的"选民登记自愿"原则似有矛盾，而对于市民不履行选民登记的义务，亦未规定除了不能参加选举以外的其他法律后果。因此，将选民登记同时界定为权利的情况下，对于义务的理解更多是从"公民责任"的角度考虑。

2. 取消了因国籍不同而产生的歧视

按照第 4/76/M 号法令的规定（第 2 条），在同是年满 18 岁且常住地址在选区之内的条件下，葡籍市民没有居住年限的要求，而华籍市民则须在"登记之日已居住超过五年"，其他国籍市民为七年。这显然是一种歧视或不平等。在新法令中则已取消居住年限的要求（其政治用意已在前文述及），但增加了须持有有效身份证明文件的条件（第 4 条第 1 款），这将有助于提高选民登记的严谨性。

3. 订定了法人选民的界定程序

事实上，在第 4/76/M 号法令中，法人选民的定义并不清晰，甚至可以说并不存在法人选民的概念。这对于间接选举之利弊如何另当别论，但从选民登记的角度来看则失之于疏漏。新法令在这方面有较大的改善，其所建立的法人选民登记制度至今仍有部分在沿用。这方面包括如下内容。

第一，要求参加间选的社团必须具有法人资格，也就是要求事先已完成了民事登记；同时此项登记的效力取决于已在《政府公报》上刊登（包括其章程）。同时又规定，接受公帑津贴且由公共机构主动设立或维护其成立的社团，以及"成员身份因为某些公共或私人机构服务或是具有共同实权而受限制"的社团均无选举资格，因而不能做法人选民登记（第 5 条第 2 款）。这项规定具体针对何种社团，可能有当时特殊情况的考虑，但公共机构不能干涉间接选举的立法目的是明确和正确的。

第二，规定了法人选民登记的专门程序。这方面的内容亦是第 4/76/M 号法令所没有的。包括对于登记程序的具体规定（第 26 条及第 27 条），设立专门的登记册（第 28 条），以及自然人选民登记的某些规定同样予以适用（第 29 条）等。但是，对于具有法律资格的社团，如何界定其属于哪个选举组别，该法令仍然未有涉及。

三　第一部由立法会制定的选民登记法：第 10/88/M 号法律

第 10/88/M 号法律序言指出，基于 1988 年将举行立法会选举，全面检讨有关选民登记法例，成为该法律的目标。因此，"按照《澳门组织章程》第三十一条一款（立法会的职权）a 项：立法会的选举制度，尤其是关于被选要件、选民登记、选举资格、间接选举所代表的社会利益的界定、选举程序及选举日期等"。换言之，立法会首次行使关于选民登记的立法权，这亦是制定此项法律的"宪制"基础。但按照前引第 21 条第 5 款的规定，制定选民登记规范是总督（政府）权限，由此可见两者在立法权上的博弈并由立法会胜此一役。事实上，按照分权原则，选民登记及立法会选举的法律理应由立法会制定。

该法律保留了第 9/84/M 号法令（选民登记）的基本内容，而在其实施之后又曾于 1991 年（第 10/91/M 号法律）及 1996 年（第 1/96/M 号法律）作出修改，使其在体例上更为完整、内容上更为全面、表述上更为准确，但也存在着明显的不足之处。现将该法律中新的较为重要的规定陈述如下。

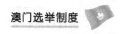

1. 设立"选民证"制度

该法律第 20 条规定："一、选民的登记，系由一经适当编号及鉴定的选民证所证实者。二、倘遗失或毁烂时，选民应告知有关登记委员会或该会倘已解散则通知行政暨公职司，以便获得有补发注释的新选民证。三、领取选民证，不免除按第二十四条所指与选民登记册的查证。"选民登记的设立，不仅涉及选民登记的程序安排，而且直接关系到选举权的行使。包括选民必须按选民证的编号到指定的投票站投票，而且在投票前必须出示选民证，并由投票站工作人员进行核实登记。这在当时身份证明文件多种多样，而又尚不具备计算机联网查询的技术条件下，选民证的使用对于确认选民身份和投票地点、确保投票程序和效力具有积极作用。因此，该法律序言认为，此项制度的设立是一个"创新事项"。

2. 关于"公民团体的合作"

该法律第 13 条规定："一、选民登记委员会或登记站在执行其关于选民登记的宣传，及对所进行有关工作的支持的职务时，可获得公民团体的协助。二、为着上款所指提供合作之目的，在直至每年选民登记期开始五天前，各公民团体向行政暨公职司递交其代表的名单。三、行政暨公职司将在两天期间内发出一份信任书，其上载明代表人的身份、所代表的团体、以及所属选民登记委员会或登记站，否则其参与不会被考虑。四、在得到信任书后，公民团体的代表只能参与指定的选民登记委员会或登记站。"对此，可比照第 9/84/M 号法令（选民登记）第 8 条的规定，"一、在上条所指批示刊登之日存在的公民团体，得与选民登记委员会合作。至于以公平原则领导选民登记工作及订定该合作的需求及范围的职权，则属该等委员会所有。二、公民团体的合作，系透过其本身直至每年选民登记期开始前五天向选民登记委员会指定的人员进行。三、为使选民登记过程获致更广泛的社会参与，总督得按每一情况透过在政府公报刊登批示核准其他性质的社团对选民登记委员会给予同样合作"。其中，最大的不同在于，在该法律中删除了"其他性质的社团"。

按照前述第 3/76/M 号法令（结社权法）的相关规定，公民团体具有特定属性（第 10 条），并且有更为严格的设立条件。第 3/76/M 号法令第 11 条规定："一、上条所指社团的组织而有下列特点者系受本法令的管制：a）公民社团一经在民政厅存有的专门记录内登记即获法人权；b）一个公民社团的登记，须由最低限度二百名平常住址在澳门而享有政治及公民权年龄超过十八岁的市民申请；c）登记申请书系向民政厅长办理，并须附有证明已办选民登记的证明书，连同申请人名单、章程草案及社团名称、简称及会徽；d）申请书系用普通二十五行纸办理，免贴印花及其签名亦免费由立契官认证笔迹。二、任何人不得同时加入超过一个公民社团。"而"其他性质社团"的设立是按照民法的相关规定（第3/76/M号法令第15条），其设立条件和程序要宽泛和简单得多。因此，法律规定只有公民团体方可参与选民登记的协助工作，在客观上是限制了其他性质的社团在这方面的权利，而这些社团主要是由华人居民组成的；可以说这是一种倒退。而这种情况的出现，似乎与当时立法会议员中葡籍人士占多数有关联。

3. 关于"选民登记的不当情事"

这方面的新规定包括如下内容：

第一，设立专门的诉讼时效。第10/88/M号法律第40条规定："一、关于选民登记刑事犯罪的追究，由作出应受处分的行为起计，时效于一年期后消灭。二、第四十一条一款和二款所指违犯，其时效由得知应受处分的行为起计。"（第41条规定："一、任何以恶意在选民登记内登记或不撤消不适当的登记者，受至三年监禁处罚或科处罚款。二、任何恶意登记超过一次者，受至三年监禁的处罚或科处罚款。"）对选民登记犯罪规定专门的时效有其必要性，并需遵循时效的长短应与可处刑罚的量刑相适应之原则。

第二，关于在选民登记时的贿赂。法律第42条规定："一、任何人为说动某人作选民登记目的为确保有关投票的意向，而供给、许诺供给或给予公共或私人职位或其他物品或利益者，受一年至五年监禁的处罚。二、凡接受上款所指任何利益的选民，受至三年监禁处罚或科处罚款。"需要说明的是，此条规定是第1/96/M号法律修改《选民登记法》时新增的条文。

第三，关于选民证方面的规定。法律第44条规定："任何人以欺诈意图更改或更换选民证者，受一年至五年监禁的处罚。"第45条规定："一、任何人为说动某人目的为确保有关投票的意向，在违反有关权利人的意愿下，或透过供给、许诺供给或给予公共或私人职位或其他物品或利益而留置选民证者，受一年至五年的监禁处罚。二、凡接受上款所指任何利益的选民，受至三年监禁处罚或科处罚款。"这表明立法者已经注意到，需要防范有人利用选民证进行有关选举方面的不法活动。

第四，关于意图罪的处罚。法律第37条规定："一、关于选民登记的罪行，意图罪定受罚。二、对于意图适用等同特别减轻既遂罪的处罚。"对

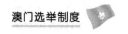

于以"意图"定罪是否符合刑法的一般原则不无可讨论之处,但在刑罚方面,本条规定与第4/76/M号法令的相关规定有较大的区别(按照第9/84/M号法令第36条第二款规定,第4/76/M号法令关于刑事部分的条文予以保留)。根据第4/76/M号法令第174条规定,"在本部所指罪名,倘有意图或不遂行为者,经常处以一如遂行罪相同的刑罚"。法令包括了"不遂罪"的情况,法律只是针对"意图罪";法令规定的处罚"一如遂行罪相同",而法律规定是"等同特别减轻既遂罪的处罚"。

第五,关于"政治权利的中止"。法律第39条规定:"适用于作出任何涉及选民登记罪行者的处罚,得增添中止政治权利两年至十年的附加刑。"这与第4/76/M号法令第176条规定的"必须附同处以褫夺公权一至五年"有所不同:一是前者具有可选择性,而后者是"必须"为之。二是前者的刑期更长,而后者的刑期较短。三是"政治权利"的定义较为清晰,而"公权"则包括多种情况。

第二节 《选民登记法》的制定与修改

1993年3月31日,第八届全国人民代表大会第一次会议通过了《全国人民代表大会关于澳门特别行政区第一届政府、立法会和司法机关产生办法的决定》。该决定第6条规定:"澳门特别行政区第一届立法会由23人组成,其中直接选举产生议员8人,间接选举产生议员8人,行政长官委任议员7人。原澳门最后一届立法会的组成如符合本决定和澳门特别行政区基本法的有关规定,其中由选举产生的议员如拥护中华人民共和国澳门特别行政区基本法、愿意效忠中华人民共和国澳门特别行政区并符合澳门特别行政区基本法规定条件者,经澳门特别行政区筹备委员会确认,即可成为澳门特别行政区第一届立法会议员。如有议员缺额,由澳门特别行政区筹备委员会决定补充。澳门特别行政区第一届立法会议员的任期至二零零一年十月十五日。"因此,澳门特别行政区必须在2001年10月之前选举产生澳门特区第二届立法会。为此,除了必须制定新的《立法会选举法》之外,新的《选民登记法》的制定也势在必行。本节主要是介绍该法律的制定过程及修改,而法律的主要内容将在其后几节中阐述。

1999年10月31日,第九届全国人民代表大会常务委员会第十次会议通过了《全国人民代表大会常务委员会关于根据〈中华人民共和国澳门特别行政区基本法〉第 145 条处理澳门原有法律的决定》。《决定》指出，根据《基本法》第 145 条及第 8 条的规定①，就澳门原有法律作出决定，其中《选民登记法》（第 10/88/M 号法律）第 18 条第 5 款②，因抵触《基本法》而不采用为澳门特别行政区法律。

事实上，由于各方面情况的变化，尤其是按照澳门《基本法》第 22 条关于澳门居民的规定，对于选民资格的确认应作出适当调整，故制定一部新的《选民登记法》就被提上特区的立法议程。

一 《选民登记法》的制定

2000 年 10 月，特区政府向立法会提交《选民登记法》法案。

政府在法案的"理由陈述"中指出：

第 1/1999 号法律——回归法——第三条第四款规定，列于该法附件三的澳门原有法规中的部分条款，不采用为澳门特别行政区法规。而规范选民登记的第 10/88/M 号法律的第十八条第五款就是上述所指条款之一。

尽管可以考虑只修改该规定，但我们认为适宜借此修改条文以符合《基本法》的机会，把《选民登记法》的格式全面重订，使之配合新的现实环境。革新的选民登记法能使选民登记程序更有效及更符市民所望。

鉴于这是施政方针中司法领域方面的首要工作之一，故已制订了一份草案，而较重要的修改列举于后。

其中一项革新是选民登记可以全年进行，这避免了选民登记局限于一段

---

① 《中华人民共和国澳门特别行政区基本法》第 145 条："澳门特别行政区成立时，澳门原有法律除由全国人民代表大会常务委员会宣布为同本法抵触者外，采用为澳门特别行政区法律，如以后发现有的法律与本法抵触，可依照本法规定和法定程序修改或停止生效。根据澳门原有法律取得效力的文件、证件、契约及其所包含的权利和义务，在不抵触本法的前提下继续有效，受澳门特别行政区的承认和保护。原澳门政府所签订的有效期超过一九九九年十二月十九日的契约，除中央人民政府授权的机构已公开宣布为不符合中葡联合声明关于过渡时期安排的规定，须经澳门特别行政区政府重新审查者外，继续有效。"

第 8 条："澳门原有的法律、法令、行政法规和其他规范性文件，除同本法相抵触或经澳门特别行政区的立法机关或其他有关机关依照法定程序作出修改者外，予以保留。"

② 第 10/88/M 号法律《选民登记法》第 18 条第 5 款："选民透过认别证、身分证及/或在政府公报刊登的总督一般性批示所承认的其他合法文件及以其名誉作出的、符合选举法所指连续在本地区居住的最低年数的声明，证实其选民资格。"

短时期内进行及以往程序带来的不便。因此，这项革新让选民在整年间都可查阅其已更新的资料，欲办理登记的新选民可以在整年间前往登记，负责这些工作的部门亦有更多时间准备。

选民登记已经集中由行政暨公职局负责，这使有关程序更有效。

撤销所有的选民登记委员会，其权限则转属行政暨公职局。

为遵守《基本法》及第 8/1999 号行政法规就有权投票的人及永久性居民定义的规定，修改了自然人的选举资格及被选资格。

法人的选举资格及被选资格亦经调整，尤其是关于八月九日第 2/99/M 号法律内使用的名称。

为了使选民登记资料更准确，现存的自然人选民登记资料库和身份证明局的资料库已经可以内部连结，但为了维护选民的私隐，可查询的资料仅限载于选民证上的资料。

按照《基本法》及《回归法》的规定，已经把参与登记程序的实体的名称更改。

在务使选民登记程序更简易及使澳门特别行政区的选民感到规范选民登记程序的法律更浅明的同时，我们没有忽略选民登记程序的法律安定性，故要求选民在选民登记程序中至少亲身到场一次。

本建议书旨在提供予选举人及被选举人一崭新的、有效的选民登记制度，以及全面回应市民的企望。

同年 10 月 26 日，立法会举行全体会议，一般性讨论及表决该法案。由于行政暨公职局一直是负责选民登记的政府部门，故在此次会议上由该局局长、副局长及一名厅长共三人代表政府向立法会作出引介，并回答议员提出的问题。

政府代表首先介绍了制定该法的必要性，同时也简要说明了新文本与原有制度的主要不同之处。而议员在会议上提出的问题并不多，主要是关心原有的选民登记是否继续有效[1]。对此，政府代表作出肯定的回答。最后，全体到会议员一致赞成一般性通过法案。随后，立法会主席批示由立法会第三常设委员会进行分析并编制意见书。

立法会第三常设委员会于 2000 年 11 月 14 日完成了第 3/2000 号意见书，就法案的细则性审议提交报告。委员会举行了一次非正式会议和五次正

---

[1] 《选举法律汇编·选民登记法》（第二版），澳门特别行政区立法会，2008，第 83～85 页。

式会议，政府代表列席了其中的两次会议。委员会认同有必要制定本法，对文本的某些词句的表述提出修改建议，并希望政府在法案通过之后要加强宣传，"使市民知悉他们拥有选民登记权利，并鼓励他们有效地行使这项权利"[1]。最后，委员会认为此法案"具备提交全体会议作细则性审议的要件"。

2000 年 11 月 21 日，立法会举行全体会议，细则性审议和表决法案。行政法务司司长及前述局长等人代表政府列席会议。在会议上，议员除了提出一些技术性问题外，主要是就间接选举中的法人选民登记的利益组别分类进行讨论。然而，这个问题是基于《立法会选举法》的相关规定，而在此时该法律尚未进行讨论。另外，根据全国人大常委会关于澳门原有法律的决定和第 1/1999 号法律《回归法》附件一第 2 款的规定，第 4/91/M 号法律不被采用为澳门特别行政区法律；同时根据《基本法》附件二《澳门特别行政区立法会的产生办法》第 2 条的规定，特区立法会的组成人员中包括 10 名间选议员。

因此，在讨论中有议员关心新的间选组别如何组成是顺理成章的。对于这个问题的讨论并未导致对文本作出修改。最后，立法会对法案的细则性表决获得通过，从而产生了澳门特别行政区的第一部《选民登记法》（第 12/2000 号法律）。

该法律第 59 条规定："废止六月六日第 10/88/M 号法律以及与本法抵触的其他法例。"行政长官于同年 12 月 6 日签署，并公布于同年 12 月 18 日的《澳门特区政府公报》第一组，其名称是《为立法会的直接和间接选举对自然人和法人的选民登记程序作出规范——废止六月六日第 10/88/M 号法律》。这是回归前公布法律的典型表述，与政府提案的名称并不一致（但其后仍采用《选民登记法》之名）。而根据该法律第 60 条的规定，"本法于公布日之后满三十日开始生效"。

二 《选民登记法》的修改

澳门特区政府于 2008 年 5 月 13 日向立法会提交了《修改第 12/2000 号法律〈选民登记法〉》法案，并于 5 月 20 日向立法会全体会议对法案作引

---

① 《选举法律汇编·选民登记法》（第二版），澳门特别行政区立法会，2008，第 79 页。

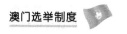

介发言。

立法会于 2008 年 5 月 30 日和 6 月 2 日举行全体会议，对法案进行一般性讨论和表决并通过该法案。随后，立法会主席将上述法案派发给第一常设委员会进行细则性分析。为此，委员会举行了 23 次会议，就上述法案进行细则性审议，并于 7 月 29 日完成意见书（第 4/III/2008 号）。委员会认为，《修改第 12/2000 号法律〈选民登记法〉》法案具备在立法会全体会议作细则性审议及表决的必需要件；有必要邀请政府委派代表列席为细则性审议及表决法案而召开的全体会议，以提供必须的解释。随后，立法 2008 年 8 月 12 日和 13 日举行全体会议细则性讨论和表决法案并予以通过。

（一）修改法案的主要内容

1. 扩大选民登记的适用范围

法律原第 1 条规定："本法是为立法会的直接和间接选举对自然人和法人的选民登记程序作出规范。"其中并未包括在行政长官选举委员会委员的选举中，要求投票人需已作选民登记的情况，因此将其修改为"本法规范自然人和法人的选民登记程序"。这样规定既简洁明了，亦可涵盖其他各种情况，使选民登记并非仅限于和立法会选举有关，而是成为一项独立的制度。

2. 进一步明确管理机关的职责

法律原第 4 条规定："一、选民登记的组成、维持、管理和跟进，属行政暨公职局的权限。二、办理选民登记的地点，设于行政暨公职局或由该局指定的地点。"第 1 款的规定较为笼统，而第 2 款的规定只涉及登记地点这个单一事项。因此，在保留第 1 款的情况下，将第 2 款修改为"为适用上款规定，行政暨公职局尤其负责：（一）与自然人和法人选民登记及其注销的程序有关的工作；（二）选民登记册的编制、更新、展示和重编；（三）受理就选民登记册内的资料所提出的声明异议；（四）签发本法所规定的证明；（五）将选民登记的异常情况通报负责调查及侦查的实体；（六）履行本法所赋予的其他的职权"。

3. 删除了"社团的协助"的规定

法律原第 15 条规定："行政暨公职局在执行选民登记宣传方面的职务时，得由社团协助。"由于在实践中出现了某些社团以不当方式代替选民办理选民登记并将选民证留置，以便在选举中影响选民投票意向的情况，故将本条删除。

4. 增加规定提前登记

即符合条件的年满 17 周岁的永久性居民可提前办理选民登记申请。法律第 17A 条就此作出规定："一、凡年满十七周岁且不属第十一条所指无资格的永久性居民，均可办理提前选民登记。二、上款所指登记，在有关永久性居民年满十八周岁之日自动成为确定选民登记。"

5. 取消选民证

原法律第 19 条规定："一、选民登记是以经适当编号的选民证证明。二、如遗失选民证或选民证不能再用，选民应通知行政暨公职局，以便获发印有'补发'字样的新选民证。三、亲身办理登记的选民，得选择通过邮递方式收取选民证。四、如选民非亲身办理第十七条所指的选民登记，应亲自领取其选民证。五、选民在领取选民证后，仍应负起查阅选民登记册的责任。"由于各方面的原因，尤其是基于打击贿选的需要，故在修改法律时将其取消。

6. 关于法人选民登记方面的修改

包括将社团取得法律人格至少三年即可申请登记为法人选民，改为取得法律人格至少 7 年（第 26 条第 1 项）；将社团成立后即可申请界别确认，改为必须在成立满 3 年后方可提出（第 29 条）；规定法人选民每年必须提供年度总结报告，以显示其活动状况（第 30 条）；设立界别确认有效期及续期制度（第 31 条）；设立"登记中止"制度（第 34 条）及"依职权注消登记"制度（第 35 条）。

7. 关于"选民登记的不法行为"的修改

包括对某些犯罪未遂比照已遂处罚（第 40 条第 3 款）；将追诉时效由 1 年延长为 2 年（第 44 条）；加重对"与选民登记有关的贿赂"及"以不法阻碍或促成登记"的处罚（第 46 条第 2 款及第 47 条）；加重对诬告的处罚（第 52 条）。

（二）立法会议员的主要意见

在立法会于 2008 年 5 月和 8 月举行的全体会议上，议员就修改《选民登记法》提出不同意见，其重点是关于法人选民登记方面的修改①。

技术层面的意见包括：将现行的社团取得法人资格 4 年已可申请作法人

---

① 《选举法律汇编·选民登记法》（第二版），澳门特别行政区立法会，2008，第 229 ~ 254 页。

选民登记，提高至 7 年，其理据如何？负责确认法人选民登记中所属界别的委员会，其成员皆由政府委任，其代表性和专业性如何？委员会审议的标准是否一致？委员会的活动需提高透明度等。

至于政治层面的意见，若干议员的联合表决声明较为典型："增加社团取得选举资格的年期条件，为新社团加上'门坎'，令新社团不能参加 2009 年的选举，而容许所有旧社团都可以参加 2009 年的选举，客观上只是巩固旧社团的利益。……社团间接选举制度已经落伍，应逐步淡出。……决定澳门特别行政区前途的；应当是全体永久性居民，而不是被百般维护的旧社团。特区政府各专业咨询架构，乃至行政长官将来的选举提名机制，都应该有需要引入功能界别直接选举制度，而功能界别直接选举的选民资格，亦应有法制规范，修改《选民登记法》法案完全没有为推行各层次功能界别直选的功能界别选民资格作出规范，更是一大败笔。"[①]

（三）委员会的主要意见

委员会共召开了 23 次会议，并邀请政府代表参与了其中的多次会议，对法案进行了详细、深入的研究。最后，在委员会与政府达成共识的基础上，政府先后提交了两份替代文本。其中，第二份替代文本只是对葡文作出修改，而中文则维持不变。委员会大多数成员接受政府的立法取向，认为确有必要对现行《选民登记法》作出修订。

在细则性审议中，委员会着重讨论了如下一些问题。

第一，关于是否允许选民在作出登记之后主动将其撤销的问题。委员会认为，根据现行《选民登记法》第 2 条第 1 款之规定，选民登记既是一项公民权利也是一项公民义务，按照这一法律逻辑，不适宜规定选民可主动撤销已作出的登记。政府对这一观点亦表示赞同，并相应修改了法案第 19 条及第 3 条的行文，明确排除了自行注销登记。

第二，关于法人代表界别的确认问题。委员会认为，还是维持写明具体负责实体更能体现出法律的确定性，而相关评审准则的制定与公布亦适宜更为规范化。最后，委员会与政府达成一致共识，修改了法案第 31 条的行文，继续保留关于确认实体的列举。

第三，关于犯罪未遂的处罚问题。委员会与政府多次交换意见，最终采

---

① 《选举法律汇编·选民登记法》（第二版），澳门特别行政区立法会，2008，第 253～254 页。

用的方式是选择法案中某些特定的犯罪,将科处于既遂犯的刑罚适用于犯罪未遂,而除了这些犯罪之外,仍然维持刑法典关于未遂犯的一般处罚原则。

第四,关于若干罪状的订定。经委员会与政府协商,将法案中若干条文的罪状表达方式做了完善,以使其更为清晰。

第五,关于废止选民证的后果。委员会赞同废止选民证的立法选择,但注意到同选民证相关联的现行法律的第 43 条"伪造选民证"与第 44 条"选民证的留置"所规定的犯罪是否亦应废止的问题。经委员会与政府研究,认为关于这两项犯罪的规定仍应保留,当然其适用对象仅为本法律生效前实施的事实。

第六,关于选民登记是否必须以在澳门拥有常居所为条件的问题。委员会认为,除了提前办理选民登记者外,凡是年满 18 岁的澳门永久性居民均应享有登记做选民的资格,因为这是公民的一项基本权利,不应该被剥夺。经委员会与政府研究,删除了法案第 13 条第 2 款的规定("为选民登记的效力,澳门特别行政区以外的居所,不视为常居所")。

除上述问题外,委员会与政府经过研究,还对于法案中多处行文作了内容与形式上的修订。

第三节　自然人选民登记

根据法律规定,自然人选民可依法参加立法会直选议员的选举,可依法作为法人选民的投票人,参加立法会间选议员的选举和行政长官选举委员会委员的选举;同样可依法在上述选举中成为候选人。因此,自然人选民登记制度具有多方面的重要意义。

一　选民登记的资格

《基本法》第 26 条规定:"澳门特别行政区永久性居民依法享有选举权和被选举权。"这是关于选举资格的宪制性规定。据此,《选民登记法》第 10 条规定:"凡年满十八周岁且为澳门特别行政区永久性居民的自然人,均得作选民登记,但不妨碍第十七条规定的适用。"对此,可作出以下说明:

第一,关于永久性居民。《基本法》第 24 条第 2 款规定了可以界定为

77

永久性居民的六种人士。根据该规定以及全国人民代表大会澳门特别行政区筹备委员会于 1999 年 1 月 16 日通过的《关于实施〈中华人民共和国澳门特别行政区基本法〉第 24 条第 2 款的意见》，澳门特区立法会制定了第 8/1999 号法律《澳门特别行政区的永久性居民及居留权法律》，对永久性居民作出了更为详细的规定。

第二，关于永久性居民的国籍。根据上述规定，永久性居民中包括中国籍、葡国籍及其他国籍。对于中国国籍的确认，按照以下法律办理：列于《基本法》附件三的全国性法律的《中华人民共和国国籍法》、第九届全国人大常委会于 1998 年 12 月 29 日通过的《全国人民代表大会常务委员会关于〈中华人民共和国国籍法〉在澳门特别行政区实施的几个问题的解释》，以及根据上述法律和解释而制定的澳门特区第 7/1999 号法律《澳门特别行政区处理居民国籍申请的具体规定》。需要说明的是，与参选或出任其他政治职务（如行政长官、主要官员、立法会主席等）不同，作为选民登记不需要必须具备特定国籍。

第三，关于选民登记的年龄。按照一般法（尤其是民法）的规定，在通常情况下，自然人年满 18 周岁就具备完全行为能力[1]，自然可以独立处理选民登记事宜。然而，考虑到选民登记必须履行一定的程序，尤其是涉及选民登记册的编制[2]；如果永久性居民只有在年满 18 周岁时才能提出选民登记申请，那么在选举年投票日之前才满 18 周的居民，其选民登记只能列入明年的选民登记册，而无法参加当年的选举。因此，《选民登记法》第 17 条规定："一、凡年满十七周岁且不属第十一条所指无资格的永久性居民，均可办理提前选民登记。二、上款所指登记，在有关永久性居民年满十八周岁之日自动成为确定选民登记。"可以说，这是一种制度创新，能够从年龄层面最大限度地保障永久性居民作为选民行使其选举和被选举权。

二 无资格的情况

《选民登记法》第 11 条规定："下列者不得作选民登记或办理提前选民

---

[1] 参见澳门《民法典》第 118 条："年满十八岁者取得完全行为能力，从而具备处理其人身事务及处分其财产之资格。"

[2] 《选民登记法》第 19 条第 1 款规定："选民登记册于一月份编制，其中包括截至上年十二月份最后一个工作日行政暨公职局收到的申请书的登记。"

登记：（一）经确定判决宣告为禁治产人；（二）被认为是明显精神错乱且被收容在精神病治疗场所或经由三名医生组成的健康检查委员会宣告为精神错乱的人，即使其未经法院判决宣告为禁治产人亦然；（三）经确定判决宣告被剥夺政治权利的人。"这是对作选民登记的限制性规定，问题在于这些限制是否合理。

第一，关于"禁治产人"。按照通常的理解，"禁治产"属于私法范畴，是指民事行为能力受到限制；尤其是由作为私法基础的民法规范①。澳门《民法典》第122条规定："一、因精神失常、聋哑或失明而显示无能力处理本人人身及财产事务之人，得被宣告为禁治产人。二、禁治产制度适用于成年人或亲权已解除之人；然而，对于亲权未解除之未成年人，为着禁治产之效果可自未成年人成年之日起产生，得在其成年前一年内请求并宣告禁治产。""无能力处理本人人身及财产事务"亦可推定为无能力处理其选民登记事宜。应该说，这样规定是合理的。

第二，关于"精神病患者"。何人为禁治产者需经法院作出确定性判决（即已生效之判决）方为有效。但其中精神病患者较为复杂，未必皆由法院判决处理。因此，法律设定未经法院判决的情况，可从医疗和医学层面作出规定。

第三，关于"剥夺政治权利"。所谓"政治权利"，应按照《公民权利和政治权利国际公约》的相关规定界定②。其最主要的内容就是选举权和被选举权，而选民登记自然属其范畴。然而，"剥夺"政治权利的表述并非十分准确，正确的表述应为"中止"政治权利。因为，"剥夺"可视为"丧失"，而"中止"则是一种有时效的"限制"③。事实上，《选民登记法》对有关不法情事规定的刑事处罚中，也是以"中止政治权利"作为附加刑，而不是规定"剥夺"（第43条）。

另外，为了确保上述相关资料的准确性，《选民登记法》第15条规定：

---

① 中国社会科学院法学研究所编《法律辞典》，法律出版社，2003，第775、1340页。

② 《公民权利和政治权利国际公约》第25条："每个公民应有下列权利和机会，不受第二条所述的区分和不受不合理的限制：（甲）直接或通过自由选择的代表参与公共事务；（乙）在真正的定期的选举中选举和被选举，这种选举应是普遍的和平等的并以无记名投票方式进行，以保证选举人的意志的自由表达；（丙）在一般的平等的条件下，参加本国公务。"

③ 陈宏光：《论选举权的享有、限制与剥夺及其法律救济》，中国法学会宪法学研究会编《宪法研究》（第一卷），法律出版社，2002，第545页。

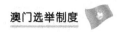

"一、下列实体须于每月月底将以下各项所指有关年满十七周岁的人士的资料，依职权送交行政暨公职局：（一）终审法院院长办公室——载有经确定判决作出第十一条（一）或（三）项所指的宣告而导致被剥夺选举资格的人的姓名和其他身份资料的清单；（二）民事登记局——载有死亡者的姓名和其他身份资料的清单；（三）精神病治疗场所——载有第十一条（二）项所指之人的姓名和其他身份资料的清单。二、身份证明局应于每年年底把载有当年丧失永久性居民身份者的身份资料清单送交行政暨公职局。"

三　登记程序及异议和上诉

（一）选民登记程序

1. 递交申请书和相关文件

《选民登记法》第16条规定："一、办理选民登记时须递交登记申请书，其内至少须载明：（一）申请人的姓名；（二）永久性居民身份证的编号；（三）常居所和联络方式。二、申请人应透过下列任一方式声明登记申请书所载资料属实，并递交永久性居民身份证的副本：（一）在申请书上按永久性居民身份证所示的签名式样签署；（二）如申请书以电子方式填写和提交，应加上合格电子签名或以行政暨公职局指定的电子方式确认；（三）如申请人不懂或不能签名，可在申请书上印上其指模。三、如申请人不能签名亦不能印指模是基于明显无能力或经医生证明书证实其无能力时，可由行政暨公职局的工作人员在登记申请书内加以记录。"

法律列出登记申请书的内容是最基本的项目，也是确保登记的准确性所必须的资料。而"至少须载明"，是考虑到有可能根据情况变化而增加其他内容，但始终必须遵循便民原则，使选民对申请书内容较为容易理解和填写。

登记申请书的式样，由负责选民登记工作的行政暨公职局（第4条）核准（第5条）。这样规定有助于登记申请书的严谨和稳定，亦可明确权责。

至于如何确定"常居地"，法律第13条规定："为选民登记的效力，公共设施、工厂、工场、救济场所，又或其他供集体使用或作非居住用途的设施，均不视为常居所；但选民长期居住其中，且该事实为公众所知或可凭文件证明者，不在此限。"需要注意的是，在政府提交的法案中，明确规定此条所指的常居地是指在澳门特别行政区域之内，并不包括其他地方的居住地点。但立法会持不同意见故予以删除①。另外，此条采取"排除式"的表述方式，即本条列举的场所之外的其他供居住之场所均可，而不论是自住物业或承租房屋。然而，考虑到可能会有一些人因各种原因而居住在上述公共场所的特殊情况，该条中作出了"但书"规定，以保障其行使选民登记的权利。

2. 个人资料的更新

《选民登记法》第18条规定："已登记的选民应更新第七条所指的个人资料，尤其是其常居所和身份证明文件的资料，为此，应按经适当配合后的第十六条的规定，将一份附同最新资料的更正申请书递交行政暨公职局。"第7条所指的个人资料，由该条第1款列明："数据库的建立旨在储存及处理与选民登记有关的资料，包括自然人的认别资料如下：①姓名；②性别；③父母姓名；④出生日期；⑤出生地；⑥常居所和联络方式；⑦永久性居民身份证的编号和首次签发日期；⑧档案编号。"事实上，其中有些资料是不会发生变化的，例如，出生日期、出生地；永久性居民身份证的编号和首次签发日期；有些是在非常特殊的情况下才可能出现的变化，如姓名、性别、父母姓名；有些是居民不一定知道的内容，如档案编号，这是行政暨公职局在资料库中的文件编号，居民个人未必清楚。因此，其中较有可能发生变化并有必要及时申报的是常居地的资料。因为这涉及有关文件的送达和投票地点的确定。

为了便于选民更新资料或了解已作登记的资料是否准确，法律第9条规定："选民、已办理提前申请选民登记的年满十七周岁的永久性居民及其法定代理人有权知悉存储在数据库内与其本身有关的登记内容，并有权要求更正和补充载于登记内的资料。"

3. 选民登记册的公布

选民登记的完成并具有法律效力，是以选民登记册的记录为依据。因此，选民登记册的编制和公布是不可或缺的环节。法律第19条规定："一、选民登记册于一月份编制，其中包括截至上年十二月份最后一个工作日行政暨公职局收到的申请书的登记。二、选民登记册载明选民的姓名、永久性居民身份证的编号和出生日期。三、在选举前四十五日内，不得更改选民登记

---

① 《选举法律汇编·选民登记法》（第二版），澳门特别行政区立法会，2008，第222页。

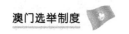

册的资料。四、选民登记册必须注明按第十七条第一款登记者为提前登记及其年满十八周岁的日期。五、选民登记册须编上序号，而各页均须编号并经行政暨公职局局长简签，启用语和结束语亦由其签署，各页的简签可经电脑以数码化方式处理。六、行政暨公职局自一月一日起收到的登记或更新资料申请，仅于翌年展示的选民登记册载录或注明。七、在新登记册编制后，原登记册经过两年后可予以销毁。"第 21 条规定："一、选民登记册每年在选民登记地点或在行政暨公职局指定的其他地点展示。二、选民登记册于一月份内连续展示十日，利害关系人应于该期间进行查阅，以便提起声明异议。三、任何选举，均应使用选举日期公布日前最后一个已完成展示的选民登记册。"

（二）声明异议及上诉

1. 声明异议

法律第 23 条规定："一、在选民登记册展示期间，任何选民可以其选民资料错误或遗漏为理由，以书面形式向行政暨公职局提起声明异议。二、行政暨公职局局长须最迟于选民登记册展示期届满后五日内对声明异议作出决定，并实时把决定张贴在选民登记的地点。"此条规定表明：

第一，声明异议是有时限的，即只能在选民登记册展示期间。

第二，提起声明异议的主体是任何选民，但只能就其本人的登记资料或遗漏提出异议；而任何未作登记者或已登记为选民者就其他选民的登记资料提出异议均不具合法性。

第三，必须以书面形式提出，这是关于形式要件的规定。

第四，声明异议只能向该机关的领导提起，即向行政暨公职局局长提起异议。

第五，行政暨公职局局长必须在法定时间内作出决定并张贴在法定地点。

2. 司法上诉

法律第 24 条规定："一、选民或任何其他有正当利益的选民，得就上条第二款所指的决定向终审法院提起上诉，并随上诉申请书附上审理上诉所需的一切资料，但上诉须在有关决定张贴后五日内提起。二、提起上诉的申请书须直接递交终审法院，并附同作为证据的一切资料。三、裁判须在提起上诉日之后五日内宣告，并着令立即通知行政暨公职局和上诉人；就该裁判不得再提起上诉。四、如裁判引致修改选民登记册，行政暨公职局在收到上款所指通知后，须立即修改选民登记册，并对选民登记数据库内相应的资料进行更新；属此情况者，不适用第十九条第三款的规定。"此条规定表明：

第一，将提起司法上诉主体扩大到"任何其他有正当利益的选民"。所谓"正当利益"应是指符合法律规定的利益，即具有法律的正当性。

第二，被上诉的实体（或对象）只能是行政暨公职局局长就声明异议所作决定，这是对上诉范围的限制。

第三，上诉只能向终审法院提起，因此对总审法院的裁决不得再提起上诉。即此类上诉实行一审终审制。

四　选民登记情况概述

（一）回归前情况概述

自第 4/76/M 号法令（选民登记及立法会选举制度）生效之后，首次进行本地区的选民登记，当年仅有 2846 名登记选民；1980 年增加至 4195 人。第 8/84/M 号法令（选民登记制度）放宽了选民登记资格，大大扩充了选民人数，这年登记选民渐增至 51454 人；1988 年第四届立法会选举时，登记选民更达 67604 人。选民登记人数一直上升。然而，1991 年 7 月立法会制定了第 10/91/M 号法律修改《选民登记法》，其中第 3 条规定，凡在本法生效前已作选民登记者需于 1992 年 2 月 29 日前向有关选民登记委员会递交声明书，以证明其身份及居住年限，否则原有登记失效。因此，在 1992 年第五届立法会选举时，选民人数减少至 48137 人[①]。此后选民登记人数逐步回升：1993 年为 58145 人，1994 年为 64370 人，1995 年为 98965 人，1996 年为 1164455 人，1997 年为 123072 人，1998 年为 126149 人，1999 年为 128613 人[②]。

（二）回归后情况概述

回归后，随着澳门居民人口总数的增长，选民登记人数亦随之增加，而

---

① 吴志良：《生存之道——论澳门政治制度与政治发展》，澳门成人教育学会，1998，第 323 页。

② 《选举活动综合报告（2001～2009）》，澳门特区政府行政公职局，2010，第 300 页。

政府相关部门大力宣传也是一个促进因素。例如，在 2001 年 3 月 18 日，政府举办了"选民登记同乐日"活动，行政长官和政府主要官员亲自出席，宣传《选民登记法》并即场办理选民登记，当天即有数千名合资格市民进行选民登记，创单日选民登记最多人数之记录[①]。为配合 2013 年第五届特区立法会选举，行政暨公职局设置全年无休及 24 小时运作的自助选民登记服务，居民也可透过智能身份证和指纹识别系统进行自助登记[②]。现将有关选民登记情况以图表列出（见表 3 - 1 ~ 表 3 - 5 以及图 3 - 1 ~ 图 3 - 3）。

表 3 - 1   澳门居民人口总数与自然人选民登记人数变化（截至 12 月 31 日）

年份	人口总数（估计数）	自然人选民登记	比例（%）
2001	436686	159813	37
2002	441637	160193	36
2003	448495	161414	36
2004	465333	163659	35
2005	488144	220653	45
2006	513427	220350	43
2007	538100	219849	41
2008	549200	220410	40
2009	542200	249886	46
2010	552300	250455	45
2011	557400	251542	45

资料来源：澳门特区政府统计暨普查局统计资料澳门人口估计电子刊物，http://www.dsec.gov.mo/Statistic/Demographic/EstimatesOfMacaoResidentPopulation.aspx。

行政公职局选民登记网页"自然人选民登记资料及统计"栏目，http://www.re.gov.mo/re/public/html.jsf? article = download。

表 3 - 2   澳门居住人口满 18 岁及以上人数和自然人选民登记比例（截至 12 月 31 日）

年份	满 18 岁及以上人数	自然人选民登记	比例（%）
2006	411972	220350	53
2007	440790	219849	50
2008	454700	220410	48
2009	450300	249886	55
2010	462500	250455	54
2011	470900	251542	53

① 《选举活动综合报告 2001》，澳门特区政府行政暨公职局，第 134 ~ 140 页。
② 《当局加强宣传选民登记》，《澳门日报》2012 年 8 月 23 日，第 A03 版。

表 3-3 现时已登记选民的出生地点分布（按选民常居所所在区域划分）
（截至 2011 年 12 月 31 日）

出生 地点	按选民常居所所在区域划分的统计								总计			
	圣老楞佐堂区	大堂区	望德堂区	圣安多尼堂区	花地玛堂区	氹仔	路环	其他	澳门	海岛（氹仔路环）	其他	总数
澳门	11048	7318	9016	25670	29321	8083	491	62	82373	8574	62	91009
中国内地	12102	7117	6544	34494	74373	6322	559	65	134630	6881	65	141576
香港	1150	740	834	1474	776	912	546	14	4974	966	14	5954
其他地方	1108	1054	1387	4083	4183	1097	86	5	11815	1183	5	13003
总数	25408	16229	17781	65721	108653	16414	1190	146	233792	17604	146	251542

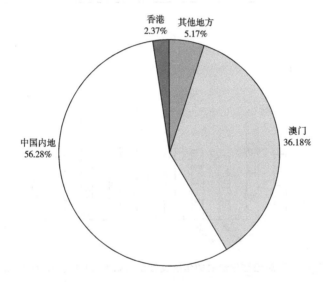

图 3-1 现时已登记选民的出生地点分布（截至 2011 年 12 月 31 日）

资料来源：澳门特区政府行政公职局选民登记网页“自然人选民登记资料及统计”栏目，http://www.re.gov.mo/re/public/html.jsf? article = statistics。

表 3-4 现时已登记选民的年龄及性别（截至 2011 年 12 月 31 日）

年龄 组别*	澳门			海岛（氹仔、路环）			其他			总计		
	男	女	总数	男	女	总数	男	女	总数	男性	女性	总数
17	49	52	101	0	0	0	0	1	1	49	53	102
18~19	676	756	1432	18	12	30	3	3	6	697	771	1468
20~24	8238	7911	16149	411	356	767	10	3	13	8659	8270	16929
25~29	11378	10600	21978	709	672	1381	6	2	8	12093	11274	23367
30~34	7774	7146	14920	618	770	1388	1	4	5	8393	7920	16313
35~39	8192	7803	15995	942	1134	2076	8	3	11	9142	8940	18082

年龄组别*	澳门			海岛(凼仔、路环)			其他			总计		
	男	女	总数	男	女	总数	男	女	总数	男性	女性	总数
40～44	8129	10795	18924	1164	1443	2607	6	3	9	9299	12241	21540
45～49	12711	17118	29829	1256	1384	2640	1	3	4	13968	18505	32473
50～54	17003	17768	34771	1074	1101	2175	14	2	16	18091	18871	36962
55～59	14981	14263	29224	853	765	1618	19	10	29	15853	15038	30891
60～64	10133	8972	19105	605	543	1148	6	4	10	10744	9519	20263
65～69	5418	4748	10166	313	303	616	10	8	18	5741	5059	10800
70～74	3321	3175	6496	190	195	385	5	1	6	3516	3371	6887
>74	5855	8827	14682	326	447	773	2	8	10	6183	9282	15465
总 数	113858	119934	233792	8479	9125	17604	91	55	146	122428	129114	251542

* 按 2011 年 12 月 31 日计算。

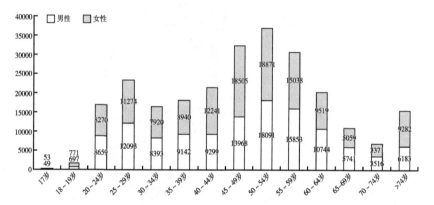

图 3 - 2　现时已登记选民的年龄及性别（截至 2011 年 12 月 31 日）

资料来源：澳门特区政府行政暨公职局选民登记网页"自然人选民登记资料及统计"栏目，http：//www. re. gov. mo/re/public/html. jsf？article = statistics。

表 3 - 5　2011 年 1 月 1 日以来新登记选民的出生地点分布
（截至 2011 年 12 月 31 日）

出生地点	按选民常居所所在区域划分的统计								总计			
	圣老楞佐堂区	大堂区	望德堂区	圣安多尼堂区	花地玛堂区	凼仔	路环	其他	澳门	海岛(凼仔路环)	其他	总数
澳 门	59	43	44	380	705	46	0	8	1231	46	8	1285
中国内地	58	61	37	160	603	37	3	6	919	40	6	965
香 港	12	15	4	16	6	6	1	1	53	7	1	61
其他地方	6	1	5	11	18	6	1	0	41	7	0	48
总 数	135	120	90	567	1332	95	5	15	2244	100	15	2359

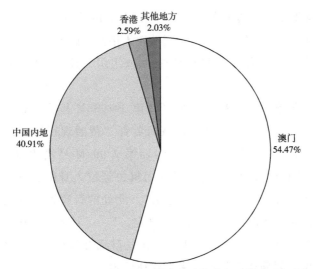

图 3 - 3 2011 年 1 月 1 日以来新登记选民的出生地点分布（截至 2011 年 12 月 31 日）

资料来源：澳门特区政府行政公职局选民登记网页 "自然人选民登记资料及统计" 栏目，http：//www. re. gov. mo/re/public/html. jsf？ article = statistics。

第四节　法人选民登记

法人选民基于立法会间选制度而产生。最初，参加立法会间接选举的社团并不需要进行专门的登记。例如，第 4/76/M 号法令第 6 条规定："一、凡以道德、文化、救济及经济利益为宗旨而合法组成的社团，其理监事会的成员均为立法会的选举人。二、上款所指社团理监事会及行政委员会成员亦为咨询会的选举人。三、为发生选举效力及上两款所指每一类别之关系起见，每一社团或机构的选举人数字，最多不得超过各该类别全体理监事人员总平均数。"直至 1988 年立法会制定第 10/88/M 号法律《选民登记》，才规定了专门的法人选民登记制度（第 25 ~ 29 条）。

一　登记资格及程序

（一）登记资格

第 12/2000 号法律《选民登记法》第 26 条规定："凡兼具下列条件的社

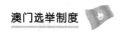

团和组织，均得作法人选民登记：（一）已在身份证明局登记；（二）获确认属于相关界别至少满四年；（三）取得法律人格至少满七年"。此条规定表明：

第一，准备申请法人选民登记的社团或组织，必须同时具备该条所列的三方面条件。

第二，按照第 31/94/M 号法令（经第 39/98/M 号法令修改）《身份证明司组织法》第 2 条 e 项的规定，该局负责"依照现行法例，组织非牟利法人之登记，并使其保持最新资料"。而第 2/99/M 号法律《结社权规范》第 7 条规定，"行政管理机关应办理社团机关据位人身份资料的登记，如出现变更，在九十日期限内同样作出登记"。此处的行政管理机关即是身份证明局，例如，同一法律第 11 条第 2 款规定，"……社团一经法院确定判决为无偿还能力或消灭后，即视为消灭，并由法院通知澳门身份证明司"。这就是"已在身份证明局登记"的由来和法律依据。

第三，由于立法会间接选举分为 7 个相关界别（选举组别），因此申请法人选民登记之前必须取得相关界别的确认，在获得确认之后并符合其他条件的情况下，才能够参加该界别的立法会间选议员的选举。"获确认属于相关界别至少满四年"就是说，并非一获得确认就可以提出登记申请，而是至少要在此四年之后，并符合其他条件时方可申请登记。

第四，第 2/99/M 号法律第 5 条第 1 款规定，"社团按民法典规定取得法律人格"。而《民法典》第 154 条 ~ 第 172 条就（非牟利）社团的成立、组织、运作及消灭等作出了具体规定。其中第 157 条第 3 款规定，"社团之设立行为、章程及章程之修改，仅在《澳门政府公报》上公布后，方对第三人产生效力"。换言之，"取得法律人格至少满七年"其计算方式之一可以是由上述刊登之日起计。

（二）登记程序

第 12/2000 号法律第 28 条规定："一、法人办理选民登记时，须递交一份已填妥且经具权限作出有关行为的代表签署的登记申请书，并附同下列文件：（一）确认法人属于有关界别的证明文件；（二）章程规定具权限的机关的会议记录副本，其内须载明该法人作选民登记的决议和为此而指定的代表。二、如未完整填写申请书，或登记时不提交上款所指文件，登记不予受理。三、第一款所指代表必须是自然人选民且仅得为一个法人办理选民登记。"对此可作出如下说明。

其一，某个法人社团是否进行法人登记，必须由该社团的权力机关（如章程规定的会员大会、理事会等）以会议方式议决。其决议内容至少须包括进行法人选民登记的决定和为此而指定的代表。该决议的副本须在申请登记时提交。

其二，为该法人社团办理选民登记的代表，因已获法人社团的授权，故其在登记过程中的行为皆具有效力。但该代表只能为一个法人社团办理选民登记，且其本人必须已经是自然人选民。因为选民登记仍然属选举权和被选举权的范畴，故此项要求是合理和必需的。

其三，登记申请书由行政暨公职局制作，其内容包括了确认法人状况的基本资料，因此必须完整填写。凡未能完整填写及未提供法定文件者，其申请均不予受理，这是为了确保法人选民登记的严谨准确。

二　界别确认程序

（一）界别的划分

立法会间接选举划分为以下 7 个界别：（一）工商、金融界；（二）劳工界；（三）专业界；（四）社会服务界；（五）文化界；（六）教育界；（七）体育界（第 27 条）。每个法人选民只可参加其中一个界别的立法会间选议员的选举。因此，社团在作法人选民登记之前必须首先确认其身属于哪一界别。而相关的确认程序颇为复杂。

（二）确认的程序

第 12/2000 号法律第 29 条规定："一、凡已取得法律人格至少满三年的法人可申请确认，但每一法人仅得申请确认第二十七条所指的其中一个界别。二、作出上款所指的确认，属行政长官的权限；该确认是由行政长官就不同个案而听取以下实体所提供的意见后作出：（一）社会协调常设委员会——就工商、金融界，劳工界和专业界的法人确认提供意见；（二）社会工作委员会——就社会服务界的法人确认提供意见；（三）文化咨询委员会——就文化界的法人确认提供意见；（四）教育委员会——就教育界的法人确认提供意见；（五）体育委员会——就体育界的法人确认提供意见。三、确认申请书应送交上款所指实体的办事处，并须附同以下文件：（一）身份证明局签发的证明法人已作登记的证明书、载有法人机关据位人名单的证明；（二）法人代表的永久性居民身份证的副本；（三）公布法人章程的《澳门特别行政区公报》副本；（四）章程规定具权限的机关议决该法人作界别确认及为此而指定的代表的会议纪录副本；（五）法人认为对确认界别申请属必要的其他资料。四、行政长官经听取各负责实体的意见后，须以批示订定及公布确认法人属于相关界别的评审准则；如修改准则亦须重新公布。五、各负责实体须于收到申请书之日起计三十日内向行政长官呈交意见书。六、对于确认申请的处理结果，由各负责实体以书面方式通知申请人，并将通知书副本送交行政暨公职局。"此条规定就确认程序作出了全面规范。

第一，提出确认的条件。一个社团只有在按照《民法典》相关规定取得法律人格满 3 年之后方可提出申请确认。"三年之限"是考虑到，在此期间该社团的活动能够作为其申请确认某个界别的事实依据。如果社团一旦取得法律人格即可申请确认界别，将很难判断其与该界别的联系；而该社团也可能经过 3 年运作之后才更清楚本身的特质和取向，以及适合参加哪一界别的间接选举。

第二，作出确认的权限。作出确认是行政长官的权限，并以书面形式为之，内容包括同意或不同意的决定其主要理由。行政长官的确认是就每一个法人团体的申请作出确认与否的决定，而在作出决定之前需听取相关委员会的意见。在正常情况下，行政长官会充分尊重该委员会的意见，很少出现例外。需要说明的是，行政长官行使确认权并非是干涉立法会间接选举，而是以地区首长的身份作出决定，以显示界别确认的严肃性。

第三，负责提供意见的委员会。包括以下几个：

社会协调常设委员会——负责工商、金融界、劳工界和专业界的法人确认提供意见。社会协调常设委员会根据第 59/97/M 号法令设立，是行政长官在劳动政策上的咨询机关。其成员包括雇主组织的代表 3 名、劳工组织的代表 3 名，以及 2 名政府代表并作为常设委员会的协调员和副协调员。以上成员皆由行政长官批示委任，但雇主及雇员组织代表皆须为相关团体的负责人。

社会工作委员会——负责就社会服务界的法人确认提供意见。社会工作委员会由第 33/2003 号行政法规设立，后由第 13/2011 号行政法规修订其组成、架构及运作方式，其作为咨询机构协助负责社会工作事务的（社会文化司）司长制定社会工作政策及评估有关执行情况。其主席由相关司的司长担任，副主席由社会工作局局长出任；其他成员包括 8 名检察院及政府部门代表；由委员会主席指定的相关领域的 12 个私人机构的代表各 1 人；以及由主席委任的最多 5 名在社会工作领域被公认为杰出的人士。

文化咨询委员会——负责就文化界的法人确认提供意见。文化咨询委员会由第 65/2001 号行政长官批示设立，属于在社会文化司司长办公室范畴内运作的咨询组织；在订定和监察文化政策方面向司长提供意见。其成员除有7 名政府部门的代表外，尚有由司长委任的最多 12 名文化、艺术和学术范畴的代表，最多 7 名商界及专业界代表人士。

教育委员会——负责就教育界的法人确认提供意见。该委员会最初由第 15/92/M 号法令设立；第 17/2010 号行政法规将之改名为"非高等教育委员会"。由于《选民登记法》的修改是在 2008 年，故其名称仍用旧名。根据上述行政法规，该委员会的宗旨是"汇集社会各界力量，通过参与、协调、合作及检讨，促进教育的发展"。其成员包括 7 名政府人士、最多 14 名相关社团的代表，及最多 11 名相关领域的个人。

体育委员会——负责就体育界的法人确认提供意见。该委员会最初由第 10/94/M 号法令设立，后由第 4/2009 号行政法规修改规范，作为咨询机构，协助相关领域的司长（社会文化司）制定体育政策，确保体育人员及体育组织参与及主动参加讨论体育运动中的重大事项，以及谋求对有关发展体育的措施及活动达成共识。委员会成员包括社会文化司司长为主席、政府体育发展局局长为副主席、体育发展局副局长、政府部门的代表 3 名、中国澳门体育总会暨奥林匹克委员会主席或其代表和秘书长，伤残人士体育界别的体育总会代表 1 名、获认可的其他体育总会的代表 10 名，以及最多 10 名由行政长官委任的体育界知名人士。

上述委员会有的是以法令设立（社会协调常设委员会），有的是先由法令设立后由行政法规订定重组（教育委员会及体育委员会），有的只是以行政法规设立（社会工作委员会），有的更是以行政长官批示设立（文化咨询委员会）。在其组织法规中并未规定就法人确认提供意见的职能，但这不妨碍由上位法——《选民登记法》赋予其此项职责。

各委员会须在收到申请书及附同文件之日起计 30 日内向行政长官呈交意见书，说明该委员会是否同意确认的意见。而对于确认申请的处理结果亦由其通知当事人。委员会提出界别确认的申请表由各委员会制作，并在其网页刊登可自由下载。各委员会制作的申请表格式和内容基本一致①。

---

① 见澳门特区政府行政公职局网页"法人选民登记"栏目，http：//www.re.gov.mo/re/public/co.jsf。

第四，确认界别的评审准则。在修改《选民登记法》之前，各委员会在讨论界别确认申请时并无明确准则。社会上对此颇有啧言。因此，在修改《选民登记法》的过程中，立法会第一常设委员会建议应制定相关准则并公之于众。政府对此表示接受，故在第 29 条第 4 款作出明确规定。

从目前的情况看，只是公布了体育界和教育界的相关准则。第 394/2011 号行政长官批示公布了体育界评审准则："（一）法人/团体须已在体育发展局登录为体育社团；（二）法人/团体的组织章程宗旨及性质须与体育界别相符；（三）法人/团体须按照其组织章程的规定召开相关的会员大会、理事会及监事会会议；（四）法人/团体须每年举办或参与不少于一次与其组织章程的宗旨相符合的公开体育活动。"①

第 284/2012 号行政长官批示公布了教育界评审准则："核准以下确认法人属于教育界别的评审准则：（一）法人组织章程规定的宗旨及性质应与教育界别的相符；（二）法人过去举办的活动及工作应与教育界别相关；（三）法人的主要领导成员（正、副会长及理事长）应包括教育领域的专家、学者或教育工作者。"②

（三）确认的有效期及续期

由于一些社团在取得法人选民身份后并不经常活动，甚至全年都"无所事事"，而只是在选举年才召开一两次会议。其作为法人选民的资格备受质疑。因此，在修改《选民登记法》时引入新的机制，规定确认的有效期及续期程序，要求各法人选民必须每年提交活动报告，以作为是否续期的依据。

为此，第 12/2000 号法律第 30 条规定："一、已获确认属于某界别的法人，应最迟于每年九月最后一个工作日将相关的年度总结报告送交相关负责实体。二、上款所指负责实体应最迟于十月十五日公开未送交年度总结报告的法人名单及其认别资料。三、自公开上款所指名单后五日内，任何利害关系人得以错误或遗漏为依据向负责实体以书面提出声明异议。四、负责实体应最迟于上款所指期间届满后五日内对声明异议作出决定，并应立即以相同

① 《澳门特区政府行政区公报》2011 年第 50 期，第 2795 页。
② 《澳门特区政府行政区公报》2012 年第 43 期，第 949～950 页。

方式公开其决定。五、利害关系人可对上款所指决定提起司法上诉,并适用经必需配合后的第二十四条的规定。六、负责实体最迟于当年十一月十五日将以上各款的最后名单送交行政暨公职局。"

第 31 条规定:"一、确认的有效期为五年,但获确认的法人须按本法第三十条的规定每年提交年度总结报告。二、上述法人须于确认有效期届满前一百五十日至九十日期间申请续期,逾期不递交确认申请,确认于有效期届满时即告失效。三、确认的失效无需宣告,但不妨碍根据本章的规定重新申请确认。四、确认制度适用于确认的续期。"

三 登记的中止及注销

关于登记的中止,该法律第 34 条规定:"一、自本法律生效后,不按第三十条的规定提交年度总结报告的法人选民,如在随后的五个历年内再次不提交年度总结报告,自下一个选民登记册完成展示之日起中止其法人选民登记的效力。二、被中止登记效力的法人选民履行上款所指义务后,可自下一个选民登记册完成展示之日起恢复登记的效力。"

法律第 35 条就法人选民的注销作出了规定:"一、确认失效导致获确认者的选民登记被注销。二、法人自登记效力被中止起计的五个历年内不按第三十条的规定提交年度总结报告,其选民登记自下一个选民登记册完成展示之日起注销。"需要说明的是,第一,登记的中止是基于相关法人选民未按法定期限提交年度总结报告。第二,注销登记包括两种情况:一是第 31 条第 2 款所指的确认失效,二是因为在被中止后仍未按法定期限提交第 30 条规定的年度总结报告。第三,作出注销登记,按本法第 4 条第 2 款第 1 项的规定,属行政暨公职局的权限,并且通过选民登记册显示而无须另行公告。(第 31 条第 2 款及第 36 条第 1 款:"按以上各条规定完成的法人选民登记、其登记的中止或注销,均须载于选民登记册。")

当然,对于中止登记或注销登记,当事人皆可提出声明异议或司法上诉,这方面的制度适用关于自然人选民的相关规定,即该法律第 37 条规定:"自然人选民登记的有关规定经作出适当配合后,适用于法人选民登记程序。"

从实际情况看,处于中止状态和注销状态的数字在各界别中有很大的不同。以 2013 年 1 月公布的法人登记册为例,专业界中被中止及注销者最少,

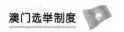

在 55 个法人选民中全部维持有效；体育界别在 206 个法人选民中有 9 个效力被中止、24 个注销，共占法人选民总数的 16%。详情如表 3 - 6 所示。

表 3 - 6　法人选民登记的统计资料

界　别	被登录于 2013 年 1 月份展示法人选民登记册的法人选民总数		
	效力被中止	注销	维持有效
工商、金融界	0	1	103
劳工界	0	1	65
专业界	0	0	55
社会服务界	10	17	135
文化界	2	4	161
教育界	0	1	27
体育界	9	24	173
总数	21	48	719

资料来源：澳门特区政府行政公职局选民登记网页 "法人选民登记资料及统计" 栏目，http：//www. re. gov. mo/re/public/co. jsf？article = coStatistics。

第四章

立法会选举：法律演变

　　自 1996 年 2 月 17 日《澳门组织章程》颁布生效，澳门才有了作为"本身管理机关"之一的立法会，也就相应地产生了立法会选举制度。1999年 12 月 20 日起《基本法》开始实施；自 2001 年 2 月 21 日澳门特区第一届立法会通过第 3/2001 号法律《立法会选举制度》，到 2008 年第三届立法会通过对《立法会选举制度》作出较大修改；再到 2012 年 8 月 29 日第四届立法会通过对《立法会选举法》数个条文的修改，澳门立法会均是由三部分议员组成：直接选举产生、间接选举产生以及由总督/行政长官委任产生的议员。因此，澳门学者吴志良博士在其 1995 年出版的专著《澳门政制》中提出："澳门立法会是个混合性的利益代表机关，享有部分民意基础。"① 此说要言不烦，至今如是。当然，立法会虽然由三部分议员组成，但正如《基本法》第 68 条第 2 款所规定，"立法会多数议员由选举产生"，这正是立法会具有部分民意基础的重要体现，对此不可不察。回归前后宪制基础的变化，改变了立法会选举的性质，但在选举制度的许多方面仍存在着一定的关联和发展。本章将对其试作出概括性的叙述，并重点介绍回归前的情况。

----

　　①　吴志良：《澳门政制》，澳门基金会，1995，第 93 页。

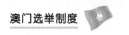

第一节　回归前的立法会选举制度

本节将以时间为"经",专题为"纬",以澳门第一部选举法第 4/76/M 号法令和回归前的最后一部选举法第 4/91/M 号法律为样本,简介 1999 年 12 月 20 日之前的立法会选举制度。

一　选举标准:最重要的变化

1. 第 4/76/M 号法令的规定

第 47 条(多人名单的选举办法)

将选票转换为任期,系以下列办法(汉狄比例式)办理者:

(1)将各名单所获选票逐一分开;

(2)将各名单逐一分开的选票除以 1、2、3、4、5 等,并将所得商数由大至小以及按任期期数将之分别排列;

(3)任期系属上项所指的名单者,而每一名单的任期与排列的数目相同;

(4)倘最后一任期分配时,在不同名单上出现同一数字,有关任期则由获票最少者担任。例如,分配的任期为 7 席,而 A、B、C 及 D 名单所获票数分别为:12000;7500;4500 及 3000。

①依照第 2 项办法则为:除以 1 等于……;除以 2 等于……;除以 3 等于……;除以 4 等于……,则名单 A:12000、6000、4000、3000;名单 B:7500、3750、2500、1875;名单 C:4500、2250、1500、1125;名单 D:3000、1500、1000、750。

②依照第三项办法则为:

12000→第一任期 > 7500→第二任期 > 6000→第三任期 > 4500→第四任期 > 4000→第五任期 > 3700→第六任期 > 3000→第七任期

因此:

名单 A——担任第一、三、五任期

名单 B——担任第二、六任期

名单 C——担任第四任期

③倘按第 4 项办法办理，第七任期则属最后排列之票数即 3000 票者，但有两个名单（A 及 D）的票数相同，因此，依第 4 项办法办理，第七席位应分配予 D 名单。

2. 第 4/91/M 号法律的规定

第 11 条（选举准则）

将选票转为任期是以下列规则行之：

（1）将每一名单所获选票逐一分开；

（2）将每一候选名单所获选票除以 1、2、4、8 及其他 2 的倍数，直至所分配的任期数目，并将所得商变由大至小以及按任期数目分别排列；

（3）按上款规定，任期将属各组别的候选名单，而每一候选名单将得到其组别所得的任期；

（4）若仍有一任期需要分配，当不同的候选名单中不同组别有相同票数时，则任期归于仍未得到议席的候选名单，或当不属此情况时则任期归于较多票数的候选名单；

（5）倘两个或以上的候选名单所得票数相同时，任期则以抽签分配。

此种选举标准被称为"改良汉狄法"，自 1992 年通用此制之后，就再也没有出现此前立法会直选中一张候选名单囊括 3～4 席的情况，至多也只能取得 2 席。可见其意义重大。

二 直接选举中的选举资格与无选举资格

（一）关于选举资格

1. 第 4/76/M 号法令的规定

法令第 2 条规定："立法会的选举人：a）凡葡籍市民不分性别，在选举结果之日已满十八岁而通常住址系在选举地区内者；b）华籍市民具备上项条件并在选举地区有通常住址而于选民登记之日已居住超过五年者；c）外籍市民具备 a 项条件而通常住址系在选举地区内且于选民登记之日已居住超过七年者。"

显而易见，此条规定是以国籍为基础，并有"三六九等"之分：除年龄要求相同外（在选举结束之日已满 18 岁），葡籍市民无居住年限要求；而华籍市民需通常居住超过 5 年；其他外籍市民需通常居住超过 7 年。此条规定今天看来匪夷所思，当时却已是"进步"举措，至少已将华籍居民列为选民。当然，立法者也没有忘记居住在香港的葡籍人士，以及按照葡国承认多重国籍之例，对相关人士亦"一视同仁"。法令第3条及第4条对此作出规定："居住香港的葡籍市民亦为选民，但须在驻香港葡国总领事馆注册，并在澳门市大堂及风顺堂教区有关选民登记委员会办理登记者方可。"（但是并无规定要在选举地区有通常住址。）"葡国人而兼为其他国家之市民，不因此而丧失其选举资格。"

2. 第4/91/M号法律的规定

立法会于1991年2月26日通过并于4月1日公布的第4/91/M号法律，是由一个序言法和附件组成。这种立法技术在回归后制定立法会选举法时被沿用。整个法律的名称为"澳门立法会选举制度"。序言法共有8条，第1条规定："通过附于本法例且属其一部分的澳门立法会选举法，以下称为选举法。"故本节中所引条文除另有注明外，均为《选举法》。

《选举法》第2条规定："凡在本地区连续居住最少七年，年龄在十八岁以上，并已作选民登记的居民，享有直选选民资格。"此条已不再区分不同国籍，并将居住年限统一规定为7年，基本上达到了对选举权平等的一般要求，较第4/76/M号法令的相关规定有较大进步。

（二）关于无选举资格

1. 第4/76/M号法令的规定

该法令第5条"无选举资格"规定："非选民：a）因精神不正常、聋、哑或盲，经法院裁定禁治产者；b）公开认识患精神错乱，虽未经法院裁定禁治产，当其在精神病院留医或经两名医官声明患此种病症者；c）因犯欺诈罪被确定判处监禁，经法院宣告停止其参政权，而在有关刑期未满者；d）不享有第一〇条规定之选举资格者。"第10条"无公民资格"规定："一、凡受十一月十五日第621-B/74号法令第一及二条所包括的市民，仍维持无选举及被选资格，但本法律第三及四条之规定除外。二、在一九七四年四月廿五日以后，由澳门总督委派担任政治性、公共或公共利益任务的市民，享受十一月十五日第621-B/74号法令第三条之制度。"其中所指的第621-B/74号法令为葡国政府所立。换言之，此处是以"公民资格"为要件，这与该法令第2条的规定相适应，仍然是以具有葡国国籍为重要要件。然而，第5条c项对于犯欺诈罪情况的列举在其他地方较为少见，尤其是对于此罪并处停止参政权的附加刑，应与其刑法的某些原则相关；但被褫夺政治权利却没有作为专项列出颇为令人费解。

2. 第 4/91/M 号法律的规定

法律第 3 条"无选举资格"规定："不享有选举资格者：a）经法院确实裁定被禁止的人士；b）虽未经法院裁定禁止，但被公认患精神错乱，而在精神病院留医者，或经由三名医生组成的健康委员会声明为此类别的病患者；c）经法院透过确实裁定而被褫夺政治权利者。"

相比较而言，法律的规定比法令更为妥适，尤其是将"被褫夺政治权利"作为一个要件单独列出更为符合国际通行准则。

三　间接选举中的选举资格与无选举资格

（一）关于选举资格

1. 第 4/76/M 号法令的规定

法令第 6 条"选举资格"规定："一、凡以道德、文化、救济及经济利益为宗旨而合法组成的社团，其理监事会的成员均为立法会的选举人。二、上款所指社团理监事会及行政委员会成员亦为咨询会的选举人。三、为发生选举效力及上两款所指每一类别之关系起见，每一社团或机构的选举人数字，最多不得超过各该类别全体理监事人员总平均数。"由此可见：

第一，间接选举是以社团为基础，并由该社团的领导机关（理事会和监事会）的成员行使投票权。这就与功能组别选举形成了重要区别。

第二，每一社团选举人的人数并非明确规定，而是取决于该条第 3 款所指的总平均数，而这个数字由谁以及如何确定，在本法令中似乎未见规定。

第三，除了要求选举人是相关社团理监事会的成员外，似乎并未规定其必须已作选民登记的条件。

2. 第 4/91/M 号法律的规定

法律第 6 条"选举资格"规定："一、按选民登记法登记，享有三年以上法律人格而按法律被承认代表第十四条所指利益的社团或机构，在间选方面具有选民资格。二、由公共实体主动设立或其一半以上的财务收益倚赖该等实体的法人，没有选举资格。"从 1976～1991 年已经历了四届立法会选举，相信其中获取的经验对于如何确定间接选举的选举资格不无裨益。事实上，按照第 4/76/M 号法令的相关规定，间接选举中具有选举资格的情况难免出现混乱。几乎是任何一个社团只要在选举前成立皆可取得选举资格，门槛之低似乎更为"民主"，但也的确失之严谨。

因此，只要间选制度仍然存在，则参选者就应该具备基本的参选要件，本条的规定可以视为在间选制度建设方面开创了一个新的时期，且对未来特区的立法会间选制度产生重大影响。

第一，要求参加间选的社团必须已办理法人选民登记，而不能只是以其作为成立要件的民事登记为基础。同时也规定了取得法律人格 3 年的时间要求，这至少可以体现该社团有一定的稳定性。

第二，要求法人选民只能参加其所属的相关利益组别的选举，即法律第 15 条所指者。这是希望相关法人选民能够恒常关注其利益界别的状况，以便在选举中作出适当选择。

第三，将与公共实体有某种程度财务联系的法人排除在外，这将有助于间选的公平、公正，减少公共实体干涉或影响间选的机会。

（二）关于无选举资格

由于间接选举仍然是选举产生代表相关利益界别的自然人议员，故关于无选举资格的规定就适用直接选举中关于无选举资格的内容，而不再另行规定。

四 被选举资格与无被选举资格

（一）关于被选举资格

1. 第 4/76/M 号法令的规定

法令第 7 条规定了在直选中的被选举资格："一、凡在选举区有住址、年龄在二十一岁以上而与下列数条之规定无抵触的选民均得为立法会的候选人。二、政府公务员或公共集体人员不需取得许可而参加立法会候选人。"此处要注意的是以下几方面：

第一，与选举资格不同的是，对于参选者的年龄有更高一点的要求，这主要是考虑到立法会的工作性质，需要一定的生活阅历或工作经验。

第二，所谓"在选区有住址"，应是指在其投票地点的地区有住址，而并非是指通常理解的"选区"，由于面积小，历来整个澳门（包括离岛）是立法会选举的独一选区（参见本法令第1条）。

第三，特别规定公务员参选无须取得许可，是为了确保公务员参选不会受其所在部门或领导的干涉。但如何处理其当选后的原有职业或职位，似乎未作规定。由于当时立法会议员并非全职工作且收入亦不高，故这个问题有待明确。

另外，法令第9条规定了在间选中的被选资格："一、除行政机构所选委员外，所有市民在间接选举时均有候选人资格。二、但上款所指市民须受本法令所载无选举及被选资格制度所限制。"第1款中的排除性表述具体所指为何，似乎不太清晰。

2. 第4/91/M号法律的规定

法律第4条规定："具有选举资格而年龄在二十一岁以上的澳门居民，享有被选资格。"其中具有"选举资格"是指符合前述法律第2条的规定。

（二）关于无被选举资格

1. 第4/76/M号法令的规定

法令第8条规定："无立法议员被选资格者：a）在选举地区无经常住址者；b）法官、检察官及现役军人；c）下列人士：市政厅正副厅长或市政委员会正副主席及市行政局长；财政厅长及公钞局长；任何宗教或信仰团体的当权者；d）按照第十条之规定不享有被选资格者。"其中有两点值得一提，一是在当时法官、检察官均为葡国编制的葡籍人士，而现役军人更包括来自葡国殖民地。二是将宗教团体当权者排除在外，体现了政教分离的原则。虽然天主教在当时仍是葡国国教，且法令第1条也规定"选举地区包括澳门天主名之城及氹仔、路环两岛"，宗教的影响可谓无远弗届，但作出这样的规定还是有其意义的。

另外，法令第59条第4款规定，如违反了每一选民只许签署一份候选人名单的规定，"足以丧失选举及被选举的资格"。第61条第2款规定，任何人"倘接受在超过一份名单上作候选人，将会丧失被选权及选举权"。当然，这需要经过相关程序，且可以理解为只是在本次选举中丧失相关权利。

2. 第4/91/M号法律的规定

法律第5条规定："无被选资格者：a）总督及政务司；b）反贪污暨反行政违法性高级专员；c）现职的法官及检察官；d）现役军人；e）任何宗

教或信仰的当权人。"与第 4/76/M 号法令的相关规定（第 8 条）比较有以下不同：

第一，删除了第 4/76/M 号法令第 8 条第 a 项"在选举地区无经常住址地者"的规定。这样处理是合理的。因为要求有经常住址对于低收入而居无常所者并不公平，构成了事实上的不平等。

第二，增加了将总督及政务司排除在外的规定，这对于确保立法会的独立性不无意义。虽然在通常情况下总督及政务司不会参选立法会，但在法律中明确规定仍有必要；而更重要的是唯有如此方可更为符合当时的宪制性法律《澳门组织章程》，其第 4 条规定"澳门地区的本身管理机关为总督及立法会"，如果两者合二为一，则只有一个管理机关，且只会是总督，在 1974 年葡国发生"4·25 革命"之前即是如此[1]。

第三，删除了第 4/76/M 号法令中列举的市政及财政官员，增加了反贪专员，除了因为 1976 年时，尚无反贪专员之职，也是考虑到反贪专员公署与立法会两者的互相独立。

第四，删除了无公民资格者不能享有被选举权的规定，这就纠正了对不同国籍有不同对待的歧视性错误。

五　直接选举的主要内容

（一）关于候选人的提名

1. 第 4/76/M 号法令的规定

该法令第 59 条规定："一、只许公民团体及竞选委员会方得提名竞选。二、任何公民团体或提名委员会的候选名单不得超过一份。三、每一选民只许签署一份候选人名单。四、倘违犯上款之规定，足以丧失选举及被选的资格。"即只有两种主体可以提出候选人名单，一是根据第 3/76/M 号法令（结社权法）设立的公民团体；二是按照本法令设立的提名委员会。关于提名委员会，法令第 60 条规定："一、所有经作选民登记的市民，而不属于提名竞选的公民团体者，得组织独立提名委员会，并可参加其他竞选活动的委员会。二、每一提名委员会最低限度须有成员一百人，并于竞选前公布所

---

① 吴志良：《澳门政制》，澳门基金会，1995，第 93 页。

订之政纲。须以书面通知行政暨公职署而合法设立。该通知书由全体签名，并指出各人之姓名、年龄、职业及住址，以及指出其中三人为其受权人，负责指导及纪律，且以第一位为主席。三、提名委员会在下列情况将作法律上撤消：并无提名；被提名人退出；不订定政纲，以及竞选后上诉期限已过或上诉业经裁定。四、凡属公民团体成员，均不得参加提名委员会工作。"由此可见：

第一，提名委员会可以是专为本届选举而组成，并非如公民团体般须为长期存在之团体。当然，同一名称的提名委员会也可以在若干次立法会直选中继续提出候选人名单。

第二，提名委员会的成立程序比成立公民团体简单易行，这也是长期以来澳门甚少公民团体（目前已无此类社团），却有很多提名委员会的重要原因之一。

第三，提名委员会的成员必须已作选民登记，这与对公民团体的要求是一致的。要求提名委员会成员已作选民登记是为了显示其享有选举权，这也是有权作出提名的法律要件。

第四，提名委员会的成员不能同时作为公民团体的成员，两者只能取其一。这与"每个选民在同一次选举中只有一个投票权"是基于同一原理。

2. 第 4/91/M 号法律的规定

该法律第 20 条规定："一、有权提出候选名单者如下：a）公民团体；b）提名委员会。二、任何公民团体或提名委员会所提出的候选名单不得多于一份。三、每一选民只许签名支持一份候选名单。四、任何人不得在超过一份名单上作为候选议员，否则丧失被选资格。五、每一公民团体及提名委员会，在竞选期内，须使用其名称、简称及标志。六、提名委员会名称不得使用专有名字或直接与任何宗教或信仰有关连的字句。七、提名委员会所使用的简称及标志，不应与任何其他已存在者相混，尤其是与宗教或商业性质者。"其前 4 款与第 4/76/M 号法令的相关规定基本一致，新增加的 3 款是对选举实践的总结。第 5 款要求提名者必须使用其名称、简称及标志，这既是为了便于参选者进行竞选活动和便于选民辨识不同的参选组别，也是为了方便印刷选票和选民在投票时作出准确的选择。第 6 款及第 7 款则体现防止有参选组别将其名称、简称和标志与政府机关、公共服务组织、商业机构等相混淆，以实现其扩大自身影响、贬低其他参选者、损害政府形象或进行商业宣传等目的。

（二）关于竞选活动

1. 第 4/76/M 号法令的规定

该法令关于这方面的内容颇多，择其要而述之。

第一，基本原则方面。包括候选人的机会均等（第 95 条）、公共团体的中立与不偏（第 96 条）、言论及新闻的自由（第 97 条）、集会自由（第 98 条）、在特定时间里禁止公布相关民意测验或调查（第 99 条），等等，落实贯彻这些原则对于确保选举的公平、公正具有重要和直接作用。

第二，竞选活动方面。包括竞选活动的起止时间（第 92 条）、竞选活动的地区范围（第 94 条）、竞选活动的发起和参与（第 93 条）。而在这个过程中，竞选宣传是十分重要的竞选方式，在这方面的规定有：竞选宣传方式的一般规定（第 100 条），对广播、报刊、剧院的使用（第 101 条 ~ 第 103 条），宣传品的张贴（第 104 条）等。

第三，竞选经费方面。早在 20 世纪 70 年代就已对选举费用作出较为详尽的规定，应该说是该法令的一个重要特点。主要包括以下 3 条：

第 114 条（进支会计），一、凡公民团体或提名委员会对于与提名及竞选运动有关的一切进支数目应有明细会计，并须正确列明进数的来源及支出的用途。二、提名及竞选的一切费用概由有关团体或提名委员会负责。

第 115 条（金钱上的捐献），凡公民团体、提名委员会、候选人及各有关名单的受权人不得接受供作竞选运动用的任何金钱上的捐献，但来自居住本地区的个人捐献除外。

第 116 条（账目的审核），一、由选举日起至多在三十天期内，每一公民团体或提名委员会应将其有关竞选运动的详细账目递交地区选举委员会，并在最畅销之一的报纸刊登。二、地区选举委员会应在三十天期内审核进支账目，并在最畅销之一的报纸刊登有关评定；凡与账目有关的公民团体代表或提名委员会对于各该审核，无表决权。三、地区选举委员会倘发觉账目有任何不规则情事时，应通知有关公民团体或提名委员会，以便在十五天期内补交符合规定的新账目；地区选举委员会应在十五天期内对该等账目发表意见。四、上述任何团体倘不遵守本条第一款的规定递交账目，又或未依照同条三款所指期限及规定补交符合规定的新账目，或被地区选举委员会的结论认为有违犯第一一四条及第一一五条的规定者，应予以有关刑事的检控。

2. 第 4/91/M 号法律的规定

关于竞选活动的规定，该法律与第 4/76/M 号法令大致相同，但也有一些新的内容，主要包括以下几方面：

第一，强调市民参与竞选活动"是自由而无任何强制性质的"（第 62 条第 1 款）。

第二，提出负责任的竞选原则。法律第 63 条规定："一、候选人及其提名人自由展开竞选活动。二、按一般法律的规定，候选人及其提名人对所推行的竞选活动而直接引致的损害，须负民事责任。三、候选人及其提名人对在其竞选活动进行中所引致的憎恨或暴行活动而直接产生的损害，亦需负责。"

第三，禁止利用商业性质的传媒作宣传。法律第 73 条规定："由订定选举日的训令颁布之日起，禁止直接或间接透过商业性质的宣传工具、传媒或其他作竞选宣传。"

（三）关于投票和选票核算

1. 第 4/76/M 号法令的规定

法令对此作出了详尽规定，主要内容如下：

第一，基本原则方面。包括：①投票的个人性，即除法定的特殊情况外，只能由选民自己直接行使投票权（第 117 条）。②投票的单一性，即每一选民只准在每项选举中投票一次（第 118 条）。③投票的保密性，即任何人不得被任何借口的迫胁而揭露其选票情况，且在一定范围内任何人亦不得对外透露其投票意向（第 120 条）。④禁止在投票站内进行宣传（第 130 条）等。

第二，投票程序方面。包括：必须在法定日期（第 52 条）及时间内投票（第 127 条），必须在规定的投票站投票（第 123 条），必须经过投票站管理机关核实其选民身份后方可投票（第 134 条）等。

第三，投票站的管理方面。包括：每一个投票站必须有执行委员会"负责办理及指导选举工作"（第 83 条、第 129 条），而每一候选名单都有权在每一个投票站派出 1 名代表（第 84 条），投票站不能进行投票的情况及其处理（第 128 条）；禁止武装部队进入投票站以及在特殊情况下可以进场，以维护秩序（第 132 条）等。

第四，计票及核算方面。包括：如何确认空白及无效的选票（第 135 条），以及对"确认"提出质疑、抗议、辩诉及反诉（第 136 条）。对选票的初步处理（第 137 条）和点算（第 138 条）。对选票的详细点算（第 139 条），以及对于在详细点算中受到抗议或辩诉之选票的处理（第 140 条）。将选票及各相关文件（如记录卷宗等）送交总核算委员会（第 143 条）等。

第五，对选票的总核算方面。包括：总核算委员会的组成（第 145 条），关于总核算的资料（第 146 条），总核算的初步工作（第 147 条）和具体工作（第 148 条），总核算结果的公布（第 149 条）和宣布（由地区法院为之，第 151 条）等。

2. 第 4/91/M 号法律的规定

对比第 4/76/M 号法令，该法律在上述几个方面的规定更为完整、准确和规范。试举几例。

第一，增加规定投票站出现不当情事的处理机制。法律第 97 条规定："一、当发现任何不正当情事，执行委员会即加以矫正。二、倘投票站开始运作后随着的两小时内，不能矫正不正当情事，投票站即宣告关闭。"

第二，进一步明确规定如何界定废票及空白票。法律第 113 条规定："一、下列情况的选票等同废票：a）在一个以上的方格内划上符号或对所划的方格有疑问时；b）在已放弃的竞选名单的方格内划上符号；c）在其上作出任何删涂，绘划，涂改或写上任何字句；d）采用不同于第五十八条三款规定的表达方式。二、选票内的 ' + ' 或 'v' 字符号，虽不正确的划出或超越方格范围，而毫无疑问表达出选民的意愿者，均不视为废票。"第 114 条规定："未有在任何一个专设的方格内作适当填划的选票则等同空白票"。

第三，完善了对于总核算内容的规定。法律第 121 条规定："总核算包括：a）核对已登记选民的总数；b）核对已投票与无投票选民的总数，并核算其与登记总数的相应百分率；c）核对空白票、废票及有效票的总数，并核算与全部投票总数的相应百分率；d）核对每一候选名单或候选人所得总票数，并核算其与有效票总数的相应百分率；e）各候选名单所得的议席；f）确定获选候选人。"

第四，设立对部分核算的复核机制。法律第 124 条规定："一、在开始进行工作时，总核算委员会对曾被提出异议或抗议的选票作出决定，及检查视为废票的选票，并按划一的标准予以复核。二、按一款所指工作的结果，总核算委员会倘有需要时应更正有关投票站的核算。"

第五，设专章规定对投票和核算的上诉（法律第八章第 129 条～第 132

条），其中关于对局部核算和总核算司法上诉的规定（第 129 条）为新增内容。

六　间接选举的主要内容

（一）关于候选人的提名

1. 第 4/76/M 号法令的规定

法令第 75 条规定，在间接选举中，"一、候选人只能由第六条所指的选民提名。二、上款所指由选民提出的候选人名单，最少须有选民五人组成的提名委员会全体成员签名"，即候选名单是由第 6 条所指的社团参加间选的投票人提名，而投票人必须由最少 5 人组成提名委员会方可提名。由此可见，组成提名委员会的条件十分之低，这在当时社团数量不是太多的情况下问题不大，亦可认为十分"民主"；而提名是否需分界别则未见规定。虽然法令第 74 条关于直选中提名候选人的规定（只有一条例外）同样适用于间选的候选人，但仍然未能解决如何按照不同界别参加提名的问题。这其实与法人选民制度仍未完整建立相关（参见本书第三章第一节）。

2. 第 4/91/M 号法律的规定

该法律第四章第 2 节为"候选名单的提交"，其中第 1 分节规定直选的候选名单的提交，第 2 分节为间选的候选名单提交，其中第 36 条规定："一、除第二十条五、六、七款规定外，上一分节所载规定连同以下各款所指特别事项，适用于间选选举。二、在有关选举组范围内，由已登记的社团或机构所组成的提名委员会方可提出候选名单。三、提名委员会最少由五名成员组成。"[1]

与第 4/76/M 号法令的同类规定相比，最主要的区别在于其第 2 款的规定。其一，只有已登记成为法人选民的社团方可派员组成提名委员会。其二，该提名委员会只能就相关的选举组别提出候选人名单。其三，之所以能作出上述规定主要是因为立法会在 1988 年制定了第 10/88/M 号法律《选民

---

[1]　第 20 条第 5 款规定："每一公民团体及提名委员会，在竞选期内，须使用其名称、简称及标志。"第 6 款规定："提名委员会名称不得使用专有名字或直接与任何宗教或信仰有关连的字句。"第 7 款规定："提名委员会所使用的简称及标志，不应与任何其他已存在者相混，尤其是与宗教或商业性质者。"

登记法》，从而使法人选民登记和界别分组有章可循。其四，仍然维持提名委员会最少由 5 名成员组成，可见当年制定法令的总督（1976 年）和十几年后（1991 年）的立法会在这方面是有共同的认知基础。

（二）关于其他方面的规定

（1）第 4/76/M 号法令对于间选的竞选、投票、计票、核票和总核算未作另外规定。

（2）第 4/91/M 号法律对于间接选举有若干专门规定，包括以下两方面：

第一，关于选举方式。法律第 15 条规定："一、间选议员是由下列选举组产生：a）雇主利益的选举组——相当于四名议员；b）劳工利益的选举组——相当于两名议员；c）专业利益的选举组——相当于一名议员；d）慈善、文化、教育及体育利益的选举组——相当于一名议员。二、上款所指四个选举组，由代表以有组织的社会利益为目标且经按选民登记法规定而登记的社团及机构组成。三、每一社团或机构，享有十一张选票，由公布选举日期时的领导机构成员或经理中选出以行使投票权。四、按上款规定，任何人不得在同一或不同选举组代表一个以上的社团或机构投票。"

第二，关于当选准则。法律第 17 条规定："一、选票转为任期是按第十一条规定进行，但下款规定则例外。二、在单一名单，任期将给予较多票数的候选人。"其中第 1 款所指的第 11 条是关于采用改良汉狄法的选举标准。而第 2 款的规定表明，如果在某个组别只有一个候选名单也要进行投票，并按多数票决制处理，而不能自动当选。

七　选举的不法行为及其处罚

（一）关于一般原则

1. 第 4/76/M 号法令的规定

法令关于这方面的规定体现了从重处罚的精神，包括以下内容：

（1）不免除给予更严重处罚：法令第 172 条规定，"在本法律所订处罚，倘因违犯刑法及其他刑事法例的罪名时，不能免除实施更严重的处刑"。

（2）必须给予加重处罚：法令第 173 条规定，"除普通刑法所指情况外，在本部所指不合法的一般加重刑罚情况。1）违犯的情节能影响投票结果者；2）违犯的当事人系选民登记委员会或投票站执行委员会成员、候选人代表、候选名单受托人及议员或委员候选人"。

（3）意图或未遂比照已遂处罚：法令第 174 条规定，"在本部所指罪名，倘有意图或不遂行为者，经常处以一如遂行罪相同的刑罚"。

（4）不予缓刑或以罚款折抵监禁：法令第 175 条规定，"违犯本部所指罪名而实施的处刑，不得缓刑及以任何其他处罚代替"。

（5）同时并处褫夺公权之附加刑：法令第 176 条规定，"因上数条所指的违犯而被判刑时，必须附同处以褫夺公权一至五年"。

2. 第 4/91/M 号法律的规定

法律关于这方面的规定与上述法令基本一致，但增加规定如犯罪人为公职人员则不论主刑如何均处以革职的附加刑（第 143 条）；同时将中止政治权利的附加刑提高到 2 ~ 10 年（第 142 条）。

（二）关于主要的犯罪行为

1. 第 4/76/M 号法令的规定

法令将之分为以下几个部分：

有关候选人提名的犯罪：第 187 条规定了对无选举资格却故意接受提名的处罚；第 199 条规定了对与提名有关的非法收入之处罚，等等。

有关竞选活动的犯罪：包括对中立与不偏义务的违反（第 188 条），对名称、简称或标志使用的不当（第 189 条），商业性宣传的使用（第 190 条），对竞选自由集会的侵犯（第 192 条），对竞选宣传品的损毁（第 195 条），在竞选期结束之后仍然进行宣传（第 197 条），开支不入账及不合法开支（第 200 条）等。

有关投票方面的犯罪：包括无选举资格者投票（第 202 条），滥用权力阻止有投票权人投票（第 204 条），重复投票（第 205 条），对选民使用强迫或欺诈方法影响其投票意向或放弃投票（第 208 条），以解雇或威胁解雇影响选民投票意向或放弃投票（第 210 条），进行各种贿选（第 211 条），以及关于投票站管理及运作的犯罪（第 212 条 ~ 第 219 条），等等。

2. 第 4/91/M 号法律的规定

法律在这方面的规定有以下特点：

第一，减轻部分犯罪的刑罚。例如，对不可参选者接受提名之刑罚，由法令规定的监禁 2 ~ 8 年并罚款 2000 至 20000 元（第 4/76/M 号法令第 187

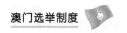

条），改为可处最高三年的监禁，并取消了并处罚款的规定（第4/91/M号法律第145条）。对于在竞选活动中不当使用选举组别的名称、简称或标志者，由法令规定的监禁至一年并罚款200至1000元（第4/76/M号法令第189条），改为"受至一年监禁处罚或科处罚款"（第4/91/M号法律第150条）。对遗失选举的邮件的处罚由法令规定的最高两年监禁及并处100至1000元罚款（第4/76/M号法令第196条），改为最高一年监禁或以罚款折抵（第4/91/M号法律第153条第1款），等等。

第二，加重了部分犯罪的刑罚。例如，关于贿选，由法令规定的最高两年监禁并罚款1000至10000元（第4/76/M号法令第211条），改为处以一年至五年的监禁，但取消了并处罚款（第4/91/M号法律第163条）。对于职业威胁，由法令规定最高处两年监禁并罚款4000元（第4/76/M号法令第210条），改为最高监禁三年并取消罚款，但规定要补偿受害人因此而遭受的损失（第4/91/M号法律第162条），等等。

第三，增加了新的罪名。例如，第148条规定："窃取、留置及妨碍选票的派发或以任何方式令到选票于规定时间内不能到达目的地者，受至三年监禁处罚。"第175条规定："具卫生当局权力的医生，倘发出虚报疾病或残障的证明者，受至五年监禁处罚或科处罚款。"

另外，法令关于一般违法的规定不多（只有3条），而法律则较为全面，并专设一节（其中又分为3个分节）规定，共有18个条文（第177条~第194条）。

第二节　《立法会选举法》的制定与修改

第八届全国人民代表大会第一次会议于1993年3月31日（即通过《基本法》的同一天）通过了《关于澳门特别行政区第一届政府、立法会和司法机关产生办法的决定》，其第6条规定："澳门特别行政区第一届立法会由23人组成，其中直接选举产生议员8人，间接选举产生议员8人，行政长官委任议员7人。原澳门最后一届立法会的组成如符合本决定和澳门特别行政区基本法的有关规定，其中由选举产生的议员如拥护中华人民共和国澳门特别行政区基本法、愿意效忠中华人民共和国澳门特别行政区并符合澳门特别行政区基本法规定条件者，经澳门特别行政区筹备委员会确认，即可成为澳门特别行政区第一届立法会议员。如有议员缺额，由澳门特别行政区筹备委员会决定补充。澳门特别行政区第一届立法会议员的任期至二零零一年十月十五日。"

作出这种规定，是考虑到在 1999 年 12 月 20 日之前仍然由澳葡政府对澳门实施管治，不宜或不方便在回归前就举行特区第一届立法会选举①，因此有上述被称为"直通车"的立法会过渡安排。这是为了确保政权顺利交接、管治体系平稳过渡。

由于上述全国人大的决定已经为特区第一届立法会规定了明确的任期，以及基于全国人大常委会关于处理澳门原有法律的决定附件一第 2 条的规定，澳门特区第 1/1999 号法律《回归法》附件二第 2 条的规定，第 4/91/M 号法律不采用为澳门特行政区的法律；因此澳门特区第一届立法会必须在相关期限之前制定新的立法会选举法，而根据《基本法》第 75 条的规定，此项立法的法案只能由特区政府提出。

一 《立法会选举法》的制定

澳门特区政府于 2000 年 11 月初向立法会提交了立法会选举法法案。政府在"理由陈述"中提出，制定该法旨在填补选举法空白；法案"除了按照《澳门特别行政区基本法》所订原则去编制新法例外，亦力求弄清和完善在选举程序中的有关情况，……期间也照顾选民的期望和参考他们的建议"。在法案中，按照《基本法》附件二的决定增加了两个间选议席。其中一个分配给专业利益选举组别，另一个分配给慈善、文化、教育及体育选举组别②。但对于为何作出如此分配，"理由陈述"并未说明。

立法会于 2000 年 11 月 14 日举行全体会议，对法案进行一般性讨论和表决，并予以通过。

在此次会议上，议员提出的问题和意见主要包括③：

---

① 香港特区成立之前由于港英当局不合作导致立法会过渡安排失效。全国人大香港特区筹备委员会于 1996 年 3 月 24 日通过决议，设立香港特区临时立法会。参见袁求实编《香港回归大事记（1979～1997）》，三联书店有限公司，1997，第 273 页。

② 澳门特别行政区立法会：《选举法律汇编·澳门特别行政区立法会选举制度》（第二版），2008，第 193 页。

③ 本部分内容参见澳门特别行政区立法会：《选举法律汇编·澳门特别行政区立法会选举制度》（第二版），2008，第 265～280 页。

（1）关于公务员参选。一种意见认为，公务员中有许多有经验有才能人士，其参选对于将来立法会讨论法案或政府工作有积极作用，故应予以鼓励。然而法案规定，以各种合同方式供职于政府者，如其当选则会终止合同，这将对其参选起阻碍作用，而实际上此类公务员数量很多。另一种意见认为，公务员是服务市民的公仆，基于公平考虑，应不允许其参选。另外，法案规定，担任领导和主管职者如当选议员，其领导和主管职务的定期委任中止，在其卸任议员之后继续其原职务。对此，立法会主席和若干议员认为这样规定并不合理，尤其是必须考虑到议员可能连任多届的情况。

（2）关于无选举资格。法案规定宗教或信仰的司祭无选举资格，有议员对此表示质疑，认为《基本法》并无这方面的限制；希望能说明如此规定的理由所在。

（3）关于间接选举。法案规定，参加某个界别的间选者，必须获得该界别中法人选民（社团）总数的 25% 社团提名方能成为候选人。这对比回归前是一种退步，而且妨碍在间选中推动竞争，因此建议降低门槛。

（4）关于竞选程序。建议参考香港政府的做法，为每一位候选人免费邮寄宣传品。

（5）关于委任议员。有议员认为法案对此未作出更为具体的规定，建议在法律中予以明确。

法案经立法会一般性通过之后，交由立法会第一常设委员会进行细则性讨论。委员会在召开了十次会议之后，于 2001 年 2 月 14 日完成了意见书。其中陈述了经委员会建议而被政府接受的修改内容，包括政策性的修改和技术性的修改，涉及数十个条文。其中最大的修改是调整了法案的结构。即将原来的一部法律改为一部序言法和一部法律。这实际上沿用第 4/91/M 号法律的立法技术。整个法律的标题改为"立法会选举制度"，而以序言法第 1 条核准"立法会选举法"。序言法同时规定行政长官委任议员的期限，有关选举之司法诉讼须优先处理；公务员当选立法会议员后原有职务或职业的处理，共有五款，巨细无遗，但仍然维持了领导主管者当选议员之后其职位予以保留的规定。

另外，将《基本法》附件二第 3 条规定的修改立法会产生办法的程序，列入调整直选议员数目的条文中（第 14 条），实际上是混淆了作为宪制性法律《基本法》附件二与本地法律的地位和性质的不同。

意见书最后指出："委员会认为法案经具备在全体会议进行细则性审议所需的条件。"2001 年 2 月 21 日，立法会举行全体会议对法案进行细则性讨论和表决，并予以通过①，即第 3/2001 号法律《立法会选举制度》以及该法律通过的《立法会选举法》。《立法会选举法》设十章共 200 条；2001 年特区第二届立法会选举及 2005 年第三届立法会选举皆按此法而行。

另外，需要指出的是，除了其他方面的不同外，新的《选举法》首次规定了竞选经费的上限（第 94 条第 2 款及第 3 款）。

二 《立法会选举法》的修改

2008 年 5 月 13 日，澳门特区政府向立法会提交了《修改〈立法会选举法〉》法案。提出六大方面的修改建议：

（1）增加立法会选举管理委员会的人数并加强其权限（涉及 6 项修改建议）；

（2）完善选举活动，体现程序公正（涉及 4 项修改建议）；

（3）优化选务工作，提高运作效率（涉及 9 项修改建议）；

（4）改行凭身份证投票（涉及 2 项修改建议）；

（5）加强监督竞选活动的财务资助及开支限额（涉及 4 项修改建议）；

（6）提高打击贿选的力度（涉及新增及修改建议 22 项）。

事实上，整个法案对《立法会选举法》的 112 个条文提出修改，并且新增了 8 个条文。

2008 年 5 月 20 日，立法会举行全体会议，听取政府代表行政法务司司长引介法案。行政法务司司长着重介绍了法案在加强打击贿选方面的新增规定和对原有相关条文的修改建议。立法会议员亦对此进行了相当长时间的讨论。随后，立法会又分别于 5 月 30 日和 6 月 2 日举行全体会议，对法案进行一般性讨论和表决，并于后次会议上予以通过。此间讨论和辩论情况亦相当炽热。可以顺便指出，自回归以来，对一个法案从引介到一般性通过要经历三次立法会全体会议，此为前所未见。

纵观上述三次会议以及之后在立法会委员会会议上，争议最大的是修改法案中新增的两个条文。其一是新增的第 122A 条"选票的嗣后不予计算"。

---

① 在整个讨论过程中，花费时间最多的是对间接选举中投票人的讨论。另外，有议员要求，对规定提名门槛为相关界别社团的 25% 的条文（第 43 条第 2 款）单独进行表决，并对该款投了反对票。

其内容简言之，根据法院已生效之判决，某候选名单上有人被定贿选罪，则该名单上已当选之候选人（在直选中每份候选名单可列 12 名候选人）其当选无效。其二是新增加第 201 条"诉讼程序的继续进行"。该条规定，凡被指控触犯贿选条款者，"不得援引任何豁免权，亦不得因履行任何职务而获中止相关的刑事程序"。经过几番讨论辩驳之后，行政法务司司长再就新增第 201 条作出解释并表达政府立场：

在星期五（5 月 30 日）下午举行的立法会全体会议上，多位议员就"修改《立法会选举法》"法案第 201 条发表了意见。

一方面，我们将对这些宝贵的意见进行深入研究，以期在细则性讨论时作出进一步的完善。另一方面，各种意见的交流也再次表明在加强打击贿选、提高选举质素的大方向上，立法会和政府的立场是一致的，相信这也是广大市民所乐于见到和认同的。现在，请允许我再次就"修改《立法会选举法》"法案第 201 条作简要说明。

第一，该条中"指控"一词是指相关案件侦查终结后，检察院或预审法官认为证据充足正式检控而展开有关的刑事诉讼程序。

第二，该条明确规定只有在违反本法案第 150A 条（关于提名委员会的贿赂及不法行为）、第 150B 条（关于指定投票人的贿赂及不法行为）、第 151 条（关于参选的贿赂及不法行为）、第 165 条（对选民的胁迫或欺诈手段）、第 166 条（有关职业上的胁迫）、第 167 条（贿选）以及"修改《选民登记法》"法案第 41 条（与选民登记有关的贿赂）时，才不可以援引豁免权。

第三，在上述七个条文中有六个是立法会选举法的，而该法关于选举犯罪的规定共有 33 条。由此可见，这六条所涉及的范围是相对较小，而该等行为的犯罪性质是严重的贿选罪，犯罪的主体也可能是任何身份的人士。

第四，由于上述七条只是针对选民登记和立法会选举过程中的严重贿选犯罪，完全不涉及其他事项，因此，不会也不可能影响或限制立法会议员依法行使其权力。对此必须作出郑重澄清。

最后，我想再次重申，对于本法案的所有条文，包括第 201 条在内的任何条文的修改，政府都是持开放和积极的态度。我们会认真听取各位议员的建议和意见，共同努力去完善法案，以响应广大市民对加强打击贿选、提高选举质素的诉求①。

法案获一般性通过之后，交由立法会第一常设委员会进行细则性讨论。期间政府就多个条文的处理与立法会达成协议，包括上述两个新增条款。对此，委员会意见书（258 点至 264 点及 276 点至 290 点）指出：

258. 第 122A 条

259. 委员会及政府都同意删除法案第 122A 条。

260. 事实上，政府拟在法案最初文本增加第 122A 条，以设定一个刑事连带责任机制。委员会和政府均认为，该机制与澳门刑法的原则有所抵触，故不应允许。过错原则、辩论原则及无罪推定原则均不容许有这样的悖离。

261. 事实上，第 122A 条第 1 款规定，"如法院判处任何候选人、候选名单受托人或提名委员会受托人触犯本法第 150A、第 150B 条、第 151 条、第 165 条、第 166 条、第 167 条或第 xx/2008 号法律《选民登记法》第 41 条的规定且有罪判决转为确定，为着将选票转为议席的效力，所属候选名单已取得的选票全部不予许算"。

262. 另外，还要考虑直至判决，并待判决转为确定所需的时间，以及因而对一个或更多个任期所带来的不稳定性。

263. 然而必须指出，第 122A 条的规定与第 3/2000 号法律（立法会历届及议员章程）第 19 条、第 26 条和第 27 条的规定及《基本法》第 79 条、第 80 条及第 81 条存在抵触的情况，而第 3/2001 号法律条文须尊重《基本法》的规定。

264. 第 122A 条拟在澳门设定刑事连带责任，从而将过错原则排除，并违反了《澳门特别行政区基本法》第 29 条第（二）款所定的无罪推定原则。因属确定特区刑事制度的两项重大原则，不应牺牲这些原则。

......

276. 第 201 条

277. 委员会及政府决定删除法案拟定的第 201 条。

---

① 澳门特别行政区立法会：《选举法律汇编·澳门特别行政区立法会选举制度》（第二版），2008，第 686～687 页。

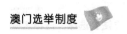

278. 本委员会曾向政府表示，第 3/2001 号法律规定的豁免制度应需作出修改，以便因应政治制度的演变更具实效性。

279. 实际上，立法会议员豁免制度并非一项不可修改的规范。首先，必须严格遵循确定本澳政治制度的那些准则，而且亦必须要响应公众意见的正当期盼，即要求议员任期具有稳定性及保障其不受政治干预。

280. 事实上，这一方面必须与另一方面相共存：议员之所以享有豁免制度，是为了保障其面对行政权的独立性，特别是考虑到其监察政府行为权限，而不是在法律的范围之外享有特权。

281. 即是说，豁免制度的设立是为了保障立法会议员不受可能会出现的政治迫害，其可能以刑事程序作为掩饰，而不是为了免除实因议员作为或不作为而产生的刑事责任。该豁免制度旨在保障议员的独立性以及在面对政府及行政当局的一般情况下维护其自由。

282. 须指出，豁免制度是立法会自我保障的工具，因此，立法会议员不得放弃本身享有的豁免，而立法会也不可将其删除。

283. 而且，本委员会明白，在认识到议员章程现在应适应特区政治生活新阶段的同时，立法会议员将承担其固有的政治责任。

284. 本委员会成员一致认为，应该考虑对第 3/2000 号法律加以修改，以创设一个现行规范的例外规定。

285. 委员会认为立法会认同打击贿选的立法政策原则，这是三份选举法的共同原则，且在全体大会获一般性通过的表决上已证明了。作为立法政策的理由，有关的问题并无人提出有任何的保留。

286. 在细则性审议期间，政府承认《议员章程》的内容属立法会专属权。只有这个政治机关才有提案权。

287. 本委员会认为，应该制定一个第 3/2000 号法律第 27 条之例外，规定一个强制中止议员职务的机制，当相关的刑事诉讼程序是基于故意犯罪，而相应的刑罚为最高五年徒刑或超过五年徒刑，则强制中止议员职务。

288. 这是一个强制中止议员职务的机制，仅限于上述犯罪。全体会议的介入已不是决定是否中止议员职务，而是根据每个具体个案的情节，将对于议员职务的中止限定于一个认为对议员履行任期及刑事程序的进展更为合适的时间内。

289. 换言之，议员因故意犯了相等于最高五年或五年以上徒刑的罪而被启动刑事诉讼程序时，全体会议对议员职务的中止与否已不作出控制，因为议员职务的中止是自动产生及具强制性的，但却可介入决定适用于具体个案的中止期限。

290. 因此，本委员会承诺，尽全力在短期内——更确切是在本法案细则性讨论及表决前——使立法会能够透过一个法案对议员章程作出修改，实质性接纳法案最初文本第 201 条的规定（如前所述，已被拒绝），以及采纳由《基本法》第 79 条至第 81 条确定的论据①。

经过 11 次委员会会议和多次专家会议，对政府所提修改法案作出"全面"修改之后，立法会终于 2008 年 9 月 22 日通过《修改〈立法会选举法〉》。经过整理的《立法会选举法》于 2009 年 1 月 5 日重新公布。以下几章的内容均是以重新公布的《立法会选举法》为依据。

---

① 澳门特别行政区立法会：《选举法律汇编·澳门特别行政区立法会选举制度》（第二版），2008，第 629 ~ 632 页。事实上，立法会于 2008 年 9 月 22 日通过了第 13/2008 号法律《修改第 3/2000 号法律〈立法会立法届及议员章程〉》，就相关内容作出了规定。

第五章

立法会选举：一般规定

由第 3/2001 号法律《立法会选举制度》通过的《立法会选举法》内容丰富，为了表述的方便，在具体介绍直接选举、间接选举等专项内容之前，先就两种选举都适用的部分制度、行政长官委任议员、公职人员参选以及选举管理委员会等规定作出阐述。

第一节　选举权与被选举权

一　关于选举权

选举权，是世界各国的通行表述；而在澳门的《立法会选举法》中将其分解为选举资格和投票资格两项内容。根据《立法会选举法》的规定，"年满十八周岁且为澳门特别行政区永久性居民的自然人"具有选举资格（第 2 条第 1 款）；该自然人"如已作选民登记并被登录于选举日期公布日前最后一个已完成展示的选民登记册，则推定在直接选举中具有投票资格"（第 3 条）。

在间接选举中"已在身份证明局登记、获确认属于相关界别至少满四年且取得法律人格至少满七年的法人"具有选举资格（第 2 条第 2 款）。由于间接选举中的投票人也是自然人，故只要其符合上述规定及关于间接选举的具体规定，同样具有投票资格。但作为参选社团，其投票资格由该法第7条规定："一、第二条（二）项所指法人，如已按照《选民登记法》作登记，并被登录于选举日期公布日前最后一个已完成展示的选民登记册内代表相关界别的法人，则推定在间接选举中具有投票资格。二、由公共实体主动设立的法人，不具有投票资格，但专业公共社团除外"。

一个已做选民登记的选民，虽然具有选举资格，但如属于《立法会选举法》第4条规定的情况，则无投票资格。"下列者无投票资格：（一）经确定判决宣告为禁治产人；（二）被认为是明显精神错乱且被收容在精神病治疗场所或经由三名医生组成的健康检查委员会宣告为精神错乱的人，即使其未经法院判决宣告为禁治产人亦然；（三）经确定裁判宣告被剥夺政治权利的人。"如当其不再属于上述状况时自然仍具有投票资格。

二 关于被选举权

同样，澳门《立法会选举法》将被选举权分解为被选举资格和无被选举资格两个层面。

《立法会选举法》第5条规定："凡具有投票资格且年满十八周岁的澳门特别行政区永久性居民，均具有被选资格。"长期以来，澳门《立法会选举法》一直是规定年满21周岁方具有被选资格。但在2008年修改《立法会选举法》时，负责审议法案的立法会第一常设委员会提议将21岁降为18岁，理由是国家《宪法》第34条规定年满18周岁的公民有选举权与被选举权。虽然有政府代表认为基于一国两制原则，未必需要在这方面保持一致，但未获接纳（令人诧异的是，在委员会报告书中未有提及这项重大修改）。

《立法会选举法》第6条规定了无被选举资格的情况："下列者无被选资格：（一）行政长官；（二）主要官员；（三）在职的法院司法官及检察院司法官；（四）任何宗教或信仰的司祭；（五）本法律第四条所规定无投票资格者。"对于其中第4项规定的"任何宗教或信仰的司祭"，立法会审议法案时曾有不同意见，认为难以界定。政府代表解释，这主要是基于"政教分离原则"，且以往亦是如此规定。

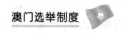

作出上述限制，主要是考虑到行政、立法、司法机关应各司其职，分别行使行政管理权、立法权、独立的司法权和终审权。

第二节　选举方式及标准

一　关于选举方式

《立法会选举法》第 15 条规定："议员是在澳门特别行政区独一选区内，按比例代表制，以多候选人名单方式选出，每一选民只能对名单投出独一票。"在目前澳门只有 29.9 平方公里以及接近 60 万的人口（选民 27.7 万余人），以及信息科技高度普及的情况下，以单一选区进行议员直选是适宜和可行的。而选民的投票是针对候选名单而并非候选人个人，且只能对一个名单投独一票，即在每次选举中只能投一票。

二　关于选举标准

《立法会选举法》第 17 条规定："将选票转为议席是按下列规则为之：（一）分别核算每一候选名单的得票数目；（二）将每一候选名单的得票数目顺次除以 1、2、4、8 及续后的 2 的乘幂，所除次数为供分配议席的数目；然后，将所有商数由大至小排成一序列，而组成该序列的商数数目相等于议席的数目；（三）议席归于按上述规则排成的序列中的商数所属的候选名单，每一候选名单取得本身在序列中所占商数数目的议席；（四）如尚有一议席须作分配，而出现属于不同候选名单但数值相同的商数，该议席归于尚未取得任何议席的候选名单；如无任何候选名单未取得议席，则该议席归于得票较多的候选名单；（五）如两份或以上的候选名单得票相同，议席以抽签方式分配。"这就是通常所称的"改良汉狄法比例制"计票方式。为了便于理解，试以下表说明。

假如有五个议席，按得票数目排序，分别由 A 候选名单第一候选人、B 候选名单第一候选人、A 候选名单第二候选人、B 候选名单第二候选人及 C 候选名单第一候选人当选（见表 5 - 1）。

表 5－1　改良汉狄法比例制

	A 候选名单	B 候选名单	C 候选名单
第一候选人得票	10000	8000	3000
第二候选人得票	5000	4000	1500
第三候选人得票	2500	2000	750
第四候选人得票	1250	1000	375

　　假如有五个议席，按得票数目排序，分别由 A 候选名单第一候选人、B 候选名单第一候选人、A 候选名单第二候选人及 B 候选名单第二候选人当选。另外，A 候选名单第三候选人与 C 候选名单第一候选人得票数目同为第五，但由于 C 候选名单未取得议席，因此，C 候选名单第一候选人当选（见表 5－2）。

表 5－2

	A 候选名单	B 候选名单	C 候选名单
第一候选人得票	10000	8000	2500
第二候选人得票	5000	4000	1250
第三候选人得票	2500	2000	625
第四候选人得票	1250	1000	312.5

　　假如有五个议席，按得票数目排序，分别由 A 候选名单第一候选人、C 候选名单第一候选人、A 候选名单第二候选人及 B 候选名单第一候选人当选。另外，A 候选名单第三候选人与 C 候选名单第二候选人得票数目同为第五，由于 A 及 C 候选名单均已取得议席，而 A 候选名单得票较多，因此，A 候选名单第三候选人当选（见表 5－3）。

表 5－3

	A 候选名单	B 候选名单	C 候选名单
第一候选人得票	10000	4000	5000
第二候选人得票	5000	2000	2500
第三候选人得票	2500	1000	1250
第四候选人得票	1250	500	625

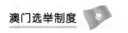

需要说明的是：

第一候选人得票＝所属候选名单得票÷1；

第二候选人得票＝所属候选名单得票÷2；

第三候选人得票＝所属候选名单得票÷4；

第四候选人得票＝所属候选名单得票÷8。

同时，《立法会选举法》第18条就候选名单内当选议席的分配作出了明确的规定："一、在每一候选名单内，议席是按各候选人在该名单内的排名次序分配。二、如名单内某一候任议员未能依法宣誓就职，应由同一名单其他候选人依序补上。"

第三节　委任议员及公职人员参选

一　行政长官委任的议员

《基本法》第50条规定了行政长官的职权，其中第7项是"委任部分立法会议员"。《基本法》第68条规定："澳门特别行政区立法会议员由澳门特别行政区永久性居民担任。立法会多数议员由选举产生。立法会的产生办法由附件二《澳门特别行政区立法会的产生办法》规定。"

按照《基本法》附件二修正案的规定，2013年第5届立法会委任议员仍为7人；继续维持立法会由直接选举产生的议员、间接选举产生的议员和委任议员组成。

委任议员应于何时决定并公布，《立法会选举制度》第2条作出了具体规定，即必须在行政长官收到选举总核算结果（亦即选举产生议员当选名单）后的15日内，以行政命令作出委任，而该行政命令按照第3/1999号法律《法规的公布与格式》第3条第4项的规定，须公布于官方刊物《澳门特别行政区公报》第一组，否则不产生效力。

之所以规定有15天的期限，主要是方便行政长官参考选举结果，对委任议员的人选作出综合考虑，包括体现均衡参与和有利于政府施政等因素。

关于被委任人士应具备何种条件，一是根据《基本法》的规定必须是永久性居民；二是按照《立法会选举法》应具备被选举资格。至于其他具体条件，《立法会选举法》并未作规定。但通常情况下，不会委任公职人员，也不会委任落选人士。这似乎是不成文的规矩。

二　公职人员参选

只要符合相关条件，任何公职人员同其他市民一样，同样具有选举权和被选举权。然而，由于公职人员与政府的工作关系较为复杂（包括确定性委任、定期委任以及各种合同等），如其当选将会对其原职位或工作关系产生不同程度的影响，包括个人年资、薪俸、福利等方面。因此，《选举制度》就公职人员当选议员后，对其原有职位或工作关系的处理作出了甚为详细的规定。

《选举制度》第 4 条规定：

一、澳门特别行政区的公共行政工作人员，由行政长官委任在公务法人内，尤其在自治机关及自治基金组织内任职的全职人员，以及由行政长官委任在公共服务或使用属公产的财产的承批实体内及在澳门特别行政区有参资的公司内任职的全职人员，于出任立法会议员期内，均不得担任其有关的职务。

二、为产生一切效力，尤其是为计算退休及抚恤、原职称的晋升及晋阶的效力，出任立法会议员的时间计算在服务时间内，且不影响下款规定的适用；但如原职规定须实际担任有关官职或职务方赋予计算效力者，则不在此限。

三、担任领导或主管官职的人，其定期委任于其出任立法会议员期内中止，而定期委任的期限亦按照经六月二十三日第 25/97/M 号法令修订的十二月二十一日第 85/89/M 号法令第五条第十款所规定的条件中止；上述人员的有关职务应按该法规第八条的规定确保执行。

四、如属非担任领导或主管官职的编制内人员，其原职位可按署任制度被填补，并适用经十二月二十一日第 87/89/M 号法令核准的《澳门公共行政工作人员通则》为署任而订定的制度，但不适用关于期限的规定。

五、出任立法会议员者，其编制外合同、散位合同或其他种类的工作合同的期限终止。

此条规定，一是体现了行政立法分离的原则；二是给予处于某些状态的公职人员（如领导主管人员）较为有利的保障。当然随着相关公职法的修改，有些方面也已发生了变化（例如，第 15/2009 号法律《领导及主管人员通则的基本规定》第 15 条就领导及主管职务的中止作出新的规定；同时第 35 条第 1 款废止了第 85/89/M 号法令）。事实上，在立法会审议《立法会选举制度》时，对于该条规定亦有不同意见。

第四节　选举管理委员会

一　委员会的权限及运作

基于立法会选举的重要性和选举过程的复杂性，尤其是为了确保选举的公平、公正、公开和廉洁，必须赋予选举管理委员会较为广泛的权限。因此，《立法会选举法》第 10 条规定："一、立法会选举管理委员会的权限为：（一）向选民客观地解释关于选举活动的事宜；（二）确保竞选活动期间各候选名单能真正公平地进行竞选活动和宣传；（三）登记无意刊登有关竞选活动资料的资讯性刊物的负责人所作的声明书；（四）就分配电台和电视台的广播时间予各候选名单的事宜，向行政长官提出建议；（五）审核各候选名单的选举收支是否符合规范；（六）审核可能构成选举不法行为的行为是否符合规范；（七）在选举程序的范围内，要求有权限的实体采取所必要的措施，以确保保安的条件及行为的合法性；（八）将所获知的任何选举不法行为，报知有权限的实体；（九）编制选举结果的官方图表；（十）就执行本法的规定而须对第五十七条、第五十八条、第七十四条、第七十八条至第八十一条、第九十条、第九十二条及第一百一十五条所指事宜发出具约束力的指引；（十一）向行政长官提交有关选举活动的总结报告，并对有关活动提出改善建议；（十二）作出本法律规定的其他行为。二、不遵守上款（十）项所指指引者，构成《刑法典》第三百一十二条第二款所指的加重违令罪。"其中尤为重要的是第 1 款 10 项的规定，赋予委员会就选举的重要环节发出具有约束力的指引，而该条第 2 款规定，违反该等指引将构成加重违令罪，以确保其得到切实执行。

在 2009 年第四届立法会选举期间，选举管理委员会制定颁布了 12 项指引，分别就以下事项作出规范：计算选举经费的起始日期；对选举收入和选举支出的审议、账目的提交；竞选总部的设置和竞选分部的数目；竞选政纲的格式及向管委会的提交，以便安排刊登报章事宜；选民投票的方式，并要求必须使用管委会提供的专用印章；投票站内禁止使用任何通信设备、录像及拍照器材；新闻媒体公平报道，以及禁止候选人使用商业宣传工具；投票站工作手册的执行；如何界定在投票站及周围的宣传行为；社团提供交通工具运载选民前往投票站须遵守的注意事项；博彩公司不能直接或间接将其资源用于竞选活动；竞选宣传品的张贴，等等①。

委员会以全会形式运作，《立法会选举法》第 12 条规定："一、立法会选举管理委员会以全会形式运作，由出席的大多数委员作出决议，而主席的投票具决定性。二、所有会议均须缮立会议记录。三、于选举日，立法会选举管理委员会应与行政暨公职局合作，在每一投票地点派驻具证明书的代表；该等代表应向有关执行委员会提供其需要及要求的一切辅助和合作。"从第 1 款的规定来看，委员会是合议制性质的机构，其中"大多数委员作出决议"和"主席的投票具有决定性"，是指在赞成和反对票数相等时，由主席投票形成大多数。当然，如明确规定有多少委员出席方可举行会议，以及用"多数"而非"大多数"则更为严谨。

据了解，在 2009 年选举第四届立法会期间，立法会选举管理委员会共召开了 38 次会议，并通过多种方式对外阐述委员会决议、宣传选举信息、接受公众查询。同时，与行政暨公职局合作举办多次投票站执行委员会成员培训活动，讲解注意事项和法律规定，测试计算机系统及仿真投票等。

为了确保委员会有效行使其职权，《选举法》第 11 条规定："立法会选举管理委员会在行使其权限时，对公共机构及其人员具有为有效执行职务所必需的权力；该等机构及人员应向委员会提供其需要及要求的一切辅助和合作。"

二 委员会的组成及任期

《立法会选举法》第 9 条规定："一、立法会选举管理委员会成员由行

---

① 参见立法会选举管理委员会指引，http：//www. eal. gov. mo/election/public/eal/html. jsf? article = instr。

政长官批示委任，并应在行政长官面前就职。二、立法会选举管理委员会由一名主席及四名委员组成，所有成员均从有适当资格的市民中选任。三、立法会选举管理委员会由主席代表，主席有权限作出本法律所规定的行为。四、在不影响下款规定的适用下，立法会选举管理委员会应于其委员就职日开始运作，并于选举总核算结束后一百五十日内解散，但如有需要，行政长官可延长其任期。五、如属补选或提前选举，立法会选举管理委员会及其委员应最迟在公布选举日期翌日开始运作并就职。六、立法会选举管理委员会秘书职务由行政暨公职局局长所指派的工作人员担任。该等人员获发一项由上指委员会议决的月报酬。"

由此可见，委任委员会成员属于行政长官的权限，且法律并无规定在任命前需要征询何者意见。而第 2 款中所指的"适当资格"，通常认为应是已完成选民登记的永久性居民。事实上，考虑到选举工作的实际需要，委员会成员并非可由"一般市民"担任。例如，在 2009 年举行第四届立法会选举时，公布于 2009 年 3 月 16 日《澳门特别行政区政府公报》的第 81/2009 号行政长官批示，委任时任初级法院合议庭主席的一名法官担任委员会主席（该法官也是 2005 年第三届立法会选举时的委员会主席），其他 4 名委员分别为民政总署管理委员会主席、行政公职局局长、财政局局长及新闻局副局长。由法官和政府部门的领导组成委员会，对于确保选举的公平、公正、公开和廉洁，对于选举程序的顺利运作是必要的，并且为社会所接受。

另外，上述规定第 4 款亦表明，选举管理委员会并非常设机构。而在社会上和立法会中曾有意见认为，适宜设立常任制的专门机构来处理选务。然而，考虑到行政公职局已有负责选民登记和选举程序的职责，且澳门特区的选举并不频繁（4 年选一次立法会和 5 年选一次行政长官），故似乎无须另设专门机构，而现行机制已能胜任。

第五节　补选及提前选举

《立法会选举法》第 19 条规定："如在立法会立法届内发生直选或间选议员出缺的情况，须在出缺发生后一百八十日内进行补选；如立法会立法届最后一个会期在该期限内届满，则无需填补有关空缺。"议员出缺的情况，主要是指第 3/2000 号法律《立法会立法届及议员章程》第 18 条规定的议员资格的放弃和第 19 条第 1 款规定的议员资格的丧失。"议员在下列任一情况下丧失资格：（一）因严重疾病或其他原因无力履行职务；（二）担任法律规定不得兼任的职务；（三）未得到立法会主席同意，连续五次或间断十五次缺席会议而无合理解释；（四）违反议员誓言；（五）在澳门特别行政区区内或区外犯有刑事罪行，被判处监禁三十日以上。"

《立法会选举法》第 20 条规定："本法律所载的规定，经作出适当配合后，适用于补选及提前选举。"提前选举，是指行政长官根据《基本法》第 52 条解散立法会的情况。

第六章

立法会选举：直接选举

《基本法》附件二《澳门特别行政区立法会的产生办法》规定，第二届立法会（2001～2005）由 27 人组成，其中直接选举的议员 10 人；第三届及第四届立法会（2005～2009）由 29 人组成，其中直接选举的议员 12 人。《基本法》附件二修正案第 1 条规定，2013 年第五届立法会由 33 人组成，其中直接选举的议员 14 人。

所谓直接选举，是指"普遍、直接、不记名和定期的选举"（《立法会选举法》第 14 条第 1 款）。普遍，即平等的选举权；直接，即由选民本人投票，并根据选民投票结果产生议员；不记名，即在选票上不可注明投票人姓名或其他标记，以体现投票保密原则；定期，即立法会须按时换届（《基本法》第 52 条规定情况例外），选民届时参加选举。

第一节　候选名单的提出与确定

一　候选名单的提名权

《立法会选举法》第 27 条规定："一、下列者有权提出候选名单：

（一）政治社团；（二）提名委员会。二、任何政治社团或提名委员会不得提出一份以上的候选人名单。三、每一选民只可签名支持一份候选人名单。四、任何人不得在一份以上的名单上作为候选人，否则丧失被选资格。五、在竞选活动期间内，每一政治社团或提名委员会须使用其中、葡文名称、简称及标志。六、提名委员会的名称不得使用专有名字或直接与任何宗教或信仰有关连的字句。七、提名委员会所使用的简称及标志，不应与任何其他已存在者相混淆，尤其是属宗教或商业性质，或属于其他组织和社团的简称及标志。"对此分述如下：

1. 政治社团

如前所述，政治社团的设立须按照第 2/99/M 号法律第二章的规定办理。

2. 提名委员会

按照《立法会选举法》第 28 条的规定，提名委员会由最少 300 最多 500 名已作选民登记的选民组成，这些选民不得是政治社团的成员。提名委员会的合法存在，取决于填妥并在法定期限内向主管部门行政暨公职局局长提交的专项表格。在表格中须列出每位委员会成员的姓名及永久性居民身份证号码，每位成员亦须在表格中签名，同时提名委员会须在表格中指明谁是提名委员会的受托人，并由其负责办理有关提名的具体事宜。上述表格一经提交后不能对委员会成员进行补充或替换。该条第 7 款规定："提名委员会如出现下列情况时由立法会选举管理委员会宣告解散：（一）不提出或已提出的候选名单不符合规范、已提出的候选名单退选或不制订政纲；（二）立法会选举管理委员会按第九十四条的规定完成账目审核。"但在实践中似乎并未出现这种情况，有许多提名委员会存在了近二十年时间。

二 候选名单的提交

提名委员会提交候选名单和政纲的方式如下：由提名委员会受托人在行政暨公职局办公室设施内，以一份致行政暨公职局局长的亲笔签名申请书提交；提交的最后期限为最迟在选举日前第 70 日向行政暨公职局提交。上述申请书须包括：

（1）载有候选名单受托人的完整身份资料，并指出选举名称和候选名单名称。

（2）附同已排列次序的候选名单及各候选人的完整身份资料（姓名、年龄、职业、出生地、常居所、选民登记号码及由身份证明局发出的居民身份证或永久性居民身份证明文件的号码）。

（3）附同可以证明现提交候选名单的政治社团或提名委员会合法存在的文件，以及一份经每一候选人签名、声明接受提名及具有被选资格的声明书。

（4）附同候选人履历各一份、蓝底彩照各两张。

政治社团于提交候选名单时还须附同领导机关委任候选名单受托人的会议录的认证本。按照《立法会选举法》第16条的规定，直接选举每张候选名单上，候选人的数目不得少于4人，亦不得多于配给予直接选举的议席数目（2009年第四届立法会选举时为12人，2013年第五届立法会选举时为14人）。

三　候选名单的确定

候选名单提交后，行政暨公职局有权决定：候选名单提交过程有无违规，相关文件的真伪，候选人有无被选资格，接纳或不接纳候选名单（《立法会选举法》第33条）。

提交候选名单的期限届满后翌日，行政暨公职局将于办公设施内贴出一份候选名单总表，其内详载各候选人及候选名单受托人的身份资料（《立法会选举法》第29条第2款）。候选名单贴出后两日内，候选名单受托人可以对候选名单的提交过程的规范性或任何候选人的被选资格提出争议（《立法会选举法》第31条）。

行政暨公职局如发现某候选名单的提交程序不符合规范或某候选人无被选资格，须最迟在提交候选名单期限届满后的第3日通知有关候选名单受托人，以便其在提交候选名单期限届满后起的5日内，纠正违规情况或更换无被选资格的候选人，候选名单受托人亦可在同一期限内主动纠正不符合规范的情况或更换无被选资格的候选人（《立法会选举法》第32条第1款和第2款）。

在同一期限内，候选名单受托人可以坚持候选名单提交过程并无违规及被要求更换的候选人具有被选资格，但不妨碍其再被行政暨公职局否决后，提出更换候选人（《立法会选举法》第32条第3款）。行政暨公职局须最迟于候选名单提交期告满后第6日，作出关于上述事项的决定。

根据《立法会选举法》第34条的规定，行政暨公职局在作出是否接纳候选名单的决定后，须即时于该局办公设施内张贴告示予以公布。而《立法会选举法》第35条规定了对该决定提出异议及其处理的程序："一、就提交候选名单作出的决定，候选名单受托人得于三日内向行政暨公职局提出异议。二、如属针对裁定任何候选人具有被选资格或接纳任何候选名单的决定而提出的异议，须立即通知有关候选名单受托人，以便其愿意时，在两日内作出答辩。三、如属针对裁定任何候选人无被选资格或拒绝接纳任何候选名单的决定而提出的异议，须立即通知其他候选名单的受托人，包括未被接纳的候选名单的受托人，以便其愿意时，在两日内作出答辩。四、须在第二款及第三款规定的期限届满后两日内对异议作出决定。五、如无提出异议或一经对提出的异议作出决定，即透过张贴于行政暨公职局办公设施入口处的告示，公布一份载有全部被接纳的候选名单的总表，并在卷宗内作出注录。"

根据《立法会选举法》第36条至第38条的规定，对于行政暨公职局就候选名单的有关问题作出的最后决定，有关的候选名单受托人得在该决定公布后一日内向终审法院提起上诉。上诉书须载明上诉依据，及附同作为证据的资料交予终审法院。对任何候选人具有被选资格或接纳任何候选名单的决定所提起的上诉，经终审法院作出裁决后，受托人或其他提出异议人应即时获得通知，以便在收到通知后一日内提出答辩。就候选名单问题向终审法院提起的上诉，该法院须在5日内作出裁判。

而按照《立法会选举法》第39条，如无上诉或一经对提起的上诉作出裁判，行政暨公职局则于一日内在办公设施张贴告示，公布一份载有所有被确定接纳的候选名单及其候选人完整身份资料的总表。至此，提出候选名单的全部程序予以完成。

当然，任何候选人或候选名单均可在法定期间宣布退出，《立法会选举法》第45条及第46条对相关程序及其处理作出了具体规定。

四 候选人的保障

《立法会选举法》第40条规定："一、《澳门特别行政区立法会选举制度》第四条第一款所指的工作人员的参选无须得到批准，而自候选名单提交之日起，该等工作人员获免除担任其职务。二、自候选名单提交之日起，候选人有权获免除担任其私人职务。三、第一款及第二款所指免除担任职务的期间不得超过六十日，该期间由选举日前一日向前推算。四、上数款所指

131

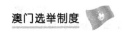

的权利不损及任何权利或福利，包括薪酬或其他附加报酬"。

此条规定使候选人可以在 60 日内全身心投入选举活动，不会因为必须同时完成本职工作而"分身乏术"，且其各项权利和福利不受影响。当然，选举过后，如其未能当选，其工作状况如何则并非《立法会选举法》所能规范。至于 60 日时间的订定是按照选举程序所需时间计算而得：从提交候选名单的最后期限到投票日共为 70 天，因此以 60 日为限是适当的。时间太长必然会对其原有工作单位造成某些不便或损失；时间太短则难以充分安排各项选举活动。

《立法会选举法》第 41 条规定："一、不得将任何候选人拘留或拘禁，但如其犯罪可处以最高限度超逾三年的徒刑且为现行犯，不在此限。二、如对某一候选人提起刑事程序，且系透过控诉批示或等同批示开展该程序，则有关诉讼程序只可在选举结果公布后继续进行，但按上款规定而被拘留者则除外。"

此条规定的刑事豁免，可以确保候选人不会因某些刑事程序而中断或退出选举（这对于在那种司法被政治操控的状况下甚为重要，但在澳门特区并无此状况）。同时这种豁免是有条件和有期限的：一方面，如涉嫌犯罪的刑期超逾三年且为现行犯者不受此条规定保护；另一方面，相关的刑事程序并非取消，而是中止进行，一旦选举结束则会继续进行。换言之，任何人并非可以借参选而逃脱相关司法程序。

第二节　竞选活动的开展和规范

一　关于竞选活动的一般规定

《立法会选举法》关于竞选活动的一般规定，包括竞选活动的发起（第 69 条），自由及责任的原则（第 70 条），平等对待候选名单（第 71 条），公共实体的中立与公正无私（第 72 条），竞选活动的特定工具的使用（第 73 条），竞选活动的开始与结束（第 74 条）。现分述如下：

（一）竞选活动的发起和参与

竞选活动的开展，首先须明确何者有权发起竞选活动，以及其他人如何参与。《立法会选举法》第 69 条规定："竞选活动是由候选人及本身为选民的提名委员会成员进行。二、澳门特别行政区居民可自由、直接和积极参与竞选活动，而竞选活动并无任何强制性质。"从第 1 款的规定来看，竞选发起人是具有"特定身份"的个人，这主要是在某些竞选活动中需由候选人或提名人办理某些相关事宜。例如，办理免费使用电台和电视台作竞选宣传手续（《立法会选举法》第 82 条第 2 款等）。而在实践中，更多的是由提名委员会组织各项竞选活动。对于参加竞选活动而言，则完全是开放和自由的。本条第 2 款对此作出了明确的规定，尤其需要注意的是，"竞选活动并无任何强制性质"，完全取决于市民的自由决定。任何市民是否参加、参加哪个候选名单的竞选活动，以及何时以何种方式参加等皆不受任何公私实体的限制。

（二）竞选活动的自由与责任

竞选是自由的，同时也是必须负责的。《立法会选举法》第 70 条规定："一、候选人及本身为选民的提名委员会成员可自由展开竞选活动。二、候选人及本身为选民的提名委员会成员对于由其推行的竞选活动而直接产生的损害，须按一般法的规定负民事责任。三、候选人及本身为选民的提名委员会成员对于在其竞选活动进行中因煽动仇恨或暴力所引致的行为而直接产生的损害，亦须负责。"第 1 款强调发起人可自由展开竞选活动，如前所述大多数竞选活动是由提名委员会组织，但此款中再次明确竞选活动的主体是"候选人及本身为选民的提名委员会成员"，这主要是考虑到提名委员会并非法人，故难以追究其责任。因此，有必要按照一般法的规定明确相关活动的责任人。第 2 款的规定进一步说明了这一点。对于民事责任，需要注意的是第 2 款强调的是因"竞选活动而直接产生的损害"，而不考虑间接产生损害的情况，如有相关民事赔偿诉讼则须以此为限。除了民事责任以外，竞选活动发起人亦需承担其他的法律责任，但仅限于第 3 款规定的情况。而"煽动仇恨或暴力"——因此而出现的行为——"直接产生的损害"构成完整的逻辑关系和排他性的要素结构，既缺一不可也不能扩张演绎。至于因此而承担何种责任，则需视情况而定，包括可能存在的刑事责任。

（三）公平公正对待竞选活动

事实上，竞选活动成效如何以及能否真正实现自由展开竞选活动，在很

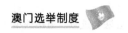

大程度上取决于各候选名单能否得到平等对待。因此,《立法会选举法》第
71 条规定:"候选人及本身为选民的提名委员会成员均有权取得平等的机会
和待遇,以便能自由地在最佳条件下进行其竞选活动。"至于如何保障"平
等的机会和待遇",则取决于多方面的具体制度和规定,首先就是要求公共
实体在竞选活动中确保中立与公正无私,同时要求选举管理委员会切实履行
其职责,包括公平安排宣传工具的使用(尤其是电台/电视台的播放时间)。

因此,《立法会选举法》第 72 条规定:"一、行政当局与其他公法人的
机关,公共资本公司的机关,以及公共服务、属公产的财产或公共工程的承
批公司的机关,不得直接或间接参与竞选活动,亦不得作出足以使某一候选
名单以任何方式得益或受损而引致其他候选名单受损或得益的行为。二、上
款所指实体的工作人员在执行其职务时,须对各候选名单及其提名人严格保
持中立。三、第一款所指实体的公务员及服务人员在执行其职务时,禁止展
示标志、贴纸或其他选举宣传品。"第 1 款中的"行政当局"就是指政府部
门,并且和其他各项列举(公法人的机关,公共资本公司的机关等)一起
构成与行政权相关的"公共实体"。这些列举并非无关紧要,而是为了清楚
和全面地界定必须严守中立和公正无私的各个主体,避免因界定不清而产生
争议。在第 1 款中以禁止性规范(两个"不得")规定了严守中立和公正无
私的具体内容。如果该第 1 款是以"机关"作为主体,那么第 2 款、第 3 款
中则是以"个人"作为主体,包括第 2 款中的"工作人员"和第 3 款中的
"公务员及服务人员"。之所以有这样的分类,主要是因为澳门公职人员的
种类较为复杂,不如此分别表述不足以全部涵盖。不能忽视的是,在第 2
款、第 3 款中均只是规定"在执行其职务时",并不包括执行职务以外的时
间,否则将侵犯该等人员作为选民而享有的参选(包括助选)的权利。

另外,此条规定都是要求相关主体不得作出某些行为,而没有要求其作
出某种行为,这本身就是一种严守中立的方式。但是,违反了本条及其他相
关条文的规定,则将可能承担纪律责任(《立法会选举法》第 143 条)及刑
事责任(《立法会选举法》第 155 条)。

(四)开展竞选活动的工具

开展竞选活动自然要使用各种宣传工具。《立法会选举法》第 73 条规定:
"一、可自由使用进行竞选活动所需的特定工具。二、按本法律的规定使用张贴
宣传品的专用地方、电台与电视台的广播时间、公共建筑物或场所进行竞选活

动均属免费。三、无提交候选名单的政治社团，无权使用竞选活动的特定工具。"其中第 2 款所指的"免费"对于财力不足的候选人更为重要，而此处的"免费"只是指使用，而并不包括"制作"（例如，电视宣传片的制作等）。另外，此处的免费，是指如需付费皆由公帑支出，这在《立法会选举法》的其他条文中有明确规定。

（五）竞选活动的起始和结束

竞选活动不可能也不应该无休止地进行，否则将可能带来沉重的社会负担，甚至扰乱正常的社会秩序。因此，《立法会选举法》第 74 条规定："竞选活动期是由选举日前第十五日开始至选举日前第二日午夜十二时结束"。前后共 14 天，如何合理订定竞选期的长短，主要取决于选举的复杂程度（例如，是单一选举还是性质不同的多项选举同时进行）、选区的大小（例如，是单一选区单票制还是多选区多票制）、选民的人数等因素。就澳门特区整个作为一个选区、共有 20 余万选民以及只是选出 12 名（2005 年及 2009 年）或 14 名（2013 年）议员而言，14 天的竞选期是适当的。对于如何遵守选举开始日的规定，在实践中是有争议的，例如有些活动在该日之前进行但又未正名为竞选的情况（俗称"偷步"）亦有发生，选举管理委员会或廉政公署也曾收到此类投诉。

值得注意的是对竞选结束时间的规定，这就是通常所说的投票日前一天的冷静期，这对于选民冷静思考投票取向是有益的，也有助于防范有人在投票前一天制造"特别事件"影响选情。

在许多国家或地区，民意测验往往是影响选民投票的重要因素。对民意测验的作用如何评价见仁见智，但要考虑到民意测验本身就相当复杂且难以规范（包括在技术上订定标准和由公权力对其作出规定）的特点。因此，《立法会选举法》第 75 条规定："由竞选活动开始至选举日翌日为止，有关选民对候选人态度的民意测验或调查的结果，一律禁止公布。"换言之，在此时段内仍可以进行民意测验，只是不能公布其结果。这样既不会限制基于学术研究的民意测验（调查）的进行，又不会对选举结果产生影响。

二　竞选宣传的方式及保障

上述各条是对竞选活动的一般规定，而竞选活动的实际进行要复杂得多。《立法会选举法》对此作出了各项具体规定。

首先，竞选的实质就是宣传，则确保新闻自由就是竞选活动能够真正展开的一项前提条件。《立法会选举法》第 76 条规定："在竞选活动期内，不可因记者及社会传播企业所作的与竞选活动有关的行为而对该记者或企业施以制裁，但不影响可在选举日后追究倘应负的责任。"这条规定的主旨是对记者和传播企业的保护，但这只是指在"在竞选活动期内"，而且也不影响"在选举日后追究倘应负的责任"。因此，这种保护是有条件和有限度的；而如何界定"与竞选活动有关的行为"，其范围亦可大可小。所以，司法独立就具有重要意义，如何拿捏取决于法官的认知。因为此条中所说的"制裁"，通常理解为是法律制裁，需经过相应的司法程序。

集会游行是最常见的竞选方式，《立法会选举法》第 77 条规定："一、在竞选活动期内为选举目的之集会自由，系受一般法律的规定以及下列各款所载的特别规定管制。二、在公共或向公众开放的地方集会、聚会、示威或游行，有关通知须由候选人或受托人作出。三、巡行或游行可在任何日期及时间举行，而仅须遵守因工作自由、通行自由、公共秩序的维持及市民的休息时间所产生的限制。四、修改路线或游行的命令，是由主管当局以书面通知候选人或受托人，并知会立法会选举管理委员会。五、在任何候选名单的有关人员安排的集会中，仅在候选名单的负责机关要求下，执法人员方可在场；如不提出该要求，则由各主办机构负责维持秩序。六、不容许在凌晨二时至早上七时三十分举行集会或示威，但举行地点属封闭场地、表演场所、无住户的建筑物，又或有住户的建筑物而其住户为发起人或已作出书面同意者不在此限。七、警察当局中断集会或示威时，须作出事件笔录，详细列明其理由，并须将事件笔录副本送交立法会选举管理委员会主席，及按具体情况送交候选人或受托人。八、对当局不允许或限制举行集会或示威的决定的上诉，应在两日内向终审法院提起。"对此可作如下分析。

其一，第 1 款中所说的"一般法律"，首先是指公布于 1993 年 5 月 17 日《政府公报》的第 2/93/M 号法律《集会权及示威权》①，此法律共有 17 个条文。包括：一般原则（第 1 条）、不容许的集会及示威（第 2 条）、地点限制（第 3 条）、时间限制（第 4 条）、预告（第 5 条）、不容许拟举行的

---

① 笔者认为用《集会权及游行权》更为准确，因为集会和游行都是一种表达方式，而示威只是其要表达的一种意思或情绪，并且同样可由集会来表达。

集会或示威（第 6 条）、关于地点或时间限制之规定（第 7 条）、由治安警察局局长施加之限制规定（第 8 条）、在封闭场地之集会（第 9 条）、反示威（第 10 条）、集会或示威之中断（第 11 条）、上诉（第 12 条）、对携有武器者之处罚（第 13 条）、其他处罚（第 14 条）、宗教及私人集会（第 15 条）、保留地方的公布（第 16 条）及废止性规定（第 17 条）。同时，选举法第 77 条中的若干款也是以该法律为基础（第 4 款及第 6 款）或有所调整（第 5 款）的。

其二，对于如何确定集会游行日期及时间，应将第 3 款与第 6 款一并考虑。第 3 款是规定的一般原则，即必须遵守工作自由（不能影响他人进入工作场所和进行工作）、通行自由（不能影响公共交通）、公共秩序以维持市民的休息时间所产生的限制；而第 6 款则是具体规定，并且与第 2/93/M 号法律第 4 条的规定相近，但第 6 款将集会示威的时间由第 4 条规定的 0 时30 分延长至凌晨 2 时，似乎不大合理。

其三，关于集会、游行需作出通知（第 2 款），可以理解为是以第 2/93/M 号法律第 5 条为依据，但在本款中未规定通知的时限，则可否理解为需按上述法律第 5 条的规定办理？例如，该条第 1 款规定，"应在举行前三至十五个工作日内"以书面形式通知民政总署主席。

其四，关于警方可以要求更改游行路线（第 4 款）、中断集会或示威（第 7 款），同样也是以第 2/93/M 号法律为基础；而有所不同的是，对于警方不允许或限制举行集会或示威的决定，当事人可在 2 日内上诉终审法院（第 8 款），这对于确保竞选中的集会游行权利十分重要。

其五，第 5 款的规定很有意思。对于是否由警方负责集会游行进行的秩序，由举办方决定；如不提出此项要求则由其自行负责维护秩序。但不宜将其理解为，警方不可在集会游行所经的道路或其他公共场所依法维护秩序。事实上，此款规定在某种意义上是防止警务人员的"不请自来"令与会者产生某种心理情绪。

对于在竞选中使用音响设备，《立法会选举法》第 78 条作出规定。一是使用音响设备作宣传无须得到行政当局的批准，亦无须知会行政当局。二是上午 9 时前及晚上 11 时后，一律禁止音响宣传，但在封闭场所的集会中可有条件的例外（如集会所在建筑物的住户给予书面同意）。

在竞选期内张贴图文宣传品的规则由《立法会选举法》第 79 条规定："一、立法会选举管理委员会须最迟至竞选活动开始前第三日指明供张贴海报、图片、墙报、宣言及告示的特定地点。二、应在上款所指地点预留相当于候选名单数目的专用位置，各名单仅得在该等位置张贴本条所指的宣传品。三、第七十四条后半部分的规定不适用于张贴图文宣传品。"第74条规定："竞选活动期是由选举日前第十五日开始至选举日前第二日午夜十二时结束。"因此，第3款的意思较为费解。似乎可以理解为在冷静日前一天不能再张贴宣传品；也可以理解为在选举投票日前一天的冷静期中无须除去已张贴的宣传品。如属后一种理解则与管委会第12/CAEAL/2009号指引第4条有不同（参见下文）。

在当今社会，商业宣传几乎是无所不在，但在竞选活动中则予以绝对禁止。《立法会选举法》第80条规定："自订定选举日期的行政命令公布之日起，禁止直接或间接透过商业广告的宣传工具，在社会传播媒介或其他媒介进行竞选宣传。"

三 特定宣传工具的使用

举行集会游行、使用音响设备宣传、张贴图文宣传品，均是可由竞选参与者独力为之，也可视为是一般的竞选方式；而利用广播电视、报刊和表演场所进行宣传活动，则可能开支不菲且要获得相关媒体或业主配合。为了确保各候选名单不论其财力大小都获得公平的宣传机会，《立法会选举法》就此作出了较为详尽的规定。包括：对报刊的使用（第81条）、对广播电视的使用（第82条）以及广播时间的抽签（第83条）、广播使用权的中止（第84条）、中止广播使用权的程序（第85条）、对公共地方和建筑物的使用（第86条）、对表演场所的使用（第87条）以及相关费用的计算（第88条），等等。这些规定均相当具体，具有很高的可操作性。

需要特别提出的是，竞选活动中使用报刊、广播电视、公共场所的费用均由公帑支付，且每个候选名单均获得公平对待、划一标准。同时，对于私人表演场所（主要是指戏院）的使用，法律也要求表演场所的所有人或经营人必须提出同一收取费用的标准，且其价格"不得超过有关场所在一场正常表演中售出半数座位所得的纯收入"（《立法会选举法》第88条）。另外，对于电视电台播放时间是以公开抽签方式决定；对于公共场所使用时间不能达成协议时亦是以抽签方式决定。这些都是体现公平、公开、公正原则的具体举措，亦能最大限度地减少争议。

四 选举管理委员会的相关指引

为了执行上述规定，在 2009 年立法会选举过程中，选举管理委员会发布了若干指引：第 7/CAEAL/2009 号指引、第 11/CAEAL/2009 号指引和第 12/CAEAL/2009 号指引。

第 7/CAEAL/2009 号指引

由于选举宣传期将近，传媒亦开始报导有关选举之各种消息及活动，加上不少新闻从业员希望立法会选举管理委员会（以下简称"选管会"）对在选举宣传期之前或该期间对传媒报导选举新闻发出参考性意见，选管会根据 3 月 5 日第 3/2001 号法律通过、并经 2008 年 10 月 6 日第 11/2008 号法律修改之《澳门特别行政区立法会选举法》（以下简称为《立法会选举法》）第 10 条第 1 款第 6 项及第 10 项之规定，议决及通过第 7/CAEAL/2009 号指引，内容如下：

1. 新闻自由及采访自由受《基本法》第 27 条及 8 月 6 日第 7/90/M 号法律保障，而选举宣传之概念乃以候选人之活动为直接规范对象。

2. 立法者透过《立法会选举法》第 71 条要求所有候选人获得公平对待，并对新闻自由及有关违法行为订立特别之制度（见《立法会选举法》第 71 条及 193 条）。

3. 根据《立法会选举法》第 80 条之规定，禁止直接或间接透过商业宣传工具，在社会传媒或其他媒介进行宣传。

4. 任何社团或个人未经参选组别授权或明确示意而进行任何商业宣传，倘产生间接竞选宣传的效果，将可被追究刑责。

5. 在选举宣传期间，社会传媒机构有责任确保候选人在竞选方面获得公平及平等之对待。

6. 在其他情况下，由于在文字上对有关准则难以作完整无遗之表述，故仍有赖各社会传媒机构负责人之衡量及职业操守，而基础之标准乃以平等原则为依归。

第 11/CAEAL/2009 号指引

立法会选举管理会（以下简称为"选管会"）根据 3 月 5 日第 3/2001 号法律通过、并经 2008 年 10 月 6 日第 11/2008 号法律修改之《澳门特别行政区立法会选举法》（以下简称《立法会选举法》）第 10 条第 1 款第 2 项及第 72 条之规定，议决及通过第 11/CAEAL/2009 号指引，内容如下：

1. 由于博彩公司乃须经澳门特区政府按法定程序审批方能开展活动的公司，而判例上基本认为经营博彩活动亦是经营公共服务批给的一类，故这类公司须严格遵守澳门《立法会选举法》第 72 条所定之中立及无私原则。为此，在澳门经营博彩业务的公司不能直接或间接将其资源用于竞选宣传活动上，尤是博彩公司所拥有的车辆（俗称"发财车"）。

2. 对于违反中立及无私原则的行为（公司之法定代表或作出决定之人），将按《立法会选举法》第 155 条之规定处罚，最高判处三年徒刑，该条文之内容为："执行职务时，违反法律规定对各候选名单中立或公正无私义务者，处最高三年徒刑，或科最高三百六十日罚金。"

第 12/CAEAL/2009 号指引

鉴于近日出现许多乱贴宣传海报的情况，立法会选举管理会（以下简称为"选管会"）根据 3 月 5 日第 3/2001 号法律通过、并经 2008 年 10 月 6 日第 11/2008 号法律修改之《澳门特别行政区立法会选举法》（以下简称为《立法会选举法》）第 10 条第 1 款第 10 项之规定，议决及通过第 12/CAEAL/2009 号指引，内容如下：

1. 所有参选组别须严格遵守《立法会选举法》第 79 条之规定（尤其是第 2 款），其内容为：

"一、立法会选举管理委员会须最迟至竞选活动开始前第三日指明供张贴海报、图片、墙报、宣言及告示的特定地点。

二、应在上款所指地点预留相当于候选名单数目的专用位置，各名单仅得在该等位置张贴本条所指的宣传品。

三、第七十四条后半部分的规定不适用于张贴图文宣传品。"

2. 倘在私人的地方（住屋或商店）张贴第 79 条第 1 款所述之宣传品，应遵守同一法律第 158 条第 2 款所作之反面解释的规定，即同时遵守下述的条件：

a）必须获得该私人空间的所有人或有正当性的人的同意；

b）该宣传品只张贴在这些空间的里面及向内展示，不能张贴在外面及向外展示有关宣传内容。

3. 倘有关的私人空间为分层建筑物，除须遵守上述 a）及 b）项的条件外，还须获得分层所有人大会（俗称"业主会"）的决议及同意。

4. 所有上述宣传品应于 9 月 18 日午夜 12 时前拆除，否则张贴或维持这些宣传品的人将触犯"违令罪"，最高判处两年徒刑。

第三节　竞选活动的财务资助

竞选费用不断攀升、屡创新高已成为当代民主政治的"顽疾"，在许多国家和地区募款能力如何甚至成为决定胜负的一项关键因素。在澳门，虽然现况尚不致如此，但也显水涨船高之势，对于竞选经费收支的监管也日益重要。为此，《立法会选举法》以3个条文作出规范。

第92条规定："一、各候选人、候选名单受托人、提名委员会受托人及政治社团须对于自选举日期公布日起至提交选举账目日期间的所有收支项目编制详细的账目，其内准确列明收入及捐献来源，以及支出用途并附具相关单据或证明。二、上款的规定，经作出适当配合后，适用于第二十八条第七款（一）项所指的提名委员会。三、任何自然人或实体作出对候选人或候选名单产生宣传效果的行为引致的一切开支，应计入相关候选名单的选举账目，但未经候选人、候选名单受托人、提名委员会受托人或政治社团许可或追认者除外。"第1款中"自选举日期公布日"是指行政长官以行政命令公布立法会选举投票日，对此选举管理委员会第1号指引有具体说明。"至提交选举账目日"是指《立法会选举法》第94条第1款规定的日期。

第93条规定："一、各候选人、候选名单受托人、提名委员会受托人及政治社团，只可接受澳门特别行政区永久性居民供竞选活动使用的现金、服务或实物等任何具金钱价值的捐献。二、如为实物捐献，候选名单受托人应声明其合理价值，立法会选举管理委员会可要求财政局或其他实体进行估价以核实其价值。三、提名委员会受托人或其以书面委托的其他人应向捐献人签发附具存根的收据，存根内应最少载明捐献人的姓名及澳门永久性居民身份证号码；如捐献等于或超过澳门币一千元，还应载明捐献人的联络资料。四、提名委员会受托人应于总核算结束后透过立法会选举管理委员会将所有匿名捐献转送慈善机构，并由该机构开立收据以作证明。五、禁止接受同一选举其他候选名单的候选人或其他提名委员会成员的捐献。六、各候选名单的开支不得超过行政长官以批示规定的开支限额。七、上款所指的限额，须低于该年澳门特别行政区总预算中总收入的百分之零点零二。"此条规定中第1款要求只可接受"澳门特别行政区永久性居民"提供的捐献具有重要意义，这既是为了防止外来势力干扰本地区选举，也是国际上通行的做法。第 7 款所指的"限额",是在 2009 年立法会选举期间,按照第 82/2009 号行政长官批示规定"开支限额定为 ＄8942959.84 (澳门币捌佰玖拾肆万贰仟玖佰伍拾玖圆捌角肆分)"。

第 94 条规定:"一、在选举后三十日内,各候选名单的受托人应按选举指引公开选举账目摘要,并向立法会选举管理委员会提交第九十二条第一款所指的详细选举账目。二、立法会选举管理委员会应在六十日内审核选举账目是否符合规范,并最少在一份中文报章和一份葡文报章刊登有关审核结果。三、如立法会选举管理委员会发现账目上有任何不符合规范的情况,应通知有关候选名单,以便其在十五日内递交已纠正不符合规范之处的新账目;立法会选举管理委员会须在十五日内就新账目发表意见。四、如任何候选名单不在第一款所指期限内提交账目,或不按照上款所指规定和期限提交已纠正不符合规范之处的新账目,又或如立法会选举管理委员会得出存在违反第九十二条及第九十三条的行为的结论时,应向检察院作出举报。"

对于如何执行上述三条的规定,第四届立法会选举管理委员会于 2009 年 5 月 26 日通过两项指引,现引用如下:

第 1/CAEAL/2009 号指引

1. 根据 3 月 5 日第 3/2001 号通过之、并经 2008 年 10 月 6 日第 11/2008 号法律修改之《澳门特别行政区立法会选举法》(以下简称为《立法会选举法》)第 10 条第 1 款 10 项及第 92 条之规定,选举管理委员会乃一个非常设之选举事务管理组织,负责统筹及安排选举之一切事宜。在履行职责时享有部分监察权限(见《选举法》第 10 条第 5 项及第 6 项),对部分选举行为之合法性及合理性作出审核。

2. 由于《立法会选举法》第 92 条至第 94 条对选举活动(广义言之)之收入及支出订立规范,其中更对选举之开支订立上限(见第 93 条第 7 款,并配合 3 月 16 日第 82/2009 号行政长官批示),故须先明确选举收支所指之期间,以明确选举管理委员会在审核账目时所依随之标准。

3. 基此,根据《立法会选举法》第 10 条第 5 项之规定,选举管理委员会议决及通过第 1/CAEAL/2009 号指引,内容如下:

计算选举经费[或称竞选活动之收支(广义言之)]之起始日期:

(一)《立法会选举法》第 92 条所述之"收支"乃自行政长官在政府公报上刊登选举日之日开始计算(即自公布 3 月 16 日第 82/2009 号行政长官批示起),皆因此标准不取决于任何参选名单或人士之主观愿望。

（二）关于"收入"及"支出"之概念及其所包括之内容，委员会将透过另一个指引订定。

第 2/CAEAL/2009 号指引

鉴于《立法会选举法》第 92 条至第 94 条对竞选活动之收入及支出订立规范，立法会选举管理委员会根据 3 月 5 日第 3/2001 号通过、并经 2008 年 10 月 6 日第 11/2008 号法律修改之《澳门特别行政区立法会选举法》（以下简称为《立法会选举法》）第 10 条第 1 款第 10 项及第 92 条之规定，议决及通过第 2/CAEAL/2009 号指引，内容如下：

一　选举收入

1. 任何候选人及候选名单受托人，可接受纯粹作偿付或分担其选举开支之捐献，上述捐献在会计账目上列为选举收入。

2. 为严格遵守《立法会选举法》第 93 条第 1 款之规定，所有候选人及候选名单受托人，在接受任何形式具金钱价值之捐献时（包括以匿名方式作出之捐献），除发出凭证证明收取有关捐献外，亦须清楚知悉及证明捐献人为澳门特别行政区永久性居民。

3. 捐献可以现金或实物抵付形式，并包括任何金钱实值、有价值证券或其他金钱等同物及任何有价值之报酬。

4. 所有于选举期间或选举期前或后收取、应收取、已开销或已使用之捐献，一律计算入选举收入及开支总额，并遵从所定之最高限额。

5. 义务服务不视作捐献，亦豁免被计算为选举开支。义务服务指由自然人在其私人时间内，自愿及无偿地、亲自提供服务，目的是为使其所提供服务之候选人在选举中当选，或阻碍另一候选名单当选。

二　选举开支

1.（1）选举开支指任一候选名单及其受托人于选举期间，为使有关候选人在竞选中当选，或为阻碍另一候选名单当选，而作出或将作出之开支，不论该支付时间为在该期间内或之后作出，包括直接或间接为上述目的而作出货品及服务捐赠之价值。

（2）由候选人名单上某一位候选人所作出或其他人代其作出、为促使该候选人当选，或为阻碍另一候选人，或候选人名单或当中任何一位候选人当选之选举开支，一律视为整份候选人名单而招致之选举开支。

2. 下列为常见之选举开支项目：

（1）因竞选活动而聘用之代理人及助理人员之报酬、津贴及交通费用；

（2）向候选名单提供服务之人员报酬、赏金及使用交通工具之开支；

（3）竞选活动代理人、助理人员及提供服务之人员在投票日、安排及参与各项选举活动时之膳食及饮品费用；

（4）设立供参选用之办事处或工作地点所需之各项开支＊；

＊（如该场所或不动产由其所有权人免费借出，所有权人必须向选委会提交声明书，有关表格将由选委会提供，并载明作出虚假声明之法律责任）。

（5）为举行竞选活动而租借场地及所需设备，以及各项安排而引致之开支；

（6）设计、制作、存放及派发各类宣传品之支出；

（7）为竞选而制作、印刷、购置或租用之文仪用品及办公室设备费用；

（8）为竞选目的而购置或租用交通工具之费用；

（9）因参选而产生之邮务费用；

（10）展示及拆除选举宣传物品之开支，包括行政当局拆除未获授权展示之宣传品所需之支出；

（11）使用传播媒介、各类可合法使用之陆上交通工具或航空器作竞选宣传之费用；

（12）用于识别竞选活动代理人、助理人员及提供服务人员之服饰开支；

（13）为竞选活动咨询法律意见之支出；

（14）为推广候选人而进行慈善活动之费用。

三　账目提交

根据《立法会选举法》第93条第1款及第94条第1款之规定，候选人应就已收取之所有捐献及支出记存准确账目，并逐项说明。各候选名单之受托人应按照《立法会选举法》第94条第1款及第2款之规定，于选举日后三十天内，向立法会选举管理委员会提交有关竞选活动之详细账目。

上述指引进一步清晰界定了有关规定，而根据《立法会选举法》第103条第1款第10项规定，管委会对于第92条的指引具有法律约束力。

2009年9月20日立法会选举结束之后，选举管理委员会于11月19日就各选举组别发出通告①，公布了该委员会对各选举组别收支账目的审核结

———————————

① 参见2009年11月20日《正报》第2版及同日澳门其他中葡文报章。

果。在该次选举中，各选举组别皆收支平衡（收入与支出的款项数目相等）。在直接选举中，参选组别收支最多的达澳门币 409 万元（为开支上限之 54%），最少的为澳门币 4.1 万元。在间接选举中，工商金融界（产生 4 名议员）收支最少，为澳门币 1.5 万元；社会服务、文化、教育及体育界（共产生 2 名议员）收支最多，为澳门币 18.9 万元。

2013 年 3 月 11 日发刊的《澳门特别行政区公报》公布了第 36/2013 号行政长官批示，订定 2013 年 9 月 15 日举行的第五届立法会选举开支上限为澳门币 5644278.46 元。政府新闻稿指出，此项限额是参考上届立法会各竞选组别实际开支及近年通胀累计调整而订定。但有学者认为仍有下调空间[①]。

第四节　投票日期及其延迟

一　投票日期的订定

《选举法》第 26 条规定："一、行政长官应最少提前一百八十日以行政命令订定立法会选举的日期，而选举程序由选举日期公布之日开始。二、如属补选，应在发生第十九条所指出缺情况后七十日内订定补选的日期。三、如属提前选举，应在解散立法会后七日内订定提前选举的日期。四、选举只可在星期日或公众假期进行，且须于同一日内进行。"对此可作如下说明。

第一，本条中所说的"日期"皆是指投票日期。

第二，行政长官应至少提前 180 日公布选举日期主要是为了安排各项选举工作，"而选举程序由选举日期公布之日开始"其中的"选举程序"是指包括自提交候选名单到宣布当选人士的整个过程。

第三，本条第 2 款是指《立法会选举法》第 19 条规定的情况，该条规定："如在立法会立法届内发生直选或间选议员出缺的情况，须在出缺发生后一百八十日内进行补选；如立法会立法届最后一个会期在该期限内届满，则无须填补有关空缺。"其中"立法届"是指立法会的整个任期。

---

① 《学者指选举开支上限可下调》，《澳门日报》2013 年 3 月 12 日，第 A02 版。

第四，本条第 3 款是指《基本法》第 52 条规定的情况："澳门特别行政区行政长官遇有下列情况之一时，可解散立法会：（一）行政长官拒绝签署立法会再次通过的法案；（二）立法会拒绝通过政府提出的财政预算案或行政长官认为关系到澳门特别行政区整体利益的法案，经协商仍不能取得一致意见。行政长官在解散立法会前，须征询行政会的意见，解散时应向公众说明理由。行政长官在其一任任期内只能解散立法会一次。"

第五，规定投票日只能是星期日或公众假期，主要是为了方便选民投票，同时也便于借用私人地方（主要是学校）。由于立法会的任期是当年的 10 月 15 日开始，故选举投票日多安排在 9 月份。例如，2001 年第二届立法会选举投票日为 9 月 23 日、2005 年第三届立法会选举投票日为 9 月 25 日、2009 年第四届立法会选举投票日为 9 月 20 日，2013 年第五届立法会选举投票日为 9 月 15 日，当天都是星期日。

第六，投票"须于同一日进行"，是指投票必须在投票日当天投票站开放期间完成。由于澳门地方很小，交通便利，选民人数不算太多，只要投票站设立的数目适当，完全可以在一日内完成投票。

二 投票日的延迟

这包括以下几种情况（《立法会选举法》第 102 条至第 107 条）：

其一，由选举管理委员会决定部分票站延迟投票，但延迟的日期只能是原来投票日之后 7 天内的星期日或公众假期。属于这种情况的包括以下情形：该投票站因无法组织负责票站管理的执行委员会（第 102 条第 1 项）；投票站开放后两个小时内发生了不规范情况且不能纠正，则该投票站必须关闭（第 103 条第 2 款）；投票站运作中断 3 小时，或者投票站运作中断虽不足 3 小时但在投票站正常关闭时间前仍未能恢复运作（第 104 条第 4 款及第 5 款）。

其二，由行政长官决定整个投票日期的延迟，但只能"将投票最迟延至选举日之后的 30 日内进行"（《立法会选举法》第 107 条第 2 款）。这主要是指在选举当日或之前三日内发生严重扰乱社会秩序及严重灾祸的情况。

另外，"投票只可延迟一次"（《立法会选举法》第 107 条第 3 款）；且只可延迟不能提前，否则将打乱整个选举程序。

第五节　投票站的管理及运作

一　投票站的设立

投票站的地点和数目，由选举管理委员会决定。其中，投票站的数目应与选民数目相适应，并根据选民分布情况决定投票站的地点，且在情况大致相同时每个投票站的投票人数亦应大致相同，以确保在投票站开放期间每个被安排在该投票站的选民均有较充足的时间完成投票（《立法会选举法》第48条）。

投票站必须设在公共建筑物内，并应尽量寻找易于到达、具有足够的空间和安全条件的场所。如果在某个地方没有符合上述条件的公共机构，则可以征用私人建筑物作为投票站（《立法会选举法》第49条第1款及第2款），在这种情况下大多是征用学校。

选举管理委员会负责指定投票站的地点，并须最迟在投票日前第15日张贴告示、公布投票站的地点、运作的日期和时间（《立法会选举法》第49条第3款及第4款）。例如，2009年第四届立法会直接选举共有28个投票地点，每一个投票地点只设一个投票站，即共设28个投票站。是次选举共有248708名选民，其中有149006名选民投了票，以28个投票站计算，平均每个投票站有5321.64名选民投了票，其中最多选民投了票的是设在位于氹仔的澳门运动场的投票站，共有9034名选民投了票（该站共有15675名选民），而最少选民投了票（但投票率最高）的是设于澳门监狱的投票站，共有350名选民投了票（该站共有371名选民）。

需要说明的是，《立法会选举法》第98条规定："行使直接选举和间接选举的权利的地点，由行政长官以批示订定。"此条所说的地点是指区域范围，而并非是指投票站的设置地点。例如，在2009年第四届立法会选举时，6月29日发刊的《澳门特别行政区公报》公布了第228/2009号行政长官批示，规定"行使直接选举和间接选举的权利的地点设于澳门特别行政区，包括澳门半岛、氹仔岛和路环岛"。其实，在正常情况下，任何一个国家或地区的选举都是在其本国或本地区范围内进行，并将其作为选举合法性的要件。另外，根据 2013 年 2 月 19 日生效的第 3/ 2013 号法律《订定在横琴岛澳门大学新校区适用澳门特别行政区法律的基本规范》第 3 条的规定，横琴岛澳门大学新校区"视同位于澳门特别行政区以内的地域"。

二　投票站的管理机构

《立法会选举法》第 52 条规定："一、每一投票站设有一执行委员会，负责推行及领导选举工作。二、执行委员会由五名成员组成，包括一名主席、一名副主席及三名委员，其中一名成员应懂中、葡双语。三、立法会选举管理委员会主席根据投票站的规模和投票人数目的多少，可委任适当数目的核票员协助执行委员会工作。"

为了确保执行委员会能够及时组成并投入工作，《立法会选举法》第 53 条规定，甄选执行委员会成员及核票员皆由公职人员担任；而行政长官及主要官员，候选人、候选名单的受托人及代表、提名委员会的受托人及代表，以及司法官均不可以成为执行委员会成员和核票员（《立法会选举法》第 54 条）。

基于投票站的运作取决于执行委员会成员和核票员的参与和管理，因此选举法规定，执行委员会成员和核票员履行职务属于强制性（《立法会选举法》第 56 条），而该等人士所在部门应免除其在履行执行委员会成员和核票员职务期间的原有工作（《立法会选举法》第 57 条）。

另外，《立法会选举法》第 60 条规定，执行委员会一经组成即不得改变；且在投票进行期间，执行委员会的主席或副主席必须在场。

三　投票站的民主参与

为了保证投票的公平公正，《立法会选举法》第 61 条规定了驻站代表制度："一、每一候选名单均有权在每一投票站派驻一名正选代表及一名候补代表。二、驻站代表须具投票资格，且仅得代表一个候选名单在一个投票站行使法定权利。三、不委派任何代表或任何代表的不在场，不影响选举活动的符合规范性。"

同时，《立法会选举法》第 63 条规定了驻站代表的权利和义务："一、在选举进行期间，候选名单的驻站代表具有下列权利：（一）占用较接近派票和点票的位置，以便能监察所有投票活动的进行；（二）随时查阅执行委员会使用的投票人名册及其他工作纪录；（三）无论在投票或核票阶段，对一切在投票站运作期间发生的问题，发表意见及要求解释；（四）以口头或书面形式对选举活动提出异议、抗议或反抗议；（五）在纪录上签名及在一切与选举活动有关的文件上简签、施加封印和贴上封条并在其上简签；（六）取得有关投票和核票工作的证明。二、候选名单的驻站代表不得被指派代替执行委员会的缺席成员。三、驻站代表在行使本条规定的权利时，不得损害选举工作的正常进行。"

事实上，没有上述具体规定，驻站代表就很难发挥其应有的作用。

另外，在投票站运作期间，驻站代表还享有《立法会选举法》第41条第1款给予候选人的刑事豁免权和原有工作的豁免权（参见《立法会选举法》第64条）。由此可见，对驻站代表的保障是相当充分的。

四 投票站的开放时间

按照《立法会选举法》的规定，投票站在选举日（投票日）上午9时开放（第101条第1款），并于当日晚上9时关闭，而在此前已进入投票站的选民仍可进行投票；站内所有选民均投票完毕后，由执行委员会主席宣布投票结束（第106条）。

《立法会选举法》第101条第2款规定："执行委员会主席在宣布开始投票前，着令张贴第五十八条第二款所指告示，并偕同执行委员会其他成员和驻站代表检查写票间和执行委员会工作的文件，同时，向选民展示投票箱，以便让所有人能证实其为空箱。①"

五 投票站的不开放及关闭

《立法会选举法》第102条规定："如出现下列任一情况，投票站不得

---

① 《选举法》第58条第2款的规定是，"执行委员会应在开始投票前，在投票站入口处张贴由主席签署的告示，公布组成该执行委员会的成员及核票员的姓名及身份识别资料，以及在该投票站有投票资格的选民数目"。

开放：（一）无法组成执行委员会；（二）选举当日或之前三日内，发生严重扰乱公共秩序的情况；（三）选举当日或之前三日内，发生严重灾祸。"其中（一）项所指情况应是指某个或部分投票站，而不可能是指所有投票站的执行委员会均无法组成。因为，根据《立法会选举法》第 55 条的规定："立法会选举管理委员会主席最迟至选举日前第三十日委任执行委员会成员及核票员，并将委任一事呈报行政长官。"同时，如果出现执行委员会成员出缺的情况，《立法会选举法》第 59 条亦规定了代替安排。在实践中并未出现执行委员会无法组成的情况。至于第 102 条第 2 项及第 3 项所指情况，似乎应是对所有投票站而言的。

《立法会选举法》第 103 条规定："一、如发现任何不符合规范的情况，执行委员会须予以纠正。二、如在投票站开放后两小时内，仍未能纠正该等不符合规范的情况，投票站即宣告关闭。"第二款中所指的"两小时内"，从字面意思来看似乎是指投票站开放后的"首两小时"，如此种理解成立则未能包括投票站开放期间的其他时间；同时该款亦未说明在关闭前已作投票是否有效。因此，尚需结合《立法会选举法》第 104 条的规定来理解。

六　投票站的运作

《立法会选举法》第 104 条规定："一、投票站持续运作至投票和点票工作全部完成为止，但不影响下列各款规定的适用。二、如出现下列任一情况，选举工作必须中断，否则投票视作无效：（一）发生严重扰乱公共秩序的情况而影响选举行为的真实性；（二）在投票站内发生任何由暴动、打斗、暴力、人身或精神胁迫引致的严重扰乱的情况；（三）发生严重灾祸。三、选举工作经投票站执行委员会主席核实已具有条件继续进行后，方可恢复。四、如投票站的运作中断逾三小时，则导致投票站关闭和已作的投票视作无效，但如所有已登记的选民均已投票，不在此限。五、如选举工作被中断且未能在投票站正常关闭时间前恢复时，投票即为无效，但如所有已登记的选民均已投票，不在此限。"对此可作如下解读。

其一，第 1 款是指在正常情况下，投票站应持续运作而不可中断，以免出现争议。

其二，第 2 款规定了投票工作在何种情况下中断；第 3 款规定了恢复投票的程序。"中断"的目的是为了确保选民能够不受影响地按其真实意思自由投票。同时，"中断"投票程序不同于"关闭"投票站，前者在一定期限和条件下可以恢复，而后者却必须重新安排投票日期。

其三，值得注意的是，第 103 条第 2 款规定的是"两小时内"，而本条第 4 款规定的是"运作中断逾三小时"，何以两者不同，以及何以在第 103 条中未对已作投票是否有效作出规定？

其四，本条第 5 款中对于中断时间的计算是以投票站正常关闭时间（晚上 9 时）为标准，即虽然中断时间未逾 3 小时，但已到了晚上 9 时。

其五，本条第 4 款、第 5 款中，既规定了"已作的投票视作无效"、"投票即为无效"，又规定了"但如所有已登记的选民均已投票，不在此限"①；这似乎只能理解为是在投票站运作中断前，所有选民均已完成投票。在这种情况下，投票站关闭与否已意义不大，而这些全部已投票者的投票意向有无受到不规范行为的影响亦难以判断。

七 投票站的监管

《立法会选举法》第 114 条规定："一、在投票地点内，保障选民的自由、确保投票地点的秩序，以及为该等目的而采取必要的措施，均属立法会选举管理委员会的权限。二、在投票站内，保障选民的自由、维持秩序和一般监管执行委员会的工作，以及为该等目的而采取必要的措施，均属执行委员会主席的权限，并由其他委员协助。三、凡明显呈现醉态或吸毒，又或携带任何武器或可作武器用途的对象的选民，均不准进入投票站。四、如有需要，有权限人士可召唤保安部队或医护人员到场提供协助。"为了落实第 4 款的规定，《立法会选举法》第 116 条规定了保安部队负责在每一投票站配备足够警力用以维护投票的安全工作，但只有在投票站执行委员会主席的要求下方可进入投票站。保安部队人员进入投票站之后，只能执行维护秩序的工作而不能影响投票站的正常运作。同时要将保安部队人员进入、离开投票站的时间，以及在投票站内所处理的个案情况均记录在案。

---

① 此处"所有已登记的选民"应是仅指按规定须在该投票站投票的所有选民，而非指全澳门的所有选民。

第六节　选举权的行使及保障

一　基本原则和要件

《立法会选举法》第 95 条规定："选举是一项权利和公民义务。"[①] 依法行使选举权必须遵行《立法会选举法》第 97 条的规定："一、选民只可在每次选举中投票一次。二、选举权须由选民亲身行使。三、选举权须由选民亲自到投票站行使，不容许以任何代表或授权方式为之。"但是对失明者和伤残者需作出例外处理，《立法会选举法》第 111 条规定："一、失明、明显患病或属伤残的选民，如被执行委员会证实其不能作出投票所必需的行为，得由其本人选定另一名选民陪同投票，该选民应保证忠于该人的投票意向，且负起绝对保密的义务。二、如执行委员会决定不能证实选民是否明显失明、患有疾病或属伤残，应要求该选民在进行投票时提交由澳门特别行政区卫生局医生发出的证明书，以证明其不能作出上条所指的行为。三、不论执行委员会对以上各款所述的是否接纳投票的情况所作出的决定为何，执行委员会任一成员或驻站代表，均得提出书面抗议。"这不仅体现了对失明者和伤残者应有的人文关怀，亦是保障其行使选举权的必要举措。

如果说上述规定确定了行使选举权的部分实体要件，那么《立法会选举法》第 99 条规定则是部分程序要件的表述："一、行政暨公职局应为具投票资格的自然人及法人选出的投票人按其被分配的投票站编制投票人名册。二、自然人选民及法人选民选出的投票人必须被登录于被分配的投票站的投票人名册内，并由执行委员会成员或核票员确认其身份资料后，方可于该投票站投票。三、如执行委员会认为选民在精神上明显无能力，得要求卫生局为着投票的目的而发出证明其具有能力的文件。"第 1 款规定的投票人名册使选民知悉必须到哪个投票站投票，第 2 款则规范选民在投票站必须履行相应的身份确认手续。至于第 3 款则是指相关选民可能处于某种会影响其

[①]　有学者仅将选举界定为一项权利，见曾庆敏主编《法学大辞典》，上海辞书出版社，1998，第 1244 页；中国社会科学院法学研究所编《法律辞典》，法律出版社，2003，第 1708 页。

判断的精神障碍状态，但情况究竟如何需由卫生部门作出专业判断。为了取得上款及第 111 条第 2 款所指的证明文件，《立法会选举法》第 112 条规定在选举日投票站运作期间卫生部门必须提供必要协助。

二 选票的式样和印刷

《立法会选举法》第 65 条规定："一、选票形状、规格、纸张及印制等事宜由立法会选举管理委员会议决订定。二、每张选票均印上参加选举的候选名单的名称、简称或标志，至于排名次序，则按下条规定抽签所得的先后次序横向排列。三、选票上所载的每一名单的同一方向，均有一空白方格，以便投票人填上'√'、'＋'或'X'符号表明其所选取的名单。四、立法会选举管理委员会可透过选举指引订定选民须使用的填票专用工具。"

第 65 条第 2 款规定的排列顺序既难由协商达致，亦不宜由管理委员会自行决定，故《立法会选举法》第 66 条规定由抽签决定，"一、张贴已获接纳的候选名单后翌日，在行政暨公职局办公设施内及出席的候选人或受托人面前，对有关候选名单进行抽签，以便在选票上安排次序。二、抽签的结果须立即张贴在行政暨公职局办公设施的入口处。三、就公开抽签须缮立笔录，并将副本送交立法会选举管理委员会。四、每一候选名单的受托人的姓名、地址、联络方式将与抽签笔录一并送交。五、抽签的进行及选票的印制，并不表示必须接纳候选名单，而该等已进行的事项中与按本法律被删除的候选名单有关的部分，即失其效力。六、不论任何原因，经公开抽签分配序号后，候选名单退选或失去资格均不影响其他名单经公开抽签获得的序号"。需要注意的是，第 5 款及第 6 款涉及投票方式应与第 110 条规定的投票方式一并理解。

另外，《立法会选举法》第 67 条第 2 款规定："印务局负责选票的印刷。"印务局是政府部门，由其负责印刷选票是为了确保选票印刷的保密、数量、质量和及时完成；同时由法律明确规定印刷实体也就排除了以任何形式外包印务。

三 投票的顺序

《立法会选举法》第 108 条规定，选务工作人员和候选名单的驻站代表先行投票，以便其后可以专心工作。

对于其他选民的投票次序，《立法会选举法》第 109 条作出了具体规定："一、选民按其抵达投票站的先后次序排队投票。二、对长者、伤残者、病患者、孕妇和手抱婴儿者应予以特别照顾。"

四 投票的方法

对于投票方法作出具体规定是十分必要的，一方面可以使选民确切了解应如何投票，以确保按其真实意思作出选择并使其投票意向不被外泄；另一方面使选务工作人员维护投票秩序具有明确的法律依据，减少可能出现的争议。《立法会选举法》第 110 条规定："一、具投票资格的自然人或法人选出的投票人，向执行委员会成员或核票员出示澳门永久性居民身份证并经适当记录后，可获发给一张选票。二、选民或投票人随即单独或在下条所规定的情况下由他人陪同进入投票站的写票间，并在其选投的候选名单的相应方格内按第六十五条的规定作出标示又或不作任何标示，然后将选票按选举指引指定的方式对折或遮蔽以免投票意向外泄。三、选民或投票人可自行把选票投入指定的票箱，或要求由执行委员会主席指派的人员协助投票入箱，但协助者不得泄露或查探有关投票意向。四、如选民或投票人不慎损毁选票，应向主席或副主席索取另一张，并将损毁的选票对折两次后交回。五、如属上款所指的情况，主席或副主席须在回收的选票背面注明作废并简签且不得打开选票，并为着第一百二十四条第一款的效力，保留该选票。六、投票后，选民应立即离开投票站。"尤其是第 5 款的规定，对于下一步的选票核算工作具有重要意义。

为了进一步具体规范选民填票的方式及统一对废票的界定，在 2009 年第四届立法会选举期间，选举管理委员会于当年 8 月 17 日通过了第 5/CAEAL/2009 号指引。

立法会选举管理委员会（以下简称"选管会"）根据 3 月 5 日第 3/2001 号法律通过，并经 2008 年 10 月 6 日第 11/2008 号法律修改之《澳门特别行政区立法会选举法》（以下简称《立法会选举法》）第 65 条第 4 款、第 110 条第 2 款及第 120 条第 1 款第 4 项之规定，议决及通过的第 5/CAEAL/2009 号指引，内容如下：

1. 选民在 2009 年 9 月 20 日举行之立法会选举中按《立法会选举法》

第 110 条第 2 款之规定选投候选名单时，必须使用选管会提供之放置于划票间内之专用印章。

2. 在选票上盖印后，须在划票间内把选票向内对折两次，方可离开划票间。

3. 不使用选管会提供的专用印章填划的选票一律视作废票。

五 投票权的保障

为了确保投票程序的公平公正和顺利进行，以及选民能够按其意思依法行使投票权，《立法会选举法》第 113 条至第 116 条作出了较为全面的规定。第 113 条规定："一、除候选名单的驻站代表外，任何属投票站的选民亦得就该投票站的选举工作提出疑问和以书面方式并连同适当的文件提出异议、抗议或反抗议。二、执行委员会不得拒绝接收异议、抗议和反抗议，并应在其上简签和将之附于纪录内。三、执行委员会须对提出的异议、抗议和反抗议作出决议，如认为该决议不影响投票的正常运作时，得在最后时才作出决议。四、执行委员会所有决议均以在场成员的绝对多数票为之，且须说明理由，主席的投票具决定性。"此条规定，体现了民主参与和民主监督的精神。一方面规定了候选名单驻站代表及选民有权提出异议、抗议和反抗议；另一方面又规定了投票站执行委员会不得拒绝受理，并且必须及时作出决定，不得推托、拖延。如果只有异议、抗议权，而有关当局可以"只接收不处理"或在选举结束后才处理，则异议、抗议就几乎如同虚设。

另外，《立法会选举法》第 74 条已经规定不得在竞选期结束后进行选举宣传，则在投票日更不得再行此事。故《立法会选举法》第 115 条规定："一、在投票站内和其运作的建筑物的周围，包括其围墙或外墙上，均禁止作任何宣传。二、展示关于候选人或候选名单的标志、符号、识别物或贴纸，亦被理解为宣传。三、立法会选举管理委员会须就界定宣传的内容和方式作出具约束力的选举指引。"这也是为了避免各种宣传活动影响选民投票。而选举管理委员会亦就此作出了第 9/CAEAL/2009 号指引。

立法会选举管理委员会（以下简称"选管会"）根据 3 月 5 日第 3/2001 号法律通过，并经 2008 年 10 月 6 日第 11/2008 号法律修改之《立法会选举法》第 10 条第 1 款第 10 项、第 2 款、第 115 条及第 160 条之规定，议决及通过的第9/CAEAL/2009号指引，内容如下：

1. 为着《立法会选举法》第115条第3款之效力，下列的行为视为在票站及其周围作出竞选宣传行为：

以任何直接或间接方法吸引选民，以促使选民投票或不投票予某候选名单，例如：

（1）展示关于候选人或候选名单的标志、符号、识别物或贴纸等；

（2）透过与选民交谈、呼喊口号、向选民打手势或以信号示意等方式作出呼吁投某一名单或不投某一名单之票。

2. 作出上述违法行为之人士可被判处两年徒刑——见《立法会选举法》第160条第2款。

3. 选管会特别向全澳市民作出上述告诫，必须遵守本决议之内容，否则触犯上述罪状。

同时，选管会亦就团体提供交通工具接送选民前住投票时的注意事项发出第10/CAEAL/2009号指引。

选管会根据3月5日第3/2001号法律通过、并经2008年10月6日第11/2008号法律修改之《立法会选举法》第10条第1款第6项之规定，议决及通过的第10/CAEAL/2009号指引，内容如下：

1. 团体可提供交通工具以方便选民前往投票（例如，行动不便之人士），但必须符合下列条件：

（1）非强迫性，对于使用这些服务与否，选民有绝对选择的自由；

（2）无论在投票前或投票后，不应提供任何餐饮膳食之招待作为投票的回报；

（3）不得在人群聚集的地点或在车辆上以直接或间接方式拉票（例如，暗示选民投哪一组别；展示关于候选人或候选名单的标志、符号、识别物或贴纸）；

（4）不得向选民承诺在投票前或完成投票后可获任何利益回报。

2. 在违反上述条件之情况下向选民提供所谓接送服务，皆可能触犯《立法会选举法》第170条之"贿选罪"，其中规定："一、亲自或透过他人提供、承诺提供或给予公共或私人职位、其他物品或利益者，以使自然人或法人按某意向投票或不投票，处一年至八年徒刑。二、凡索取或接受上款所指利益者，处最高三年徒刑。"

3. 在上述条件下收受利益之选民亦会受罚。

这就既照顾到澳门长期存在的团体接送选民投票的传统，亦防止其借此影响选民投票意向。当然实际效果如何尚有待考证①。

第七节　对选票的点算与核算

一　点算程序

投票站在法定时间正常关闭及在此前仍在投票站的选民均已完成投票之后，按以下步骤进行点票：

第一步：将投票站内的未用选票和因选民损毁而失去效用的选票（该等选民已按《立法会选举法》第 110 条第 4 款的规定将该等选票交回，并领取新的选票），按程序单独封存（《立法会选举法》第 117 条）。

第二步：点算已投票选民的数目和投票箱内的选票数，如两者数目不符，则以后者为准，并将点算结果以张贴于投票站入口的告示公布于众（《立法会选举法》第 118 条）。

第三步：在选举管理委员会指定的时间和地点，按以下顺序点算各投票箱内的选票（《立法会选举法》第 119 条）：首先将各候选名单所得选票、废票、空白票分类点算，并宣告点算结果；其次点算各候选名单所得选票、废票、空白票的数目；最后，各候选人、候选名单受托人或驻站代表有权查阅已归类的选票，并有权向投票站执行委员会主席提出疑问或异议，如主席不接纳异议，则由主席和异议人共同在有关选票背面简签姓名。

完成上述工作后，需将废票、异议票或抗议所针对的选票，连同有关文件一并送交总核算委员会（《立法会选举法》第 123 条）；将有效票和空白票分别封装送交终审法院保管，直至完成法定程序（提起司法诉讼期限届满而无人提出上诉或已对有关上诉作出确定性裁判）后予以销毁（《立法会选举法》第 124 条）；每一投票站执行委员会需编写工作记录并交予总核算委员会（《立法会选举法》第 126 条）。

---

① 据 2009 年 9 月 21 日《华侨报》报道，投票日当天有一名男子以汽车送选民投票时，在车上提示他人投票意向时被捕。

《选举法》第 125 条第 2 款明确规定了工作记录的内容："在纪录中应载明：（一）执行委员会成员及驻站代表的澳门永久性居民身份证编号及姓名；（二）投票开始和结束的时间及投票站的地点；（三）在选举工作期间执行委员会所作的决议；（四）已登记选民、已投票选民及无投票选民的总人数；（五）每一名单所得选票、空白票及废票数目；（六）异议或抗议所针对的选票的数目；（七）如出现第一百一十八条第三款所指的点算上的差异时，须准确指出所发现的差额；（八）附于纪录内的异议、抗议及反抗议的数目；（九）按本法律规定应予记载的或执行委员会认为值得记载的其他事项。"这些内容全面及具体地反映了投票站运作期间各项重要情况和资料，对于确保投票程序的合法性及其后选票的复核、总核算具有重要意义。

需要说明的是，上述点票核算工作均是在各投票站完成。2009 年第四届立法会选举结束之后，选举管理委员会主席曾表示将来也可以考虑采用中央点票（将所有投票站选票集中于一处点算)[1]，但也有意见认为此举并不可行[2]。

二 核算程序

核算工作由总核算委员会负责。

《立法会选举法》第 127 条规定："一、在直接选举及间接选举中获选的候选人的选举总核算工作，由总核算委员会负责。二、总核算委员会的组成由行政长官以批示订定，并应由检察院的一名代表担任委员会主席。三、委员会应最迟至选举前第六十日设立，并透过张贴于行政暨公职局办公设施所在建筑物入口处的告示，立即将该委员会的组成向公众公布。四、总核算委员会主席最迟至选举前第三十日委派适当数目的辅助人员以支援总核算的工作，有关人员应从公共机构人员中选派。五、候选人及各名单的受托人有权观察总核算委员会的工作，但无表决权，并得提出异议、抗议或反抗议。六、第五十六条及第五十七条的规定，经作出适当配合后适用于总核算委员会成员及辅助人员。"其中第 5 款的规定再次体现了民主参与并旨在确保核

---

[1] 《冯文庄：可考虑中央点票》，《澳门日报》2009 年 9 月 23 日，第 A02 版。
[2] 夏草：《立会选举 大步槛过》，《市民日报》2009 年 9 月 24 日，第 P08 版。

算工作的公平公正。

《立法会选举法》第 128 条规定了总核算的各项具体内容："总核算包括：（一）核对已登记选民的总数；（二）核对已投票选民及无投票选民的总数，并指出其分别占已登记选民总数的百分率；（三）核对空白票、废票及有效票的总数，并指出其分别占已投票选民总数的百分率；（四）核对每一候选名单或候选人所得总票数，并指出其分别占有效票总数的百分率；（五）每一候选名单所得的议席分配；（六）确定获选的候选人。"由此可见其工作十分繁重。而按照《立法会选举法》第 129 条第 1 款的规定，总核算委员会于选举日翌日上午 11 时开始工作。虽然法律未规定必须在何时完成总核算工作（第 129 条第 2 款规定的投票站出现延迟或投票无效之特殊情况例外），但从投票结束到公布选举结果之间的时间愈长愈容易产生争议，情况严重时甚至有可能会令市民对选举结果的公正性与合法性产生质疑。因此，总核算委员会都是夜以继日不间断地加班工作。

《立法会选举法》第 131 条规定："一、在开始工作时，总核算委员会须就异议或抗议所针对的选票作出决定，并检查视为废票的选票，按划一标准予以复核。二、总核算委员会根据第一款所指工作的结果，在有需要时更正有关投票站的点算结果。三、总核算结果显示获分配议席与不获分配议席的候选人之间的得票差为一百或以下者，总核算委员会必须就涉及的候选名单所得选票数目进行复核。"

在完成各项核算工作之后，由总核算委主席宣布核算结果，其中包括各候选名单的得票数字及当选人名单。同时，该委员会必须按照《立法会选举法》第 134 条的规定制作总核算记录，并在完成工作之后的两日内将总核算记录送交立法会选举管理委员会，而该委员会须按照《立法会选举法》第 135 条的规定制作官方图表，"一、立法会选举管理委员会须编制一份选举结果的官方图表，其内载有：（一）已登记选民的总数；（二）已投票选民及无投票选民的总数，并指出其分别占已登记选民总数的百分率；（三）空白票、废票及有效票的总数，并指出其分别占已投票选民总数的百分率；（四）每一候选名单或候选人所得总票数，并指出其分别占有效票总数的百分率；（五）每一候选名单所得议席的总数；（六）在直接选举中获选的候选人姓名及有关候选名单的名称，以及在间接选举中获选的候选人姓名，并指出有关的选举组别。二、立法会选举管理委员会须在收到总核算纪录后五日内，将上款所指图表送交终审法院；终审法院一经核实，即宣布获选者，并在《澳门特别行政区

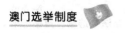

公报》公布"。

　　所有当选者名单在《澳门特别行政区公报》公布，标示着整个选举程序全部结束。而根据第3/1999号法律《法规的公布与格式》第3条第7项的规定，立法会的选举结果须公布于《澳门特别行政区公报》第一组，否则不产生法律效力。

第七章

立法会选举：间接选举

　　《基本法》附件二《澳门特别行政区立法会的产生办法》规定，澳门特区第二届立法会（2001~2005）由 27 人组成，其中直接选举的议员 10 人，间接选举的议员 10 人，委任的议员 7 人；第三届及以后各届立法会（2005~2013）由 29 人组成，其中直接选举的议员 12 人，间接选举的议员 10 人，委任的议员 7 人。附件二《修正案》规定，2013 年第五届立法会由 33 人组成，其中直接选举的议员 14 人，间接选举的议员 12 人，委任的议员 7 人；第六届及以后各届立法会的产生办法，在依照法定程序作出进一步修改前，按本《修正案》的规定执行。至于间选议员的具体分配和如何选举则由《立法会选举法》订定。

第一节　名额分配

　　间接选举首先要划分选举组别。第二届及第三届立法会间接选举的选举组别划分，均沿用回归前的相关做法，分别划分为：雇主利益选举组别、劳工利益选举组别、专业利益选举组别、慈善、文化、教育及体育利益选举组别。2008 年修改《立法会选举法》时，参照行政长官选举委员会的界别划分，对上述部分选举组别的名称作出修改，将雇主利益选举组别改为"工商、金融界"选举组别，将第四组别中的"慈善界"改为"社会服务界"，并取消了所有选举组别中的"利益"两字。2013年修改《立法会选举法》时，将原来的社会服务、文化、教育及体育界选举组别，分拆为"社会服务及教育界选举组别"与"文化及体育界选举组别"。

自第二届立法会起至2013年的第五届立法会，工商金融界（前称雇主利益）选举组别的议员名额一直是4人，劳工届选举组别也是一直为2人。专业界选举组别的间选选员在第二届至第四届皆为2人，2013年第五届立法会时增为3人。在第二届至第四届立法会期间，社会服务、文化、教育及体育为一个选举组别，产生2名议员。在2013年第五届立法会，该选举组别分为"社会服务及教育选举组别"，产生1名议员，文化及体育选举组别产生2名议员。立法会于2012年8月29日通过的第12/2012号法律《修改〈立法会选举法〉》第22条第1款对上述名额调整作出了规定。

第二节　选举规范

《立法会选举法》中适用于直接选举的规定绝大部分（包括第17条规定的选举标准）均适用于间接选举，有所不同者主要体现在以下对于间接选举的专门规定：

其一，选举方式。《立法会选举法》第22条第2款至第10款规定：

二、第五届及以后各届立法会间选议席按下列选举组别产生：

（一）工商、金融界选举组别产生四名议员；

（二）劳工界选举组别产生两名议员；

（三）专业界选举组别产生三名议员；

（四）社会服务及教育界选举组别产生一名议员；

（五）文化及体育界选举组别产生两名议员。

三、以上两款所指的选举组别，由被登录于选举日期公布日前最后一个已完成展示的相关界别的选民登记册内的法人组成。

四、每一具投票资格的法人享有最多二十二票投票权，由在订定选举日期之日在职的法人领导机关或管理机关成员中选出的最多二十二名具有投票资格的投票人行使。

五、为着上款的效力，每一法人须最迟至选举日前第四十五日将投票人名单提交行政暨公职局局长，并附同下列文件：

（一）各投票人分别签署同意代表法人行使投票权的声明书，当中必须声明只代表一个法人行使投票权；

（二）身份证明局按照该法人章程所载的领导机关或管理机关成员名单签发的证明书。

六、法人须最迟至选举日前第二日到行政暨公职局提取容许行使投票权的证明书。

七、不得签署一份以上第五款（一）项所指声明书，否则该等声明书无效，而相关法人不得因此更换或替补投票人。

八、行政暨公职局局长最迟至选举日前第三十日在其办公设施内张贴按上款规定其声明书为无效者的名单。

九、上款名单所载者可最迟至选举日前第二十五日以书面方式向行政暨公职局提起声明异议，行政暨公职局局长应在三日内作出决定。

十、就行政暨公职局局长所作出的决定，应在一日内向终审法院提起上诉。

由此可见，并非每一个选民皆可参加间接选举，只是第 4 款规定的"投票人"方可参与其事。换言之，该等人士在同一届立法会选举中既可以投票选举直选议员，亦可以投票选出间选议员。

其二，候选名单。《立法会选举法》第 23 条规定："参加间接选举的候选名单所载的候选人数目，应相等于分配予有关选举组别的议席数目。"而《立法会选举法》第 16 条第 1 款规定，直选的候选名单"其所载的候选人不得少于四名，但亦不得多于分配予该选举的议席数目"（例如，第 4 届立法会选举直选名额为 12 人）。造成两者不同的主要原因在于，无论直选还是间接，都是"投名单"而非"投人"；而参加直选的候选名单较多，在改良汉狄比例制下，每一直选名单几乎不可能取得 4 席（至今也只有取得 2 席的"最好成绩"），因此直选候选名单中候选人最少 4 人已足矣。但是在间接选举中，提出的候选名单较少（至今各间选组别中皆为独一名单），如只有一个名单当选，而该名单上的候选人少于应选人则只能再选。因此，只能要求参加间选的候选名单上的候选人数目，必须等于该选举组别获分配的议席数目。

其三，提名方式。在间接选举中候选名单较少，以至于在每一组别中只有一个候选名单的情况长期存在。这与提名方式密切相关。《立法会选举法》第 43 条规定："一、在有关选举组别范围内，只有被登载于选举日期公布日前最后一个已完成展示的选民登记册的法人透过其领导机关以适当方法指定的代表，方可代表所属法人在组成提名委员会及指定有关提名委员会的受托人的文件上签署。二、提名委员会须最少由该选举组别被登载于选举日期公布日前最后一个已完成展示的选民登记册的法人总数的百分之二十组成，如以该百分率计算所得数字并非整数，则以上一个较小的整数为准。三、提名委员会可透过其受托人提出候选名单及指定名单的受托人。"除了法律规定之外，候选名单较少与澳门的"社团政治"不无联系。

第三节　选举概况[①]

一　2001 年第二届立法会选举

在此次间接选举中，雇主利益选举组别共有法人选民（社团）53 个，有权投票者 423 人，实际投票人数 292 人（投票率 69.03%）；劳工利益选举组别，共有法人选民（社团）54 个，有权投票者 343 人，实际投票人数 277 人（投票率 80.76%）；专业利益界别组别共有法人选民（社团）44 个，有权投票者 305 人，实际投票人数 212 人（投票率 69.51%）；慈善、文化、教育及体育选举组别共有法人选民（社团）474 个，有权投票者 2344 人，实际投票人数 1443 人（投票率 61.56%）。上述各选举组别均只有一张候选人名单。

二　2005 年第三届立法会选举

在此次间接选举中，雇主利益选举组别共有法人选民（社团）91 个，有权投票者 1001 人，实际投票人数 477 人（投票率 83.583%）；劳工利益

---

① 本节内容数字皆来自澳门特区政府行政暨公职局编辑出版的《选举活动综合报告（2001 ~ 2009）》，2010，第 118、198 页。

选举组别共有法人选民（社团）65 个，有权投票者 715 人，实际投票人数
426 人（投票率 75.13%）；专业利益界别组别共有法人选民（社团）59 个，
有权投票者 649 人，实际投票人数 288 人（投票率 70.42%）；慈善、文化、
教育及体育选举组别共有法人选民（社团）690 个，有权投票者 7590 人，
实际投票人数 1513 人（投票率 53.69%）。上述各选举组别均只有一张候选
人名单。

三　2009 年第三届立法会选举

2008 年修改《立法会选举法》时增加规定了自动当选机制，即第 24 条
增加第 2 款"被确定接纳为某选举组别的候选人的总数如等于或少于相关
选举组别获分配的议席名额，则该等候选人自动当选，而相关选举组别无须
进行投票"。而在 2009 年举行的第四届立法会选举中，间选各组别中皆只有
一个候选名单，故按照上述规定无须投票，自然也就不存在相关投票资料
了。

第 12/2012 号法律通过的《修改立法会选举法》已将上述"自动当选"
的规定删除。对于此项修改，多数意见认同此项修改，认为如此方可充分体
现选举的完整性。也有意见认为，如果没有规定多少人参加投票方为有效选
举，以及获得多少有效票方可当选的条件，则在单一名单下投票与否区别不
大，但一定要求投票则自然要付出相应的社会资源。

四　2001 年与 2005 年间选的比较

第一，就各界别法人选民的数量变化而言：慈善、文化、教育及体育选
举组别增加最多，由 474 增至 690，新增 216 个；次之为雇主利益界别，由
54 个增至 91 个，新增 37 个。至 2009 第四届立法会选举前，法人选民数目
又普遍增加，数目最多者为体育界，共 316 个。

第二，就投票率而言：在 2001 年选举时劳工界投票率最高，为
80.76%；慈善、文化、教育及体育界最低，为 61.56%。在 2005 年选举
时，雇主利益界别投票率最高，为 83.58%；仍然是慈善、文化、教育及体
育界最低，为 53.69%。

第八章

立法会选举：司法程序

《立法会选举法》中有关于司法程序的规定，包括对相关争议之决定提起司法上诉，对选举中刑事违法及其他违法（轻微违反）行为的界定及处罚、对诉讼制度的特别规定等。关于司法程序的规定，是《立法会选举法》中不可或缺的重要内容，是确保选举公正、廉洁的重要机制。

第一节　提起司法程序的主体

明确规定提起司法程序的主体，是适用司法程序的合法性要件之一。根据《立法会选举法》的有关规定，司法程序包括非刑事司法程序（司法上诉）和刑事司法程序（刑事检控），其提起主体亦不相同。

一　提起非刑事司法程序的主体

按照《立法会选举法》的规定，有权提起司法上诉的情形和主体包括以下几种：

第一，关于提交候选名单的司法上诉。

《立法会选举法》第 35 条规定，对于行政暨公职局关于提交候选名单的决定，候选名单受托人得于 3 日内向该局提出异议。第 36 条规定，对于行政暨公职局就异议所作决定不服时"候选名单的受托人有提起上诉的正当性"（第 3 款）。

第二，关于不允许或限制集会示威的司法上诉。

《立法会选举法》第 77 条第 7 款及第 8 款规定，对于当局不允许或限制某个候选名单发起的集会或示威活动时，该候选名单的受托人及候选人有权提起司法上诉。

第三，关于投票及核算的司法上诉。

根据《立法会选举法》第 136 条及第 137 条的规定，在此类司法上诉中，"除提出异议、抗议或反抗议者外，候选名单的受托人亦得对异议或抗议的决定提起上诉"。

二 涉及刑事司法程序的调查检控机构

根据第 10/2000 号法律（经第 4/2012 号法律修改）《澳门特别行政区廉政公署组织法》的相关规定，廉政公署负责调查选举中的刑事犯罪。该法律第 3 条规定廉政公署的职责，其中第 1 款第 4 项规定："针对在因应澳门特别行政区机关选举而进行的选民登记及有关选举中实施的贪污犯罪及与贪污相关联的欺诈犯罪，依刑法及刑事诉讼法进行调查及侦查，但不影响法律赋予其他机构就该等事宜进行调查或侦查的职责。"为了保证廉政公署能够切实履行其职责，该法律第 4 条第 2 项规定廉政公署有权"进行履行其职责所需的一切调查及侦查行为"。同时，该法律第 31 条规定，廉政公署相关人员在进行或领导进行侦查行为时，"被视为刑事警察当局"，有关人员"具有执法人员地位"。在 2005 年第三届立法会选举期间，廉政公署侦破 3 宗选举违法案件，并于 2006 年 11 月及 2007 年 1 月由初级法院作出刑事裁判，被告均被判罪名成立①。在 2009 年第四届立法会选举期间，廉政公署侦破集团式贿选案件，并将 23 名贿选罪嫌犯移送检察院②。

按照第 9/1999 号法律《司法组织纲要法》第 56 条规定，"实行刑事诉讼"，"依据诉讼法律的规定领导刑事侦查"属于检察院的职责及权限。因

---

① 《澳门廉政公署年报 2006》，廉政公署，2006。
② 《澳门廉政公署年报 2009》，廉政公署，2009。

此，相关刑事检控由检察院负责①。另外，《立法会选举法》第10条第1款第8项规定立法会选举管理委员会须"将所获知的任何选举不法行为，报知有权限的实体"，此处的"有权限实体"包括廉政公署和检察院。例如，《立法会选举法》第94条第4款规定，如果候选名单受托人未按规定的期限提交选举账目，或者未在规定的期限内提交已经按选举管理委员会的要求纠正了不符合规定之处的新账目，选举管理委员会"应向检察院作出举报"。

第二节　诉讼制度的特别规定

立法会选举，无论是正常换届选举或是提前选举，都必须在法定期限内完成。因此，对于相关司法程序的进行必须在诉讼制度方面作出特别规定，尤其是非刑事司法程序（司法上诉）更需在很短时间内作出裁决，并且必须实行一审终审制。

一　关于《民事诉讼法典》的适用

《立法会选举法》第47条规定："对需要任何法院介入的行为，如本法律未有直接规范者，适用《民事诉讼法典》中关于宣告诉讼程序的规定，但不适用该法典第九十四条第一款及第九十五条第四款关于中止的规定。"由此可见：

第一，凡《立法会选举法》已经有直接规定的情况则不适用《民事诉讼法典》的规定，即该法典只是"补充制度"。

第二，在本条规定中提及"适用《民事诉讼法典》中关于宣告诉讼程序的规定"，对此应如何理解？由第55/99号法令核准之现行《民事诉讼法典》于1999年11月1日起生效。该法典分设五卷：第一卷"诉讼"、第二卷"诉讼程序一般规定"、第三卷"普通宣告诉讼程序"、第四卷"普通执行程序"及第五卷"特别程序"。共计1284条。本条规定中的"宣告程序"应是指《民事诉讼法典》第三卷的"普通宣告程序"。按照该法典第11条规定："一、诉讼分为宣告之诉及执行之诉。二、宣告之诉可分为：a）确

---

① 王伟华：《"一国两制"下的澳门特别行政区司法制度研究》，晨辉出版有限公司，2009，第40页。

认之诉，如其纯粹旨在获得就一权利或事实存在或不存在之宣告；b）给付之诉，如其旨在因一权利遭受侵犯或预料一权利遭受侵犯而要求给付一物或作出一事实；c）形成之诉，如其旨在直接创设、变更或消灭一法律状况。三、执行之诉系指原告请求采取适当措施以确实弥补遭受侵害之权利之诉讼。"宣告之诉的程序十分复杂（《民事诉讼法典》第 389 条至第 676 条）；同时，从法典的逻辑结构而言，法典第一卷及第二卷是关于民事诉讼的主体规定，与第三卷宣告诉讼程序密切相关。

第三，本条又特别规定《民事诉讼法典》第 94 条第 1 款及第 95 条第 4 款关于中止的规定不予适用。第 94 条第 1 款规定："法律所定或法官以批示定出之诉讼期间连续进行；然而，在法院假期期间，诉讼期间中止进行，但有关期间为六个月或六个月以上，或有关行为属法律视为紧急之程序中须作出者除外。"第 95 条第 4 款规定："即使无合理障碍，亦得在期间届满后第一个工作日作出行为；然而，须立即缴纳罚款，该行为方为有效，而罚款金额为整个或部分诉讼程序结束时所应支付之司法费之八分之一，但不得高于五个计算单位；此外，尚得在期间届满后第二或第三个工作日作出行为，在此情况下，罚款金额为司法费之四分之一，但不得高于十个计算单位。"之所以作出这两项排除，是因为《立法会选举法》对相关期间的设定有专门规定，尤其是在相关司法上诉中不实行程序中止制度。

二　司法上诉的裁判主体

基于选举程序中司法上诉的特殊性，不可以用利益价值去分配管辖权，也不能采用二审终审制，以免影响选举程序的进行；所以《立法会选举法》规定所有司法上诉皆由终审法院作为裁判主体，一审终审不可再作上诉，即"终审法院作出独一的合议庭裁判"。《立法会选举法》中相关规定包括：第36 条至第 38 条、第 77 条第 8 款、第 136 条至第 138 条，等等。

另外，第 9/1999 号法律《司法组织纲要法》第 44 条第 16 项规定，终审法院"行使法律赋予的其他管辖权"，《立法会选举法》的相关规定即属于此例。

三　司法上诉的期限

这主要涉及两方面的内容：一是提起司法上诉的期限；二是作出司法裁

判的期限。例如：关于候选名单的司法上诉，提起司法上诉的候选名单受托人，必须在行政暨公职局就其异议作出决定的告示公布后一日内向终审法院提起司法上诉（第 36 条第 2 款）。终审法院收到上诉申请书后需立即通知其他相关人士，以便其在一日内作出答辩；并在该期限届满后 5 日内作出裁判（第 37 条至第 38 条）。

关于投票和部分核算及总核算的司法上诉，提起司法上诉者须在张贴公布总核算结果的告示的翌日，向终审法院提起司法上诉。终审法院在收到司法上诉后需立即通知其他候选名单的受托人，以便其愿意时，在一日内作出答辩，并在公布核算结果翌日起计的 2 日内，作出确定性裁判（第138 条）。

四　关于追诉时效

与《刑法典》关于刑罚及保安处分之时效的规定（第 114 条）有所不同，《立法会选举法》第 148 条规定："选举违法行为的追诉时效，自作出可处罚的事实起计经四年完成。"这是 2008 年修改《立法会选举法》时作出的一项重要修改，将原来规定的"一年"改为"四年"。这主要是为了加强打击贿选及其他违法行为的力度，也是考虑到立法会每届任期 4 年，追诉时效与之相应较为合理。

第三节　投票和核算之司法上诉：概述

关于投票和核算的司法上诉，尤其是关于对废票总核算的司法上诉，有可能导致选举结果的变化，其重要性不言而喻。为此，《立法会选举法》设专章（第九章）作出全面规定。

一　提起司法上诉的前提

根据《立法会选举法》第 136 条的规定，就投票和核算提起司法上诉，必须符合以下条件：

第一，必须是针对"在投票和部分核算或总核算工作过程中出现的不符合规范的情况"（第 136 条第 1 款前半段）。所谓"不符合规范"，主要是指不符合《立法会选举法》的规定。

第二，必须是在发生该等不符合规范的行为时已经提出异议、抗议或反抗议（第 136 条第 1 款后半段）。例如，在投票期间，就投票站执行委员会关于是否接纳失明者、明显患病及伤残选民投票的决定提出书面抗议（第 111 条第 3 款），对投票站的工作提出疑问、异议、抗议或反抗议（第 113 条第 1 款），以及对总核算委员会的工作提出异议、抗议或反抗议（第 127 条第 5 款），等等。

第三，对于不符合规范的情况必须在选举日（投票日）之后第 2 日向总核算委员会提起行政上诉之后，方可提起司法上诉（第 136 条第 2 款）。按照一般的规定，只有在行政上诉完结并作出决定之后，方可提起针对该决定的司法上诉。因此，《立法会选举法》第 133 条第 1 款规定："总核算工作完成后，须立即缮立纪录，载明有关工作结果及根据第一百二十七条第五款的规定所提出的异议、抗议及反抗议，以及对该等事宜所作的决定。"

二　提起司法上诉的主体

《立法会选举法》第 137 条规定："除提出异议、抗议或反抗议者外，候选名单的受托人亦得对异议或抗议的决定提起上诉。"这可以理解为，虽然某个候选名单的受托人并未提出异议或抗议，但也有权就《立法会选举法》第 133 条第 1 款所指决定提起司法上诉。这也是公平性原则的一种体现。

三　司法上诉的审理

《立法会选举法》第 138 条规定了司法上诉的管辖、期限及程序。可分述如下。

其一，终审法院为对该等司法上诉有管辖权的唯一主体（第 138 条第 2 款）。

第二，提出上诉者须在上诉书中列明事实依据和法律依据，并附上作为证据的一切资料（第 138 条第 1 款）。由于审理时限很短，难以允许在开审之后再提交补充资料，故要求在提起上诉时就附上作为证据的"一切"资料。应该说此项要求是合理的，而且由于事实情况相对简单，因此也是可以做到的。

其三，关于期限共有 3 个时间点：一是上诉者须在总核算委员会公布核算结果的翌日内向终审法院提起上诉（第 2 款），通常理解应在办公时间提起；二是终审法院收到起诉当日须立即通知未提起上诉的其他候选名单的受托人，以便其愿意时在一日内作出答辩（第 3 款），通常理解是以书面方式作出响应①；三是终审法院须在"公布核算结果翌日"届满后 2 日内对上诉作出确定性裁判（第 4 款）。

其四，终审法院是以全会形式作出裁判（第 4 款），即是以多数议决方式确定，而终审法院院长并无"决定性"一票，完全实行少数服从多数原则。同时，亦可以理解为终审法院并非以开庭方式审理。

其五，本条第 5 款规定："第四十七条的规定，适用于关于投票和核算的司法争讼。"第 47 条的内容是对需要任何法院介入的行为，只有在本《立法会选举法》未有直接规范的情况下，方可适用《民事诉讼法典》关于宣告诉讼程序的规定，并排除其中关于"程序中止"的部分。因此，在本条已就投票和核算的司法上诉作出具体规定的情况下，就不适用《民事诉讼法典》的相关规定。事实上，既然第 47 条已表述得很清楚，此处再作重复似乎并无必要。除非是对第 5 款另有理解。

四　裁判的效力

《立法会选举法》第 139 条规定："一、任何投票站的投票，只有在发现能影响选举总结果的不合法性时，方被裁定无效。二、一经宣告一个或以上投票站的投票无效，相应的选举工作须在作出裁判后的第二个星期日重新进行。"

第 1 款的规定对于裁定某个或某些投票站投票无效设定了严格的条件，即只有在"影响选举总结果"的情况下方可为之。所谓选举总结果，应是指最后的当选名单。同时，此种裁判只是针对"投票站的投票"，并不包括其他程序；而且只是针对存在"能影响选举总结果的不合法性"的票站，而不是针对整个选举。投票站出现的"不合法性"情况，大致包括以下情形：按照法律规定不得开放投票站时却仍然开放（第 102 条）；应该纠正不符合规范的情况却未予纠正（第 103 条）；应该关闭投票站时却没有关闭（第 104 条）；以及其他严重影响投票自主性和真实性的情况等。当然，如

---

① 参见澳门特别行政区终审法院"第 31/2009 号选举司法上诉判词"（中文版），第 1 页。

前所述，如果该等不法或不符合规范情形并未能影响选举总结果，则无须裁定相关投票站的投票无效。

第 2 款规定了投票无效之投票站重新投票的时间，在这种情况下，必然会影响最终选举结果的公布时间。

第四节　投票和核算之司法上诉：案例

2009 年 9 月 20 日，是第四届立法会选举投票日，共有 149006 位选民参加投票，占选民总数（248708 人）的 59.91%[①]。经各投票站点票汇总，初步确定有 6539 张废票，废票率为 4.39%，远高于上届选举时的 2%[②]。根据初步点算结果，是次选举的 12 名直选议员当选名单已广为报道；但按照《立法会选举法》规定最终须由总核算委员会作出复核；尤其是对废票按划一标准进行复核（第 131 条第 1 款）。因此坊间十分关注"废票复活后会否改变战果"[③]。而在此期间，最后一名当选人的候选名单受托人已表示，如结果有变将保留诉诸法律追究的权利[④]。

总核算委员会依法于 2009 年 9 月 21 日上午 11 时开始工作（《立法会选举法》第 129 条第 1 款）。总核算委员会在选举管理委员会关于界定有效票标准的基础上，补充两项标准并据此进行复核[⑤]。总核算委员会于 9 月 22 日完成复核工作，在原先的 6539 张废票中有 5467 张被界定为有效票，但对初步公开的选举结果并无影响[⑥]。当日，在当选名单排在最后一位的候选人向总核算委员会递信，反对其确定有效票的标准[⑦]，随后又于 9 月 23 日聘请律师向终审法院提起上诉[⑧]。

终审法院于 9 月 28 日就该司法上诉作出裁判（案件编号第 31/2009 号）。

裁判书在第一部分概述中指出，上诉人"以立法会选举第五候选名单

---

① 《选举活动综合报告（2001~2009）》，澳门行政暨公职局，2010，第 266 页。
② 永逸：《选管会宜认真总结失误的经验教训》，《新华澳报》2009 年 9 月 22 日，第 1 版。
③ 《发票复活战会否改写结果》，《澳门日报》2009 年 9 月 22 日，第 A01 版。
④ 《民主派配票成功》，《华侨报》2009 年 9 月 22 日，第 11 版。
⑤ 《终院撤销复活废票准则》，《市民日报》2009 年 9 月 29 日，第 P01 版。
⑥ 《终院撤销复活废票准则》，《市民日报》2009 年 9 月 29 日，第 P01 版。
⑦ 《递信反对现行有效票准则》，《澳门日报》2009 年 9 月 23 日，第 A02 版。
⑧ 《认核票标准违选举法》，《澳门日报》2009 年 9 月 24 日，第 B12 版。

改革创新联盟受托人的身份，针对总核算委员会对其向该委员会提出的异议所作的决议提起了本选举司法上诉，请求把所有在选票空格以外盖印或甚至所盖之印根本没有接触空格的选票视为废票。

根据《澳门特别行政区立法会选举法》第138条第3款的规定，将本上诉请求书通知了各候选名单的受托人，其中第二组的受托人提交了回应。

在总核算期间，第五候选名单改革创新联盟的第一候选人向总核算委员会提出了异议，认为数千张被宣告有效的选票，由于不符合《澳门特别行政区立法会选举法》第65条第3款和第4款、第120条第1款第4项和第2款订定的标准应被视为废票。

总核算委员会经议决后认为，总核算工作所采取的划分废票与有效票的准则，符合《澳门特别行政区立法会选举法》第120条第2款的立法精神，而且符合立法会选举管理委员会事先所确立的准则，同时总核算委员会在开始总核算之前所定的准则，仅仅是对选举管理委员会所定准则的补充，所以决定不接纳声明异议人所提出的请求。"

裁判书亦披露了总核算记录中关于界定有效票的内容。

"在总核算工作正式开始之前，总核算委员会成员举行了内部会议，按照《选举法》第131条第1款的规定，预先确立了审查争议票及复核废票的统一标准。目的在于对选举管理委员会之前确定的标准作出必要的补充。

总核算委员会订立上述划一标准的理由是：第一，遵守和体现《选举法》第65条第3款和第120条的立法精神；第二，尊重选民的投票意向；第三，与选举管理委员会之前确定的标准保持一致。……

按照上述标准，总核算委员会审查了异议或抗议所针对的全部选票，并作出决定，而且复核了被视为废票的全部选票。

总核算委员会依据《选举法》第131条第2款的规定，对投票站的点算结果作了必要的更正，更正的内容皆已载入'总核算结果'中。"

裁判书第二部分阐述了终审法院审议此案的相关理据。

（一）终审法院的审判权

本上诉是根据《澳门特别行政区立法会选举法》第136条及续后各条（下列条文如没有指出所属法规名称均为该法律）提出，且针对

174

在本月 20 日举行的澳门特别行政区立法会选举的核算程序。

根据《行政诉讼法典》第 94 条的规定，选举诉讼具有完全审判权的性质。

根据该原则，在这种行政诉讼程序中，法院并不只限于审查被质疑的选举行为的效力及在出现不合法性时宣告相关的法律后果，而且可就行为所针对的事项作出最终决定。

（二）判定选票无效的标准

在本案中，上诉人针对总核算委员会把所有在空格以外盖印或所盖之印根本没有接触空格的投票视为有效票的决定提出质疑。

现在讨论的是判定选票在什么情况下视为废票的标准。

关于废票，第 120 条规定：

"一、下列情况的选票等同废票：

（一）在一个以上的方格内填划，或对所填划的方格有疑问；

（二）在已放弃竞选的名单的相应方格内填划；

（三）在选票上作出任何撕剪，绘划，涂改或写上任何字句；

（四）采用不同于第六十五条第三款或第四款所规定的填划方式。

二、如选民或投票人以第六十五条所规定的方式填票，即使未能完整地填划或有关标记超越方格范围，但毫无疑问能表达出选民的意向者，均不视为废票。"

关于该条第 1 款第 1 至 3 项规定的情况在本案中没有产生疑问。

关于该款第 4 项的情况，应考虑第 65 条第 3 款和第 4 款的规定：

三、选票上所载的每一名单的同一方向，均有一空白方格，以便投票人填上"√"、"+"或"×"符号表明其所选取的名单。

四、立法会选举管理委员会可透过选举指引订定选民须使用的填票专用工具。

立法会选举管理委员会确实在 2009 年 8 月 17 日的会议上发出了第 5/CAEAL/2009 号指引，确定必须使用印章填划选票：

1. 选民在 2009 年 9 月 20 日举行之立法会选举中按立法会选举法第 110 条第 2 款之规定选投候选名单时，必须使用选管会提供之放置于划票间内之专用印章。

2. 在选票上盖印后，须在划票间内把选票向内对折两次，方可离

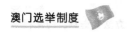

开划票间。

3. 不使用选管会提供的专用印章填划的选票一律视作废票。

另一方面,第110条第2款规定"选民或投票人……在其选投的候选名单的相应方格内按第六十五条的规定作出标示又或不作任何标示……。

这样,根据上述三个条款,要选票能在法律上视为有效,选民或投票人必须在选票中有关候选名单的空白方格内,以第65条第3款和第4款规定的方式,即以"√"、"+"或"×"中的一个符号,或以立法会选举管理委员会通过指引规定的专用工具填划选票。

由于在本届立法会选举中,立法会选举管理委员会发出了指引,决定只能以选管会提供的印章填划选票,仅当以该印章以及在相应候选名单的空格内填划的选票才是有效的,以任何其他方式填划的选票均为废票。

当未能完整地填划符号或有关标记超越方格范围,如果能毫无疑问地显示选民的意向时,只要选票是以第65条规定的方式填划,该选票为有效。

所以,法律允许未能完整地填划符号或有关标记超越空白方格范围,但为使选票视为有效,必须满足下列条件:

－在相应候选名单的空格内填划选票;

－以第65条第3款和第4款规定的方式,即以"√"、"+"或"×"中的一个符号,或以立法会选举管理委员会通过指引规定的专用工具填划选票;

－能毫无疑问地显示投票人的意向。

缺少任何一个条件均使选票成为废票。所以,如果标记是在空白方格外标示,例如,在印有候选名单的编号、徽号和名称的方格,或在选票的任何其他空白处标示出,由于违反第110条第2款和第65条第3款的规定,根据第120条第1款第4项,有关选票为废票。

因此,应撤销总核算委员会对各票站送交的(被提出异议或抗议,以及被视为废票的)选票采取了有别于上面阐述的标准所作的决议。

(三)检视所有由立法会选举管理委员会送交的选票

撤销了总核算委员会上述决议的部分,终审法院应重新审查由立法会选举管理委员会送交的全部6539张已由总核算委员会复核的选票。

终审法院在适用第65条第3款和第4款、第110条第2款和第120

条订定的标准以及立法会选举管理委员会第 5/CAEAL/2009 号指引，对上述 6539 张选票重新审议后，确定 41 张为有效票，6498 张为废票。

最后，终审法院裁定，综上所述，合议庭裁定本选举司法上诉胜诉，并因此撤销总核算委员会在 2009 年 9 月 21 至 22 日，对各票站送交的选票采取了有别于在本裁判确定的标准所作的决议部分。对送交的 6539 张选票裁定 41 张为有效票，6498 张为废票。……

根据本合议庭裁判的裁定制作的下列附表作为其组成部分：

–终审法院判定为有效的选票；

–立法会选举中直接选举的投票结果；

–每一候选名单所得议席总数（见表 8–1）。

表 8–1　2009 年澳门特别行政区立法会选举直接选举议席分配

候选名单		得票	除一	除二	得议席数
组别	名称				
1	澳粤同盟	10348	10348	5174.0	1
2	新希望	12908	12908	6454.0	1
3	同力建设联盟	5389	5389	2694.5	0
4	民主昌澳门	16424	16424	8212.0	2
5	改革创新联盟	7857	7857	3928.5	1
6	公民监察	5329	5329	2664.5	0
7	澳门民联协进会	17014	17014	8507.0	2
8	社会公义	1627	1627	813.5	0
9	民主起动	1141	1141	570.5	0
10	澳门发展新连盟	14099	14099	7049.5	1
11	社会民主阵线	256	256	128.0	0
12	同心协进会	21098	21098	10549.0	2
13	群力促进会	14044	14044	7022.0	1
14	齐声建澳门	905	905	452.5	0
15	民主新澳门	11024	11024	5512.0	1
16	亲民爱群协会	2334	2334	1167.0	0

对终审法院的上述裁判，可以指出以下几点：

第一，由于只有 41 张选票被确定为有效票，且分布于若干候选名单，故并未影响最初公布的选举结果。同时，是次直接选的最终结果亦由此次裁判确定。

第二，此项裁判是澳门自 1976 年有立法会选举以来，首次就选票总核算作出的司法裁判，对于相关的理论研究和实务操作都具有重要意义。

第三，裁判书未有对如何理解第 120 条第 2 款 "即使未能完整地填划或有关标记超越方格范围，但毫无疑问能表达出选民的意向者，均不视为废票" 作进一步说明，而这正是容易产生不同理解和争议的要害所在。因此，下届的立法会选举管理委员会应就此作出更完整、准确的指引，并广为宣传，使广大选民和票站执行委员会成员都能充分认识和正确执行。

第五节　选举的不法行为

根据《立法会选举法》的规定，选举的不法行为包括刑事不法行为和轻微违反两类。

在非刑事法律中规定相应的刑事条款，是澳门刑事法律体系的重要构成[1]。有学者将其视为 "非刑事法律中的附属刑法"[2]。毫无疑问，对于规定一般（基本）刑事制度的《刑法典》而言，《立法会选举法》中的刑事条款属于 "特别法"。按照 "特别法优于一般法" 原则，《立法会选举法》中的刑事规定将优先适用，但在未有相关规定的情况下则适用《刑法典》。

一　关于 "一般原则"

《立法会选举法》第 140 条至第 143 条规定了关于选举不法制度的一般原则，现分述如下。

第 140 条规定："本法律所定的处罚，不排除因实施其他法律所规定的任何违法行为而适用其他更重的处罚。" 此条规定体现了处罚从重原则，不同于《刑法典》第 64 条规定的 "对行为人较为有利原则"[3]。需要说明的是，此条规定并非是指两个不同的行为（及相关事实）：一个是违反《立法会选举法》而受到相应处罚的行为，另一个是违反其他法律而受到相应处

---

① Manuel Leal-Henriques：《澳门刑法培训教程》（中译本），卢映霞译，澳门法律及司法培训中心，2011，第 8～12 页。

② 赵国强：《澳门刑法概说（犯罪通论）》，社会科学文献出版社、澳门基金会，2012，第 47 页。

③ 《刑法典》第 64 条："如对犯罪可选科剥夺自由之刑罚或非剥夺自由之刑罚，则只要非剥夺自由之刑罚可适当及足以实现处罚之目的，法院须先选非剥夺自由之刑罚。" 关于 "对行为人较有利原则" 可参阅《澳门刑法培训教程》，第 27～39 页。

罚的行为。而是指某个违反《立法会选举法》的行为的相关事实，同时也涉及违反其他法律（主要指《刑法典》），如果后者处罚较重则适用后者[1]。

第141条规定："下列者为选举不法行为的加重情节：（一）影响投票结果的违法行为；（二）管理选举事务的人员所作的违法行为；（三）投票站执行委员会成员所作的违法行为；（四）总核算委员会成员所作的违法行为；（五）候选人、候选名单的受托人、社团或提名委员会的代表所作的违法行为。"这是从违法行为的主体和行为后果的角度（层面）设定加重情节。关于刑罚的加重，《刑法典》第68－A条规定："不妨碍法律明确规定刑罚加重之其他情节或规定，倘行为人透过不可归责者作出事实，适用刑罚之最高限度和最低限度均加重三分之一。"

第142条规定："一、如犯罪的行为人具体协助收集关键性证据以侦破该犯罪，尤其是以确定该犯罪的其他行为人，可就该犯罪免被处罚或减轻处罚。二、法官应采取适当措施，使上款所指人士的身份受到司法保密的保障。"此条规定是在2008年修改《立法会选举法》时增加的。其目的在于鼓励犯罪嫌疑人"挺身而出"，提供证据协助侦破相关犯罪。在过往的立法会选举中，虽然坊间对贿选行为议论纷纷，但由于《立法会选举法》及《刑法典》未设立所谓的"污点证人"制度，相关指控多因证据不足而未能起诉或无法定罪。新增此条规定，对于图谋犯罪者有甚大的阻吓作用。

第143规定："本法律所规定的违法行为，如由澳门特别行政区公共行政当局的公务员或服务人员作出时，同时构成违纪行为。"第87/89/M号法令《澳门公共行政工作人员通则》第281条规定："违纪行为系指公务员或服务人员作出之违反其须遵守之一般义务或特别义务之过错事实。"对此条中所指的"一般义务"，该法令第279条作出了列举式规定（第2款列出：无私、热心、服从、忠诚、保密、有礼、勤谨、守时以及不从事不得兼任之活动）；至于"特别义务"则未作列举。然而，事实上，"不论是一般义务，还是特别义务都包含更多元的工具，且其最重要的渊源是法律和上级的命令"[2]。因此，对于公职人员而言作出违反《立法会选举法》的行为"同时构成违纪行为"是顺理成章的。对于违纪行为的处理适用该法令第六编"纪律制度"规定的纪律程序。

---

[1] 如属于刑事犯罪，可在某种程度上视为"犯罪竞合"。见刘高龙、赵国强主编《澳门法律新论》（上卷），社会科学文献出版社、澳门基金会，2011，第340～342页。

[2] Manuel Leal-Henriques：《纪律惩处法教程》，关冠雄译，澳门法律及司法培训中心，2009，第31页。

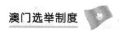

二　刑事不法行为的一般规定

（一）犯罪未遂的处罚

《立法会选举法》第 144 条第 2 款规定："二、可科处于既遂犯而经特别减轻的刑罚，适用于犯罪未遂，但下款的规定除外。三、对第一百五十一条、第一百五十二条、第一百五十三条、第一百六十一条第一款、第一百六十八条、第一百六十九条、第一百七十条第一款、第一百七十三条、第一百七十四条、第一百八十一条及第一百八十三条所指犯罪，科处于既遂犯的刑罚，适用于犯罪未遂。"《刑法典》第 21 条对犯罪未遂作出界定："一、行为人作出一已决定实施之犯罪之实行行为，但犯罪未至既遂者，为犯罪未遂。二、下列行为为实行行为：a）符合一罪状之构成要素之行为；b）可适当产生符合罪状之结果之行为；或 c）某些行为，除非属不可预见之情节，根据一般经验，在性质上使人相信在该等行为后将作出以上两项所指之行为。"对此，有学者指出："在澳门刑法中，只要行为人开始实施犯罪的实行行为，不管是出于行为人意志以外的原因还是出于行为人意志以内的原因致使犯罪未达致既遂的，都属于犯罪未遂。"①

《立法会选举法》第 144 条第 1 款规定"犯罪未遂处罚之"，这是基本原则；与《刑法典》第 22 条第 1 款的规定有所不同："有关之既遂犯可处以最高限度超逾三年之徒刑时，犯罪未遂方予处罚，但另有规定者除外。"《立法会选举法》第 144 条第 1 款即属于"另有规定"之例，且未设条件，只要是犯罪未遂均以处罚。

至于如何处罚，《立法会选举法》第 144 条第 2 款的规定与《刑法典》第 22 条第 2 款（"犯罪未遂，以可科处于既遂犯而经特别减轻之刑罚处罚之"）一致，但有例外。对于刑罚之特别减轻，《刑法典》第 66 条及第 67 条有明确规定。

《立法会选举法》第 144 条第 3 款规定，对于下列犯罪之未遂适用对既遂的刑罚：关于提名委员会的胁迫及欺诈手段之犯罪（第 151 条），关于指定投票人的胁迫及欺诈手段之犯罪（第 152 条），对候选人的胁迫及欺诈手段之犯罪（第 153 条），诬告（第 161 条第 1 款），贿选罪（第 170 条第 1 款），出于欺诈将选票投入投票箱及取去投票箱或选票（第 173 条），投票

---

① 赵国强：《澳门刑法概说（犯罪通论）》，社会科学文献出版社、澳门基金会，2012，第 355 页。

站执行委员会成员或核票员的欺诈（第 174 条），选票、记录或与选举有关的文件的伪造（第 181 条）及在总核算委员会的欺诈（第 183 条）。

（二）关于附加刑的规定

《立法会选举法》第 145 条规定："因实施选举犯罪而科处的刑罚，得加上中止行使政治权利两年至十年的附加刑。"其中"得加上"属于"选择性规范"，由法官在具体案件的裁判中决定是否科处此项附加刑。在"中止行使政治权利"期间，当事人不得作为立法会选举、行政长官选举委员会选举、行政长官选举中的投票人和候选人。

《立法会选举法》第 146 条规定："一、如行政当局的公务员或服务人员所实施的选举犯罪是明显且严重滥用职务，或明显且严重违反本身固有的义务，则对该等人员所科处的刑罚，加上撤职的附加刑。二、撤职的附加刑，可与上条所指的附加刑并科。"第 1 款中"加上撤职的附加刑"是指"必须"同时科处此项附加刑；而"撤职"可以理解为解除在公共行政机关、部门或实体担任的任何职务和职位。根据第 2 款的规定，此项附加刑可以和中止政治权利的附加刑一并科处。

（三）徒刑的不得暂缓执行或替代

《立法会选举法》第 147 条规定："因实施选举的刑事不法行为而科处的徒刑，不得被暂缓执行或由其他刑罚代替。"此条规定排除了《刑法典》第三编第二章第二节规定的徒刑之暂缓执行制度（第 48 条 ~ 第 55 条），允许在符合法定前提及期间内"法院得将科处不超逾三年之徒刑暂缓执行"（第 48 条第 1 款）。《刑法典》第 44 条第 1 款规定："科处之徒刑不超逾六个月者，须以相等日数之罚金或以其他可科处之非剥夺自由之刑罚代替之。"作出这两项排除，旨在加强打击选举犯罪的力度。

三　选举犯罪的具体规定

（一）关于选举程序组织方面的犯罪

这方面的犯罪包括：

（1）无被选资格者的参选，最高处三年徒刑（第 149 条）；

（2）重复参选，针对两种情况科最高一百日罚金，或处最高六个月徒刑（第150条）；

（3）关于提名委员会的胁迫及欺诈手段，处一年至五年徒刑（第151条）；

（4）关于指定投票人的胁迫及欺诈手段，处一年至五年徒刑（第152条）；

（5）对候选人的胁迫及欺诈手段，处一年至五年徒刑（第153条）；

（6）使选票不能到达目的地，处最高三年徒刑（第154条）。

（二）关于竞选活动的犯罪

这方面的犯罪包括：

（1）违反中立及公正无私义务，处最高三年徒刑，或科最高三百六十日罚金（第155条）；

（2）姓名、名称、简称或标志的不当使用，处最高一年徒刑，或科最高三百六十日罚金（第156条）；

（3）侵犯集会和示威的自由，处最高三年徒刑，或科最高三百六十日罚金（第157条）；

（4）对竞选宣传品的毁损，处最高三年徒刑，或科最高三百六十日罚金（第158条）；

（5）使函件不能致达收件人，处最高一年徒刑，或科最高三百六十日罚金，如属出于欺诈而作出上款所指行为者，处最高三年徒刑（第159条）；

（6）在选举日的宣传，处最高一年徒刑，或科最高二百四十日罚金，如是在投票站或其一百公尺范围内进行宣传者，处最高二年徒刑（第160条）；

（7）诬告，分三种情况分别处一年至五年徒刑、处最高二年徒刑、处一年至八年徒刑（第161条）。

（三）关于投票及核算的犯罪

这方面的犯罪包括：

（1）出于欺诈而冒充已登记的选民作投票者，处最高三年徒刑（第162条）；重复投票，处最高三年徒刑（第163条）；

（2）投票保密的违反，在投票站或其一百公尺范围内，以胁迫或任何性质的手段，又或利用本身对选民的权势，使投票人透露已作的投票或投票意向者，处最高六个月徒刑，自己对外透露已作的投票或投票意向者，科最高二十日罚金（第164条）；

（3）接纳或拒绝投票权限的滥用，处最高三年徒刑（第165条）；滥用执法权力妨碍投票，处最高三年徒刑（第166条）；

（4）滥用职能，处最高三年徒刑（第167条）；胁迫或欺诈选民，处一年至八年徒刑，如是使用禁用武器或两人及以上人数使用暴力者，则一年至八年刑罚之最低及最高限度均提高三分之一（第168条）；

（5）有关职业上的胁迫，处一年至五年徒刑，且不妨碍所受处分的无效及自动复职，或因已被解雇或遭其他滥用的处分而获得损害赔偿（第169条）；

（6）贿选，对于行贿人，按不同情况处一年至五年徒刑，或处一年至八年徒刑（第170条）；

（7）出于欺诈不将投票箱展示，处一年至五年徒刑（第171条）；

（8）不忠实的受托人，处最高三年徒刑（第172条）；

（9）出于欺诈将选票投入投票箱及取去投票箱或选票，处一年至五年徒刑（第173条）；

（10）投票站执行委员会成员或核票员的欺诈，处一年至五年徒刑（第174条）；

（11）阻碍监察，处六个月至三年徒刑，如该行为由投票站执行委员会主席作出，则在任何情况下，对其所处的徒刑均不少于一年（第175条）；

（12）拒绝受理异议、抗议或反抗议，处最高一年徒刑，或科最高三百六十日罚金（第176条）；

（13）对投票站或总核算委员会的扰乱或妨碍，处一年至五年徒刑（第177条）；

（14）不当出现在投票站或总核算委员会工作地点，处最高一年徒刑，或科最高三百六十日罚金，如是未经立法会选举管理委员会事先许可而携带武器进入投票站者，处最高二年徒刑（第178条）；

（15）警察部队的不到场，处最高三年徒刑（第179条）；

（16）警察部队擅入投票站，处最高一年徒刑（第180条）；

（17）伪造选票、纪录或与选举有关的任何文件，处一年至五年徒刑（第181条）；虚假的患病或伤残证明书者，处最高五年徒刑，或科最高三百六十日罚金（第182条）；

（18）总核算委员会成员的欺诈，处一年至五年徒刑（第183条）。

四　轻微违反的一般规定

（一）《刑法典》的相关规定

《刑法典》第七编就轻微违反作出专门规定（第 123 条～第 127 条）。其中第 123 条规定："一、单纯违反或不遵守法律或规章之预防性规定之不法行为，为轻微违反。二、就轻微违反，过失必须受处罚。三、不得对轻微违反规定超逾六个月之徒刑。"从第 1 款的规定来看，轻微违反既包括刑事违法，也包括其他违法；而从第 124 条的规定来看，有在某种情况下轻微违反属于犯罪。该条规定："一、对犯罪所作之规定，适用于轻微违反，但另有规定者除外。二、称为轻微违反之不法事实，如可处以最高限度超逾六个月之徒刑，则视为犯罪。"换言之，轻微违反既可以是一种犯罪行为，也可以是一种其他违法行为①。

（二）《立法会选举法》的相关规定

《立法会选举法》关于轻微违反的一般规定，只是涉及管辖法院（第 184 条）及承担责任的主体（第 185 条），并未对轻微违反的性质作出界定，且对各项轻微违反（绝大多数）只是处以罚金，而不是涉及其他刑罚（只有第 201 条第 1 款及第 202 条规定的情况例外）。

《立法会选举法》第 184 条规定："一、作出审判及科处本节规定的轻微违反的相应罚金，属初级法院的管辖权。二、本节所规定的罚金属澳门特别行政区的收入。"按照第 9/1999 号法律《司法组织纲要法》的规定，澳门特别行政区设立第一审法院、中级法院和终审法院，第一审法院包括初级法院和行政法院（第 10 条）。初级法院的权限是"未由法律规定归予特定法院的案件，由初级法院管辖"（第 28 条）。当然，这并不排除由法律明确规定对某类案件（如《立法会选举法》中的轻微违反）由该法院管辖。

《立法会选举法》第 185 条规定："一、对政治社团科处的罚金，由其

① 澳门大学法学院教授赵国强认为，"轻微违反在澳门法律中可谓是一个说不清道不明的概念"。引自刘高龙、赵国强主编《澳门法律新论》（上卷），社会科学文献出版社、澳门基金会，2011，第 346 页。

领导人负责，而对提名委员会科处的罚金，则由其受托人负责。二、不合规范设立或无法律人格的社团或已解散的提名委员会，不影响其领导人或受托人须负上款所指的责任。"对责任人作出了清晰的规定，方可确保或有利于相关罚金裁判的执行，从而增加轻微违反处罚制度的实际执行力和阻吓性。

五　轻微违反的具体规定

（一）关于选举程序组织方面的轻微违反

这方面的规定包括：

（1）重复参选名单，分三种情况分别科处五千至一万元罚金、五百元至一千五百元罚金及二千元至五千元罚金（第 186 条）；

（2）投票站及总核算委员会职务的不担任、不执行或放弃，分两种情况分别科处二千元至二万元罚金、一千元至五千元罚金（第 187 条）。

（二）关于竞选活动的轻微违反

这方面的规定包括：

（1）不具名的竞选活动，科处五千元至二万元罚金（第 188 条）；

（2）民意测验结果的公布，科处一万元至十万元罚金（第 189 条）；

（3）非法集会示威或游行，科处二千五百元至一万元罚金（第 190 条）；

（4）关于音响和图文宣传规则的违反，科处一千元至五千元罚金（第 191 条）；

（5）不法的商业广告，科处五千元至五万元罚金（第 192 条）；

（6）资讯性刊物义务的违反，科处五千元至五万元罚金（第 193 条）；

（7）不将因行使广播权而播放的节目作记录，科处五千元至二万五千元罚金（第 194 条）；

（8）电台及电视台义务的不履行，分两种情况分别科处一万元至十万元罚金、五千元至二万五千元罚金（第 195 条）；

（9）拥有表演场所的人义务的不遵守，科处二千五百元至二万五千元罚金（第 196 条）；

（10）在选举日前一日的宣传，科处二千元至一万元罚金（第 197 条）；

（11）不法收入，分两种情况，分别科处五千元至五万元罚金、一万元

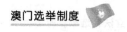

至十万元罚金（第 198 条）；

（12）不详列收入及开支，科处五万元至十万元罚金（第 199 条）；

（13）未经许可或追认的选举开支，科处五万元至五十万元罚金（第 200 条）；

（14）账目的不提交或不公开，分两种情况分别处最高六个月徒刑或科处十万元至一百万元罚金、一万元至十万元罚金（第 201 条）；

（15）超过竞选活动开支限额，处最高六个月徒刑或科处十万元至一百万元罚金（第 202 条）；

（16）对程序的不遵守，科处一千元至五千元罚金（第 203 条）。

第九章
行政长官选举制度概述

　　第八届全国人民代表大会第一次会议，于1993年3月30日通过《中华人民共和国澳门特别行政区基本法》及其他相关法律文件的同时，亦通过了《关于澳门特别行政区第一届政府、立法会和司法机关产生办法的决定》这个重要的宪制性文件。该决定第2条规定："全国人民代表大会设立澳门特别行政区筹备委员会，负责筹备成立澳门特别行政区的有关事宜，根据本决定规定第一届政府、立法会和司法机关的具体产生办法。筹备委员会由内地委员和不少于百分之五十的澳门委员组成，主任委员和委员由全国人民代表大会常务委员会委任。"

　　该决定第3条和第4条规定了澳门特别行政区筹备委员会（简称筹委会）负责组织产生澳门特别行政区第一任行政长官的选举机构，以及行政长官的产生方式：

　　三、澳门特别行政区筹备委员会负责筹组澳门特别行政区第一届政府推选委员会（以下简称推选委员会）。

　　推选委员会全部由澳门永久性居民组成，必须具有广泛代表性，成员包括澳门地区全国人民代表大会代表、澳门地区全国政协委员的代表、澳门特别行政区成立前曾在澳门行政、立法、咨询机构任职并有实际经验的人士和各阶层、界别中具有代表性的人士。

推选委员会由 200 人组成，其中：工商、金融界 60 人；文化、教育、专业等界 50 人；劳工、社会服务、宗教等界 50 人；原政界人士、澳门地区全国人大代表、澳门地区全国政协委员的代表 40 人。

四、推选委员会在当地通过协商或协商后提名选举的方式，产生第一任行政长官的人选，报中央人民政府任命。第一任行政长官的任期与正常任期相同。

因此，正如时任国务院副总理的筹委会主任委员钱其琛在筹委会首次会议的开幕词所言，"澳门特别行政区筹委会是全国人民代表大会设立的机构，既是一个权力机构，又是一个工作机构。筹备成立澳门特别行政区有关的一系列事宜，都将由筹委会按照基本法的规定和全国人大及其常委会的有关决定，进行研究，作出决定或提出建议，并加以落实"[①]。

筹委会于 1998 年 5 月成立，于 1999 年 1 月 16 日通过了第一任行政长官具体产生办法；于 1999 年 4 月 9 日从 247 人的候选名单中选举产生了第一位行政长官推选委员会中的 185 名委员，加上 4 名具有澳门永久性居民身份的全国人大代表和 11 名全国政协委员的代表共计 200 人。1999 年 5 月 15日，推选委员会以无记名投票方式选举产生了澳门特别行政区第一任行政长官人选，并于 5 月 20 日获国务院任命[②]。

基于全国人大澳门特别行政区筹备委员会的宪制地位，可以说由其负责组织的第一任行政长官选举是国家恢复对澳门行使主权的一项重要举措和体现。澳门特别行政区成立之后，澳门特区行政长官选举则是在国家主权之下，由澳门特别行政区按照《基本法》及其附件一的相关规定负责实施的重大选举活动；其首要工作就是制定《行政长官选举法》。

第一节　《行政长官选举法》的宪制依据

《基本法》及附件一的相关规定是《行政长官选举法》的宪制依据。正

---

① 郑言实编《澳门回归大事记》，澳门基金会，2000，第 174 页。

② 杨允中：《为平稳过渡献计，为特区行政催生——澳门特别行政区筹委会活动纪实》，载吴志良、杨允中主编《澳门 2000》，澳门基金会，2000，第 4~5 页。

确理解和执行这些规定，是草拟和制定《行政长官选举法》必须遵循的基本原则，是确保《行政长官选举法》合宪性的根本要求。

一　必须符合《基市法》的相关规定

这主要是指《基本法》第46条～第49条以及第55条第2款的规定。

（1）《基本法》第46条规定："澳门特别行政区行政长官由年满四十周岁，在澳门通常居住连续满二十年的澳门特别行政区永久性居民中的中国公民担任。"此条列出了担任行政长官必须同时具备的4个条件。

其一，年龄条件。即必须"年满四十周岁"。这里需要解决的问题是，如何确定"年满四十周岁"的计算标准。例如，是以候选人提名截止之日计算，抑或是以投票选举之日计算？

其二，居住年限条件。即"在澳门通常居住连续满二十年"。首先可以肯定的是，"在澳门"包括回归前的澳门和回归后的澳门特别行政区。而这里需要解决的问题是，如何界定"通常居住"，回归前后可否有不同的标准？

其三，身份条件。即必须是"澳门特别行政区永久性居民"。对此，必须按照《基本法》第24条第2款关于澳门特别行政区永久性居民的规定，尤其是第1项及第2项的规定，"澳门特别行政区永久性居民为：（一）在澳门特别行政区成立以前或以后在澳门出生的中国公民及其在澳门以外所生的中国籍子女；（二）在澳门特别行政区成立以前或以后在澳门通常居住连续七年以上的中国公民及在其成为永久性居民后在澳门以外所生的中国籍子女"。

其四，国籍条件。即必须是"永久性居民中的中国公民"[①]。《基本法》第1条规定："澳门特别行政区是中华人民共和国不可分离的部分。"第12条规定："澳门特别行政区是中华人民共和国的一个享有高度自治权的地方行政区域，直辖于中央人民政府。"第45条规定："澳门特别行政区行政长官是澳门特别行政区的首长，代表澳门特别行政区。澳门特别行政区行政长官依照本法规定对中央人民政府和澳门特别行政区负责。"上述规定表明，基于国家主权原则，基于澳门特区的法律地位，基于行政长官的身份和责

---

① 第九届全国人大常委会于1998年12月29日通过了《关于〈中华人民共和国国籍法〉在澳门特别行政区实施的几个问题的解释》，对澳门居民的中国国籍问题作出了明确规定。见《澳门特别行政区法例（一九九九年十二月二十日至三十一日）》，印务局，1999，第338～339页。

任，只能由同时符合上述条件的澳门永久性居民中的中国公民担任行政长官。另外，需注意到永久性居民中也包括非中国籍人士。

上述四个条件必须同时具备，缺一不可。

为了充分了解《基本法》上述规定的立法原意，有必要引述已故《基本法》起草委员会委员、中国著名宪法学家萧蔚云教授对草拟此条时情况的介绍："行政长官的年龄要满 40 周岁，主要原因是行政长官需要有较丰富的工作经验和能力。一般地说，年龄太小，难以胜任，年龄略为大一些，可能好一些。这在各国宪法中，都有先例。40 周岁不算太大，又可具有一定工作经验和能力，大体上较为合适。

《基本法》第 24 条规定在澳门特别行政区成立以前或以后在澳门通常居住连续 7 年以上的中国公民即可成为澳门特别行政区永久性居民，而对行政长官则要求在澳门通常居住连续满 20 年。这是因为澳门有些人士担心居住时间短，会有不少人从内地移居到澳门的时间不长就具备作为行政长官候选人的资格。考虑到这一情况，基本法起草委员会政治体制专题小组认为 20 年的居住期限是可以的。

依据中葡联合声明附件一的规定，担任某些主要官职，即相当于原'政务司'级官员、检察长和警察部门主要负责人只能由澳门特别行政区永久性居民中的中国公民担任，这也是国家主权的具体体现。行政长官是澳门特别行政区的首长和政府的首长，当然只能由澳门特别行政区永久性居民中的中国公民担任。"[1]

（2）《基本法》第 47 条规定："澳门特别行政区行政长官在当地通过选举或协商产生，由中央人民政府任命。行政长官的产生办法由附件一《澳门特别行政区行政长官的产生办法》规定。"此条规定表明：

第一，行政长官可以通过选举产生，也可以由协商产生，但不论以何种方式产生都必须"在当地"进行，这是一项合法性要件。同时，不论以何种方式产生行政长官人选，都要在得到中央人民政府任命之后方能依法宣誓就职。换言之，"中央人民政府的任命既是必经的程序，也是中央人民政府行使实质性的决定权，包括任命或不任命"[2]。当然，对于中央人

---

① 萧蔚云主编《一国两制与澳门特别行政区基本法》，北京大学出版社，1993，第 157 页。
② 骆伟建：《澳门特别行政区基本法新论》，社会科学文献出版社、澳门基金会，2012，第 239 页。

民政府不予以任命的情况如何处理，仍然值得深入研究并作出相关的制度安排。

第二，至于较为具体的行政长官产生办法，该条规定，"由附件一《澳门特别行政区行政长官的产生办法》规定"。

对于《基本法》第 47 条，萧蔚云教授指出："在这里《基本法》完全依照中葡联合声明的精神规定了行政长官产生的原则：第一，在一般情况下应在当地由选举产生，在特殊情况下如第一任行政长官可由协商产生。第二，行政长官必须由中央人民政府任命。这种任命当然不只是形式上的，而包括可任命，也可以不任命。行政长官由选举或协商产生，这体现了高度自治的精神，由中央人民政府任命，则体现了'一国'的主权和统一。这两者应当说都是实质性的，而不是形式上的。在实际工作上将来会把这二者很好地结合起来，澳门特别行政区在选举或协商行政长官的产生时，将按照《基本法》规定的行政长官的资格和产生程序，事先与中央人民政府进行联系，慎重地进行大量的工作和充分的准备。中央人民政府在任命行政长官时，当然要充分考虑到行政长官选举或协商中的合法性与澳门各界人士的意愿，而不会轻易不予任命。行政长官的产生，对中央人民政府、澳门特别行政区来说，都是一件重大的事情，中央人民政府与澳门特别行政区会互相配合起来，共同完成好这件大事，而不会互不通气，在行政长官产生出来之前，中央人民政府竟一无所知，以致因人选不当而不任命，澳门特别行政区也不会竟不与中央人民政府联系。只要按照《基本法》的规定产生行政长官，中央与特别行政区又能在工作上互相配合，产生与任命问题就能够得到正确的解决。

《基本法》第 47 条还规定，行政长官的产生办法由附件一《澳门特别行政区行政长官的产生办法》规定。最初，在《基本法结构草案》并没有规定附件，因为起草到行政长官这一条时，实践证明还需要有一个附件，以保持条文的平衡和附件的灵活性，才决定起草附件"[①]。

(3)《基本法》第 48 条规定："澳门特别行政区行政长官任期五年，可连任一次。"行政长官的任期为 5 年，如任期未满而出现缺位情况，续任者的任期应如何计算？对此，全国人大常委会于 2005 年 7 月 4 日就香港《基本法》的相同

---

① 萧蔚云主编《一国两制与澳门特别行政区基本法》，北京大学出版社，1993，第 162～163 页。

规定（第 53 条第 2 款）作出解释："新的行政长官任期为原行政长官的剩余任期。"① 即因缺位而补选者的任期与缺位者已担任的任期共为一任 5 年。

虽然，港、澳《基本法》分别由第七届全国人大和第八届全国人大通过，却是内容有所不同的两部法律，但指导方针和基本政策是相同的，故可以认为上述全国人大常委会解释的精神对于澳门《基本法》的相同表述应是一致的；但如有需要仍应由全国人大常委会对澳门《基本法》第 48 条的规定作出解释②。根据全国人大常委会的上述解释，因行政长官缺位而接任者，无论继任的任期多长皆视为一任，接任者同样也只能连任一次。香港第三任行政长官曾荫权的情况就是如此。更重要的是，第 48 条的规定明确了行政长官选举周期，各项选举准备工作必须以此为基础有序进行；任何不按期进行换届选举或不及时进行缺位选举都属于违反《基本法》；同时，任何已连任一次的行政长官都无权参加因其第二任任期届满而进行的行政长官选举。

对于任期问题，萧蔚云教授指出："《基本法》规定行政长官的任期为五年，可连任一次。任期的长短，没有绝对的标准。基本法起草委员会政治体制专题小组认为行政长官任期四年对于积累工作经验、在任时间稍为短一些，五年较为有利，因此定为五年。至于立法机关与行政长官是否需要一致、任期相同的问题，专题小组认为不一定需要任期相同，均为四年，因为行政长官有解散立法机关的权力，立法机关有要求行政长官辞职的权力，而且行政长官还有可能不到一任期满而缺位的，任期相同难以实现，即使立法机关与行政长官的每届任期相同也没有实际意义。

行政长官可否连任，连任可以到多长的时间，政治体制专题小组都进行了研究，委员会认为连任次数过多、时间太长，容易产生弊端，对澳门特别行政区的工作不利。如果不能连任，轮换太多，也不利于积累工作经验。所以确定为可以连任一次，即连续任职以不超过十年为好。"③

（4）《基本法》第 49 条规定："澳门特别行政区行政长官在任职期内不得具有外国居留权，不得从事私人赢利活动。行政长官就任时应向澳门特别

---

① 《中华人民共和国香港特别行政区基本法》，中国民主法制出版社，2011，第 91 页。

② 例如，全国人大常委会于 2004 年 4 月 6 日通过了对香港《基本法》附件一第七条及附件二第三条的解释，而对于内容基本一致的澳门《基本法》附件一第七条及附件二第三条，全国人大常委会仍于 2011 年 12 月 31 日作出了解释。

③ 萧蔚云主编《一国两制与澳门特别行政区基本法》，北京大学出版社，1993，第 166 ~ 167 页。

行政区终审法院院长申报财产，记录在案。"此条规定与香港《基本法》的相关规定有所不同。香港《基本法》第44条规定行政长官的条件中有"并在外国无居留权"一项，澳门《基本法》只是要求"在任职期间不得具有外国居留权"；相比较而言，香港《基本法》的要求更为严格。然而，虽然两者有所不同，但本质上都是与"完整的"国籍要求相关联，两者的精神是一致的。因此，在草拟《行政长官选举法》相关条文时应对此有所体现。例如，第3/2004号法律《行政长官选举法》第35条订定行政长官候选人资格时，其中一项就是"不具有外国居留权或承诺在就任行政长官之前放弃倘有的外国居留权"。这从字面上看较《基本法》第49条的规定略为严格，但并不违反《基本法》相关规定的精神。因为，虽然具有外国居留权不同于具有外国国籍，但两者之间已相距不远，都表明了当事人同这个国家已经具有了程度不同的法律关系，都有可能衍生或引起"双重效忠"的问题。由于我国不承认双重国籍，因此《基本法》只是从外国居留权层面提出相关要求，这是符合立法逻辑的，也是对只具有中国国籍的一种"补充"，以使其更为完整。

关于此条文的立法背景，萧蔚云教授有较详细的表述：

> 关于行政长官可否不写外国居留权问题，政治体制专题小组曾进行了长时期的争论。一种意见认为，外国居留权问题起源于香港《基本法》，在起草香港《基本法》的过程中，1989年12月20日英国政府单方面宣布决定给予5万户（共22.5万人）香港居民以包括在联合王国居留权在内的完全英国公民地位。……
>
> 因此，针对英国这一决定，香港基本法起草委员会对香港特别行政区行政长官的资格又专门增加了一层限制，即行政长官必须"在外国无居留权"，目的是为了防止一些人在取得"完全英国公民地位"以后，又可以香港永久性居民的身份留居香港甚至取得主要官员的职位，产生双重效忠问题，破坏了"港人治港"。香港《基本法》对行政长官的资格加上"在外国无居留权"的限制是应当的。但是，在澳门没有发生英国政府这样违背承诺的问题。因此，对澳门特别行政区行政长官的资格没有必要增加"在外国无居留权"的限制，也不影响"澳人治澳"即澳门特别行政区的行政机关和立法机关均由当地人组成。
>
> 在政治体制专题小组中另一种意见认为，澳门虽然没有发生像英国

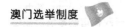

政府违背诺言那样的问题，但是也应当写上行政长官在外国不得有居留权。因为行政长官享有重大权力，具有重要法律地位，代表澳门特别行政区，由中央人民政府任命，体现了国家主权，如果行政长官可以在外国有居留权，这是不妥当的。而且《中葡联合声明》签订时，1987年4月13日中葡两国交换备忘录的内容是不一致的，没有达成一致的协议。按照我国政府的备忘录，其中声明："澳门居民凡符合中华人民共和国国籍法规定者，不论是否持有葡萄牙旅行证件或身份证件，均具有中国公民资格。考虑到澳门的历史背景和现实情况，在澳门特别行政区成立后，中华人民共和国政府主管部门允许原有葡萄牙旅行证件的澳门中国公民，继续使用该证件去其他国家和地区旅行。上述中国公民在澳门特别行政区和中华人民共和国其他地区不得享受葡萄牙的领事保护。"按照葡萄牙政府的备忘录："凡按照葡萄牙立法，在一九九九年十二月十九日因具有葡萄牙公民资格而持葡萄牙护照的澳门居民，该日后可继续使用之。自一九九九年十二月二十日起，任何人不得由于同澳门的关系而取得葡萄牙公民资格。"这两个备忘录只是说明各自的立场。我国政府认为，凡符合我国国籍法规定的澳门居民，不论其是否持有葡萄牙的证件，都是中国公民。葡萄牙政府则认为，根据其法律在1999年12月19日以前持有葡萄牙护照的澳门居民都是葡萄牙公民。这里实际存在一个双重国籍问题，葡萄牙承认双重国籍，我国不承认双重国籍。如果行政长官持有葡萄牙护照，则也有一个双重效忠问题的产生，行政长官将如何处理与葡萄牙的关系。如果行政长官要效忠中华人民共和国，就应当放弃葡萄牙护照。所以对澳门特别行政区行政长官应增加"在外国无居留权"的限制。

针对上述两种不同的意见，政治体制专题小组进行多次研究和讨论，决定将行政长官"不得具有外国居留权"写入《基本法》第49条，而不写入第46条。如果写入《基本法》第46条，作为行政长官的资格，则在选举或协商产生行政长官时，凡在外国有居留权的都应排除在外。如果写入基本法第49条，则是对行政长官的要求，即担任行政长官职务者在任职期间内不得具有外国居留权，如果某人未被选为行政长官时，则可不受《基本法》第49条的约束。这样的规定，既与《香港特别行政区基本法》对行政长官资格的规定有区别，照顾到澳门与香港的不同情况，又从澳门实际出发，考虑到澳门的葡萄牙证件属于历史遗留与不同法律规定问题，是比较妥善的。"①

（5）《基本法》第55条第2款规定："行政长官出缺时，应在一百二十日内依照本法第四十七条的规定产生新的行政长官。行政长官出缺期间的职务代理，依照本条第一款规定办理，并报中央人民政府批准。代理行政长官应遵守本法第四十九条的规定。"此款规定直接定明了因补缺而进行行政长官选举的期限，但没有明确如果在此期限内行政长官的任期已经届满是否可以不进行补缺选举。而根据通行的做法，在这种情况下无须进行补缺选举。另外，此款规定对于因正常任期届满而进行的行政长官选举，也具指导意义，即正常情况下的行政长官选举不宜耗时过长，但也不能仓促行事，同样也可以参考120日的时间维度。

另外，萧蔚云教授指出："《基本法》还规定行政长官因严重疾病或其他原因无力履行职务时必须辞职，这也是对行政长官的一种要求。这是考虑到行政长官的地位和作用对澳门特别行政区有重大的影响，特别行政区又有高度的自治权，在特殊情况发生时《基本法》应有相应、明确的规定，以保证澳门特别行政区的行政工作和其他工作能够正常进行。所以，《基本法》规定因严重疾病或其他原因无力履行职务时必须辞职，不致因行政长官病重而发生无人管理的状态，或者因其他原因而发生行政长官不能履行职务的情况。这里规定的辞职是强制性的，即必须辞职。"②

二 必须符合《基本法》附件一的相关规定

这主要是指附件一第1条至第5条的规定③。附件一第1条规定："行政长官由一个具有广泛代表性的选举委员会依照本法选出，由中央人民政府任命。"此条前半部分为"行政长官由一个具有广泛代表性的选举委员会依照本法选出"，首先，表明行政长官是由选举产生而非协商产生。其次，这种选举并非是由澳门全体选民直接选举，而是类似于"选举团"的间接选

---

① 萧蔚云主编《一国两制与澳门特别行政区基本法》，北京大学出版社，1993，第158～160页。

② 萧蔚云主编《一国两制与澳门特别行政区基本法》，北京大学出版社，1993，第161页。

③ 以下所引条文不包括附件一修正案的规定。对于附件一修正案请参阅本书第十一章"政制发展"。

举，即由行政长官选举委员会选举。最后，这个选举委员会必须"具有广泛代表性"，如何达致此项要求，由以下数条规定。

附件一第 2 条规定："选举委员会委员共 300 人，由下列各界人士组成：工商、金融界 100 人；文化、教育、专业等界 80 人；劳工、社会服务、宗教等界 80 人；立法会议员的代表、市政机构成员的代表、澳门地区全国人大代表、澳门地区全国政协委员的代表 40 人。选举委员会每届任期五年。"对此可作如下分析。

第一，四大界别中工商、金融界人数最多，为 100 人，占全体选委会委员的三分之一，这与香港《基本法》附件一规定四大界别各为百分之二十五有所不同。而两地工商、金融界的巨大差别是有目共睹的。

第二，在第二界别"文化、教育、专业等界"及第三界别"劳工、社会服务、宗教等界"中皆有一个"等"字，这似乎可以理解为，在这两大界别中可以再作细分，提出在上述规定中未列出的界别。例如，《行政长官选举法》就在"文化、教育、专业等界"中增加了一个"体育界"。这也是一项重要的澳门特色。

第三，"选举委员会每届任期五年"，是指这个机构的任期，而并非每位委员的任期。事实上，任何公共政治职位的任期并非等同居位人的任期。这将视乎居位人是否始终符合担任该政治职位的要求或条件。例如，澳区全国人大代表作为当然委员必须以身为全国人大代表作为前提条件，当其不再担任全国人大代表时自然就不再具备作为当然委员的前提条件。澳区全国政协委员的代表及立法会议员的代表亦是如此。同时，全国人大、全国政协、立法会的任期或换届周期与行政长官选举委员会的任期并非完全一致，也就自然会出现上述选委会委员在选委会 5 年任期中，不再具备相关资格的情况。

另外，如果没有替补或补选则会造成混乱和不公平现象。其一，如果某届全国人大在选委会成立不久就进行换届选举，而新当选的全国人大代表多数为新人（非连任者），在这种情况下，如果上一届全国人大代表中未当选者仍然保留选委会委员资格，则必然出现全国人大代表作为当然委员的数目超出法律规定。政协委员的代表及立法会议员的代表也同样会出现上述情况。其二，如果继续保留不再担任全国人大代表、全国政协委员、立法会议员的选委会委员资格，同时又增加新的全国人大代表、全国政协委员和立法会议员界别的选委会委员，则必然会超过 300 人，而此时也不可能减少其他界别的选委会委员人数。其三，如果在全国人大、全国政协、立法会换届之后均不进行替补或补选，则对新当选的全国人大代表、全国政协委员、立法会议员并不公平，也完全有违法律规定。

附件一第 3 条规定："各个界别的划分，以及每个界别中何种组织可以产生选举委员会委员的名额，由澳门特别行政区根据民主、开放的原则制定选举法加以规定。各界别法定团体根据选举法规定的分配名额和选举办法自行选出选举委员会委员。选举委员会委员以个人身份投票。"此条内容亦十分丰富。

第一，明确规定了澳门特区需制定《行政长官选举法》。

第二，明确规定了选举法中需要规定的内容，当然也需要包括本条中未列出的其他方面的内容，否则无法进行行政长官选举。

第三，明确规定了不论选举委员会来自何种界别，都只能以个人身份投票。这样规定是合理和必要的。虽然每个委员都是来自某个界别，但选举仍然是个人行为而非集体行为；选举委员会委员的界别只是表明每个委员从何种界别产生，而并非因此就具有了代表某个界别的法律地位；当然，委员所处的界别对其思考提名和选举何人作为行政长官自然会产生不同程度的影响，但并不能因此而使各委员成为某个界别的代表。另外，从法律上讲，各个界别的相关团体亦不宜就如何投票对本界别的选委会委员施加"界别性影响"。

附件一第 4 条规定："不少于 50 名的选举委员会委员可联合提名行政长官候选人。每名委员只可提出一名候选人。""不少于 50 名"即为全体选委会委员（共 300 人）的六分之一，这个比例是合适的。既能保持一定的竞争性（最多可出现 6 张候选人名单）也不会出现提名过于分散的情况。实际上，回归以后进行的两任行政长官选举（2004 年及 2009 年）皆只有一个候选人。"联合提名"的要求则直接制约了提名方式，使制定《行政长官选举法》时不能不考虑这个因素。"每名委员只可提出一名候选人"这是一般选举制度的通常规定，也是与投票权的单一性密切相关。

附件一第 5 条规定："选举委员会根据提名的名单，经一人一票无记名投票选出行政长官候任人。具体选举办法由选举法规定。"此条最重要的问题在于并未定出当选标准。例如，是获相对多数票当选，抑或是获超过全体选委会委员半数的大多数票当选。这也是在制定《行政长官选举法》时必须解决的重要事项。

总之，"正确理解和贯彻《基本法》及附件一的有关规定和原则精神，并据此构思行政长官选举法的总体设计和有关事项的具体安排，这是确保该法律具备合宪性的国家法基础。只有符合上述规定或不与其相抵触，才能使该法律切实可行且不致受到司法上诉的挑战，或者面临挑战也能立于不败之地"①。

第二节 《行政长官选举法》的现实考虑

在符合《基本法》及附件一相关规定的前提下，草拟和制定《行政长官选举法》还需充分考虑当下的政治环境、社会状况和法律制度，充分研究澳门第一任行政长官选举的经验，以及考虑香港特区行政长官选举条例的相关规定，从而使《行政长官选举法》能广为接受和切实可行。因此，在草拟法案时要处理好以下问题：

第一，必须正确处理制度创新与政治稳定的关系。由本地立法并组织实施选举本地区最高领导人，在澳门历史上是首次。这无疑是一次重要的制度创新，因此存在着种种憧憬或主张是正常的。然而必须正确选择制度创新的价值取向，必须与原有的基础保持必要的联系和传承。具体说，第二任行政长官的选举与产生第一任行政长官时的情况既有所区别和发展，也有所关联和借鉴。

第二，必须正确对待澳门原有法律。《基本法》第18条第1款规定，在澳门特别行政区实行的法律为本法以及本法第八条规定的澳门原有法律和澳门特别行政区立法机关制定的法律。因此，《行政长官选举法》首先必须以《基本法》及其附件一的有关规定为宪制性法律依据，同时也必须与澳门现行法律体系相协调，必须充分参考澳门有关选举制度的现行法律规定，包括经适当调整后沿用选民登记、选举程序以及相关司法程序等方面的规定，这是确保行政长官选举得以顺利进行的法律机制。

第三，必须充分考虑澳门的实际情况，尤其是社团政治的历史传统和现实发展、各阶层间能够相互沟通的协调机制、广大市民注重族群和谐的社会

---

① 赵向阳：《澳门特别行政区〈行政长官选举法〉论述》，载《港澳研究》创刊号，国务院发展研究中心港澳研究所，2005，第120页。

心理。这种独特的社会政治环境和政治文化，是构思选委会委员产生方式和行政长官选举的竞选方式时十分重要的因素。

第四，必须认真研究香港特别行政区的经验。这无论从哪个角度讲都是非常必要和非常有价值的。尤其是香港在相关立法过程中的争议，对澳门有直接的启迪。当然《香港特别行政区基本法》及附件一与《澳门特别行政区基本法》及附件一关于行政长官选举的规定有所不同，港、澳两地的情况也相去甚远，例如，香港选委会委员的产生是以功能组别为基础，而澳门则是以社会利益作分界，因此香港的经验对于澳门可以借鉴而不能也不应照搬。

第五，必须十分重视法律的严谨性、可操作性和有效性。虽然《行政长官选举法》具有很强的政治性，但这并不能降低、反而要求更加注重其法律特征，包括定义严谨、权利义务清晰、程序连贯以及明确规定对各种违法行为的追究和处罚，从而确保对法律的遵守。《行政长官选举法》在合理凸显其政治属性的同时，必须在立法技术上提出更高的要求，唯此方可为行政长官选举的顺利进行提供可靠的法律保障①。

第三节　《行政长官选举法》的制定

第一任行政长官的任期自 1999 年 12 月 20 日起至 2004 年 12 月 19 日止。考虑到选举工作将包括行政长官选举委员会选举和行政长官选举两个密不可分的部分，以及要给中央政府任命行政长官当选人和行政长官提名主要官员留有必要的时间，因此《行政长官选举法》最迟要在 2004 年上半年完成制定。然而，由于回归之初各项工作千头万绪，不可能在刚回归不久就将此事提上日程；同时，按照《基本法》第 75 条的规定，只能由特区政府草拟并向立法会提出《行政长官选举法》法案。因此，经过一段时间的研究之后，特区政府于 2004 年 2 月 11 日向立法会提交了《行政长官选举法》法案。

2 月 17 日，立法会举行全体会议，行政法务司司长代表政府向立法会引介《行政长官选举法》法案，全面说明法案的主要内容。有议员提问"在筹

---

① 赵向阳：《澳门特别行政区〈行政长官选举法〉论述》，《港澳研究》创刊号，国务院发展研究中心港澳研究所，2005，第 120～121 页。

备这套法案时整个咨询过程和范围怎样？在哪个范围吸收了对于草拟这个法案的咨询意见作为一个基础？"① 行政法务司司长对此回应指出，基于此法案涉及政治体制的重要事项，有必要"跟中央方面充分沟通和交换意见"；同时按照《基本法》第58条规定"充分征询行政会意见"，现在法案已提交立法会，"亦会积极听取各位议员的意见"，"充分听取社会各界意见和建议，我们希望通过这样的合作机制能够令《行政长官选举法》的制订充分体现民主开放的原则"②。此外，上述提问议员亦就行政长官选举委员会的产生方式等发表了意见。

2月20日，立法会举行了全体会议，对《行政长官选举法》法案进行一般性讨论和表决。在此次会议上，议员的讨论主要集中在行政长官选举委员会委员应如何产生，以及由此而引出的如何理解《基本法》附件一的相关规定，如何看待港、澳两地行政长官选举委员会组成方式的不同，如何评价社团的作用，甚至包括如何权衡直接民主的利弊，等等③。

按照法案规定，行政长官选举委员会的绝大多数委员（254名，占全体300名委员的82%）参照立法会间接选举制度产生。对此，有议员认为："按照《澳门特别行政区基本法》附件一，澳门特别行政区行政长官的产生办法的规定，规范产生行政长官选举委员会成员的选举法，是要澳门特别行政区根据民主、开放的原则制定的。但是选举法草案设定选举委员会成员产生的方法局限于由社团领导的投票模式，只是有利于延续论资排辈的旧习，排除了绝大部分市民的投票参与，违反民主、开放的原则。

在行政长官选举委员会的产生过程中，本应广泛吸纳基层市民的参与投票及充分调动各具体界别的积极性，而推动整体公民教育及间接提高特别行政区政府的认受性。

尽管还不能够由市民一人一票直接选举出行政长官，但是行政长官选举委员会的民意基础实不应如此狭窄。"④

该位议员指出，"尤其是选举委员产生这部分，相对于先行的香港特别行政区的特首换届选举，明显是一个很重大的倒退"。与该议员来自同一选举组别的另一位议员也提出，"在遵守《基本法》的模式下面亦都可有不同

---

① 《选举法例汇编·行政长官选举法》，澳门特别行政区立法会，2008，第246页。

② 《选举法例汇编·行政长官选举法》，澳门特别行政区立法会，2008，第247页。

③ 《选举法例汇编·行政长官选举法》，澳门特别行政区立法会，2008，第255~279页。

④ 《澳门特别行政区立法会会刊》第1组第Ⅱ-76期，2004年2月20日，第23页。

层次的开放模式"。

作为前基本法起草委员会委员的立法会副主席①指出，制定《行政长官选举法》要符合两个基本原则，一是符合《基本法》的规定，二是要切合澳门当前的实际情况。港、澳《基本法》附件一第 3 条的规定是一样，但同时要注意两地选举法律的规定，香港关于选举委员会的产生方式中同样是参考了《立法会选举条例》。同时，要将《基本法》附件一和附件二结合起来看。香港《基本法》附件二规定的是功能团体选举的议员，澳门《基本法》附件二规定的是间接选举的议员，两者并不相同。另外，附件一规定由选举委员会选举行政长官，与附件二规定的部分议员由间接选举产生，在体例上是相通的。

立法会副主席进一步指出，现在能够取得治安稳定、经济发展、社会安宁的良好环境，取决于政府施政得力、国家大力支持和市民的努力。然而，市民的参与需要社团去组织推动；澳门的社团文化是造成澳门今天稳定发展局面的重要因素之一，那么从逻辑上讲这样有利的传统因素是应该保留的。

其他议员也发表了自己的看法，其中较多认同副主席的观点。最后，以大多数票赞成一般性通过法案（只有前述两位议员投反对票）。法案获得一般性通过之后，交由立法会第二常设委员会进行细则性审议，经过与政府代表和法律顾问的共同研究并获政府接纳，对法案作出了多项技术性修改。在此期间，立法会收到由社团或个人提交的 39 份书面意见②。

2004 年 4 月 1 日，立法会进行全体会议，就《行政长官选举法》法案进行细则性讨论和表决并获得通过，产生了第 3/2004 号法律《行政长官选举法》，并于公布翌日（即 2004 年 4 月 6 日）生效。

此项法律能够顺利完成的原因，以及对行政长官选举的重要意义，可以总结为以下几点：

第一，政府和立法会充分合作。

政府和立法会把努力提升行政长官选举的公信力并确保其顺利进行作为十分明确的共同目标，这是双方能够充分合作的政治基础。而双方对《基本法》及附件一有关规定的理解基本一致，则为双方能够有效沟通提供了非常重要的法律文化背景。政府和立法会的充分合作，为促进全社会同心协

①　现为第四届立法会主席。
②　《选举法例汇编·行政长官选举法》，澳门特别行政区立法会，2008，第 239～240 页。

力支持行政长官选举工作发挥了积极作用。

第二，采取正确的立法措施。

基于行政长官选举的重要性、复杂性和敏感性，立法过程中自然会出现各种意见和讨论，政府和立法会也需要广泛咨询社会各界的意见。但同时也要避免无休止的争议和节外生枝，使立法工作受到延误。因此，采取尽量借鉴现行制度，尽量减少修改现行法律的立法措施是正确的。例如，适当借鉴立法会间接选举制度。

根据澳门第 3/2001 号法律通过的《澳门特别行政区立法会选举法》，部分立法会议员由相关社会利益组别的社团选举产生，即所谓间接选举制度。采取这种制度可以使各个社会利益界别都能在立法会中具有相应的席位，从而使立法会具有更广泛的代表性。这种间选制度施行多年，已为澳门广大市民和社会各界认同，而与此密切相关的法人选民登记制度（第 12/2000 号法律《选民登记法》）亦较为完备；因此借鉴间选制度来选举产生大多数的选委会委员，是一项切合澳门实际、符合《基本法》及附件一有关规定精神，并具备可操作性的适当选择。当然，选委会委员选举不同于立法会议员选举，不应亦不能全面套用立法会间选制度，理应作出必要的调整。

第三，十分有利的社会政治环境。

澳门同胞具有光荣的爱国传统，并且在长期的政治社会活动中培养和造就了许多政治人才。因此，澳门回归后能够形成以爱国爱澳人士为治澳团队的主要成分、以爱国爱澳社团为主要力量、以爱国爱澳理念为主流民意的社会政治环境；而行政主导的确立和行政与立法的相互合作，形成了新的宪制性政治秩序。凡此种种为顺利举行行政长官选举提供了难能可贵的政治基础，也是未来澳门特区政制健康发展的有利条件[1]。

第四节　《行政长官选举法》的修改

2008 年 5 月 13 日，澳门特别行政区政府向立法会提交了《修改〈行政长官选举法〉》法案，建议对 68 个条文作出修改，并新增 5 个条文。

---

[1]　赵向阳：《澳门特别行政区〈行政长官选举法〉论述》，《港澳研究》创刊号，国务院发展研究中心港澳研究所，2005，第 126 页。

政府在法案的理由陈述中对修改的必要性、修改的原则和目的、法案的内容作了详细介绍。

一 修改的必要性

为了贯彻《基本法》稳步推动政制发展的方向，并全面实施"一国两制""澳人治澳"的方针，澳门特别行政区立法会先后于 2000 年、2001 年及 2004 年制定了《选民登记法》、《立法会选举法》及《行政长官选举法》三项重要法律，上述法律不仅较为完整地组成了澳门选举法律制度的架构，并且为澳门的民主政制发展建立了较为深厚的基础。

澳门于 2009 年首次在同一年内对第 3 任行政长官以及第 4 届立法会的产生进行选举。为确保这两项选举的顺利进行，特区政府于 2008 年 2 月 28 日至 3 月 31 日就三项选举法律，包括《行政长官选举法》的修订向社会各界进行公开咨询。

在咨询过程中，社会各界人士、广大市民、社团代表、专家学者及传媒工作者等以各种方式发表及提交了大量的意见和建议，除此以外，廉政公署、检察院和原行政长官选举管理委员会亦提出了相当专业的建言，这对于特区政府清晰了解广大市民诉求和意见、更为周详严谨地草拟修订条文以及更富有成效地提高修法的针对性、合理性和科学性均具有十分重要的参考作用。

在详细分析了社会各界的意见后，结论是各界人士基本接受特区政府所提出修改有关选举法律的方向和建议。据统计，社会各界对《咨询文件》中提出的 9 个方面的修改建议持赞成意见者占绝大多数，反对者仅属少数。在咨询期内，共收到 2070 份，当中涉及《咨询文件》的修改建议共 7468 项意见，其中 6458 项表示赞成，占总数的 86.5%，有 1010 项表示反对，占总数的 13.5%。资料分析显示，各界人士主流意见对现阶段以"努力提高选举质素、稳健推进民主发展"作为政制工作的重点显然是认同和支持的。

二 修改的原则和目的

是次修改《行政长官选举法》的核心理念和原则如下：

（1）加强行政长官选举管理委员会（简称"管委会"）的权限；

（2）加强监管竞选活动的财务资助；

（3）完善行政长官及行政长官选举委员会（简称"选委会"）选举的规则；

（4）对缺额情况作进一步规范；

（5）提高打击贿选的力度。

三　法案的主要修订内容

法案建议修改现行《行政长官选举法》，并在系统方面保留了原有法律的编排以便易于理解。

（一）加强"管委会"的权限

（1）过去规定行政长官于"选委会"委员选举日期公布后或行政长官出缺日期公告后15日内以批示委任"管委会"的成员，其任期至公布行政长官选举结果后第90日解散。为使"管委会"有更充裕的时间做好选举准备工作和选举后的检讨工作，法案建议规定行政长官须最迟于选举日期公布日公布委任"管委会"的成员，而任期则延长至公布行政长官选举结果后第150日才解散，且如有需要，行政长官可延长其任期（第2条第2款和第5款）。

（2）为更好地协调行政长官选举和"选委会"选举的工作，以及增强该委员会的公信力，法案建议"管委会"的组成人员从现行的5人增加至7人，当中除了维持原来规定由职级不低于中级法院法官的本地编制的一名法官担任主席外，增加规定委员中必须有一名检察官及一名廉政公署的代表（第2条第1款第2项）。

（3）为扩大"管委会"的权限，本法案建议赋予"管委会"权力制定具约束力的指引和解释，同时须在任期内向行政长官提交选举总结报告，并就选举法的修订和完善提出建议（第3条第3项及第10项）。

（二）进一步规范对行政长官选举候选人的捐资

由于社会对廉洁选举有强烈诉求，因此，该法案建议除了进一步规范对行政长官选举候选人的捐资和选举账目的编制和提交外，还填补过去没有对

"选委会"候选人接受捐资和提交账目作规范的空白。

（1）建议各候选人须对于自选举日期公布之日起至提交选举账目期间的所有收支项目编制详细的账目，其内准确列明收入来源及支出用途并附相关单据或证明（第55条）。

（2）建议各候选人只可接受澳门特别行政区永久性居民的现金或实物捐献，但不得接受同一选举其他候选名单的候选人或其他提名委员会成员的捐献。如为实物捐献，候选名单受托人应声明其合理价值，接受捐献者应向捐献人签发附存根的收据，而所有匿名捐献应于总核算结束后透过"管委会"转送慈善机构（第55条第4款~第6款）。

（3）"选委会"候选人是否需要提交选举账目及如何提交选举账目，则由"管委会"参照对行政长官选举候选人的规范加以指引订定（第3条第3项及第55条）。

（三）"选委会"选举中候选人得票相等时的处理

为了提高"选委会"选举的效率和避免举行下一轮投票不确定性，法案建议规定如候选人得票相等，"管委会"主席安排抽签，无须第二轮投票。

（1）如不设分组的界别或某界别分组获分配名额内得票最少且票数相等的候选人超过一人，须由"管委会"主席安排进行抽签，以确定最后一名当选者（第60条第1款第3项）。

（2）其余得票相等者须由"管委会"主席分别安排抽签以确定排名，以便有需要时依次替补出缺的名额。一旦有"选委会"委员丧失资格，落选者可按有关排序依次替补（第60条第1款第4项）。

（3）由"管委会"在收到经终审法院核实的"选委会"委员选举结果副本后3日内，公布载有全体"选委会"委员的名单，倘出现候选人得票相等情况，在公布名单前，"管委会"主席须安排抽签（第29条第1款第1项）。

（四）尽早公布选举日期方便参选人士

为了使有意参选的人士及早做好选举的准备，法案规定"选委会"委员的选举日期应早于行政长官的选举日期至少60日，并在"选委会"选举日期至少90日前公布，但补选日期除外（第57条第4款）。

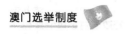

（五）除非要补选行政长官，否则"选委会"的缺额不作替补

由于"选委会"的主要职责是选举产生行政长官，因此，不进行行政长官选举时，没有必要对"选委会"委员出缺情况马上进行补选，因此，法案建议修订如下：

（1）如丧失资格者是第一界别、第二界别及第三界别中的劳工界或社会服务界的"选委会"委员，则由其所属的不设分组的界别或界别分组中落选者按所获选票多少依次替补；如无落选者，缺额不作替补，除因行政长官出缺而进行选举，才需要透过补选以填补缺额（第31条第2款第1项）。

（2）如丧失资格者是宗教界的"选委会"委员，缺额不作替补，除因行政长官出缺而进行选举，才需要按相关规定产生缺额委员（第31条第2款第2项）。

（六）在行政长官选举中，得票最多者当选

由于现行制度的字面表述未有考虑第一轮投票中没有候选人得票超过半数且得票最多的前两位可能有多于两名候选人的情况；同时，现行法律亦未有照顾到第二轮投票中得票最多者仍未过半数，因此，本法案建议修订有关条文，"如在每一轮投票中无候选人获得超过全体委员半数的选票，则须就得票数为前两位之内的候选人进行下一轮投票，得票最多者当选"（第60条第2款第2项）。

（七）行政长官在任期届满前120日内出缺，无须安排补选

为避免出现行政长官因出缺而进行的补选完结后随即进入行政长官换届选举的情况，法案建议行政长官任期届满或行政长官出缺，须进行行政长官选举；但如在任期届满前120日内出缺，则无须安排补选（第34条第1款）。

（八）可使用资讯工具点票

为了提高点票和核票的效率，法案建议为应用资讯工具进行点票预留空间（点票、核算和统计工作得使用资讯设备进行），"管委会"可在保证工作的公开及透明性的原则下另行订定选举指引（第81条第6款）。

（九）紧急性

法案建议，因执行《行政长官选举法》而进行的程序，尤其针对选举事宜的犯罪而进行的程序，均具紧急性质（第154A条）。

（十）打击贿选，提高选举不法行为的罚则

社会上对提高打击贿选力度的要求比较强烈，因此，法案建议调整相关的罚则，并把涉及提名和投票人的不法行为纳入管制。

（1）延长追诉时效，由现行的1年延长至5年（第114条）。

（2）增加关于提名或不提名的不法行为，以提供或承诺提供利益、暴力、胁迫、欺骗、欺诈手段、假消息或任何其他不法方式压迫或诱导任何人作出提名或不提名者，处1年至5年徒刑（第116A条第1款）；任何人索取或接受利益而作出提名或不提名，处最高3年徒刑（第116A条第2款）。

（3）增加以提供或承诺提供利益、暴力、胁迫、欺骗、欺诈手段、假消息或任何其他不法方式压迫或诱导任何人成为或不成为投票人，又或指派、不指派或替换投票人，处1年至5年徒刑（第116B条第1款）；任何人索取或接受利益而指派、不指派或替换指派投票人、成为或不成为投票人，处最高3年徒刑（第116B条第2款）。

（4）对于贿选的违法行为，属是次修订法律的重点打击对象，法案建议提高对贿选的刑罚，由现时处1年至5年徒刑提高为处1年至8年徒刑，而对于受贿者，为了提高刑罚的阻吓力，建议取消罚金而保留现时的3年徒刑（第133条）。

（5）关于候选人的不法行为的处罚由现行的1个月至3年徒刑提高至1年至5年徒刑，而受贿者亦将受同样的处罚（第117条）。

（6）提高对投票人或"选委会"委员作出胁迫或欺诈手段的处罚由现行的1年至5年徒刑改为1年至8年徒刑（第131条）。

（7）提高借职业上的胁迫强迫或诱使投票人或"选委会"委员按某意向投票或不投票的刑罚，由现时处最高3年徒刑提高为处1年至5年徒刑（第132条）。

（8）为确保选举活动的公平性，法案建议提高在选举当日进行违法竞选宣传的刑罚，由现时仅科最高120日罚金提高为处最高1年徒刑，或科最高240日罚金（第124条第1款）；而在选举当日在投票站或其100米范围内进行违法竞选宣传的刑罚，则由现时处最高 6 个月徒刑提高为处最高 2 年徒刑（第 124 条第 2 款）。

（9）建议将有关重复提名的罚金，由现时科澳门币 250 元至 750 元提高至澳门币 1000 元至 3000 元（第 146 条）。

（10）建议将有关投票站有权限实体成员职务的不担任、不执行或放弃的罚金，由现时科澳门币 1000 元至 10000 元提高至澳门币 2000 元至 20000 元（第 147 条）。

（11）建议将在选举前 1 日违法进行的竞选宣传的罚金，由现时科澳门币 1000 元至 5000 元提高至澳门币 2000 元至 10000 元（第 151 条）。

（12）建议提高候选人或其代理人不以适当方法详列或证明选举账目的收入及开支的处罚，由现时科澳门币 5000 元至 50000 元罚金提高至澳门币 10000 元至 100000 元（第 152 条第 3 款）。

（13）建议提高候选人不提交选举账目的处罚，由现时科澳门币 50000 元至 100000 元罚金提高至澳门币 100000 元至 200000 元（第 152 条第 4 款）。

（14）关于诬告方面，法案建议凡意图促使某一程序被提起，以针对特定的人，且明知所归责事实虚假，而以任何方式向当局检举或表示怀疑该人实施本法订定的犯罪，又或以任何方式公开揭露或表示怀疑该人实施本法订定的犯罪者，处 1 年至 5 年徒刑；如属轻微违反者，则处最高 2 年徒刑；如有关事实引致被害人被剥夺自由者，则处 1 年至 8 年徒刑；法院还可根据受害人的要求，将有罪判决让公众知悉（第 124A 条）。

（15）至于减刑或不处罚的情况，法案建议如犯罪的行为人具体协助收集关键性证据以侦破该犯罪，尤其是以确定该犯罪的其他行为人，可就该犯罪免被控诉、处罚或减轻处罚。法官应采取适当措施，使以上所指人士的身份受到司法保密的保障（第 108A 条）。

（16）犯罪未遂科处既遂犯的刑罚（第 110 条第 2 款）。①

四 法案的讨论和通过

5 月 30 日，立法会举行全体会议，对法案进行一般性讨论及表决，并

---

① 《选举法例汇编·行政长官选举法》，澳门特别行政区立法会，2008，第 341 ~ 346 页。

予以通过；有两位投反对票的议员发表了表决声明。随后，法案交由立法会第三常设委员会进行细则性审议。经过两个月的紧张工作，委员会于 8 月 15 日完成了审议法案的意见书[①]，对法案作出了非常专业的评审分析，并提出了修订建议，其中很大部分为政府所接纳，为完善法案作出了重要贡献。

9 月 23 日，立法会举行全体会议，对法案进行细则性讨论及表决，并予以通过，于 2008 年 10 月 15 日生效。在是次会议上，有议员认为由法官担任选举管理委员会主席（《行政长官选举法》第 2 条第 1 款第 1 项）抵触《基本法》第 89 条第 3 款关于"法官任职其间不得兼职……职务"的规定。政府代表就此作出了回应。议员又有意见指出应适当增加选举委员会人数，因为澳门总人口有较大增加。政府代表表示，在相关咨询活动中这方面的意见不多[②]。完成表决后，有多位议员发表了表决声明，包括投反对票的议员[③]。

经过修改的《行政长官选举法》，为 2009 年澳门特别行政区第三任行政长官选举的顺利进行提供了良好的法律保障。

第五节　行政长官选举管理委员会

行政长官选举，包括行政长官选举委员会（以下简称"选委会"）选举和行政长官选举，是澳门特别行政区最重要的选举，各项选举工作必须严格依法进行，各项选举程序必须确保依时完成；因此，选举管理委员会（以下简称"管委会"）责任重大，任务艰巨。

一　管委会的组成与任期

《行政长官选举法》第 2 条规定："一、设立行政长官选举管理委员会（简称管委会），其主席和其他委员由推荐法官的独立委员会推荐，以行政长官批示委任：（一）由职级不低于中级法院法官的本地编制的一名法官担

---

① 《选举法例汇编·行政长官选举法》，澳门特别行政区立法会，2008，第 519～555 页。
② 《选举法例汇编·行政长官选举法》，澳门特别行政区立法会，2008，第 569～570 页。
③ 《选举法例汇编·行政长官选举法》，澳门特别行政区立法会，2008，第 576～577 页。

任主席；（二）由具备适当资格的四名澳门特别行政区永久性居民担任委员，但主要官员、行政会委员和立法会议员除外。二、上款所指批示须于行政长官选举委员会（简称选委会）委员选举日期公布后或行政长官出缺日期公告后十五日内作出。三、委任批示公布后三日内，管委会成员在行政长官面前就职。四、主席代表管委会并有权限作出本法律规定的行为。五、管委会于《澳门特别行政区公报》公布行政长官选举结果后第一百五十日解散，但如有需要，行政长官可延长其任期。"

管委会主席及其他成员由推荐法官的独立委员会推荐，是考虑到该"独立委员会"具有《基本法》所赋予的宪制地位和职责，并且明确规定了该委员会由当地法官（因为澳门仍保留了某些海外法官的任用）、律师和知名人士组成（《基本法》第87条第1款）。《基本法》规定该"独立委员会"负责推荐法官，那么是否可以由本地区法律赋予其其他职责呢？特区政府经过研究后认为，由该委员会推荐管委会成员人选与其原有职责并不冲突。尤其是，与立法会选举管理委员会成员由行政长官委任有所不同的是，行政长官选举可能涉及现任行政长官争取连任的情况，如果由其直接委任行政长官选举管委会成员存在一定的"利益冲突"，但行政长官也不能因此而放弃委任管委会成员的职责（事实上也没有其他主体适宜作为委任管委会成员的主体）；这是行政长官根据《基本法》第50条规定"负责执行本法"的一项重要体现。因此，必须寻找一个合适的推荐机制，使行政长官既可以达致"利益回避"，又能依法执行职权；这就是由独立委员会负责推荐管委会主席和成员，以行政长官批示委任的制度安排。

考虑到行政长官选举的崇高性和庄严性，该条第1款第1项规定"由职级不低于中级法院法官的本地编制的一名法官担任主席"。事实上，在2004年及2009年行政长官选举中均是由终审法院的一名法官担任主席，而在立法会选举中管委会主席皆由一名初级法院的法官担任主席。在2008年修改《行政长官选举法》时，有议员提出，由法官担任管委会主席违反《基本法》第89条第3款关于法官在任职期间不得兼任任何其他公职职务的规定[①]。对此，政府代表认为，此处所说的"公职职务"是指具有固定机构、固定职位和固定薪酬的职务；而管委会只是为特定事项而设立的"临时机构"，主席和委员也只能视为"临时职位"，而其收取由行政长官批示订定

---

① 在2004年制定《行政长官选举法》时并无人提出此问题。

的报酬（《选举法》第6条第4款）也不同于澳门特区公职人员及司法官的薪酬制度。更重要的是，由法官担任管委会主席主要是基于其专业性、公正性和中立性能够为社会各界接受。虽然，有立法会议员并不认同政府代表的说明，但多数议员还是予以接受。至于将来在条文表述上可否更为完善，自然可以深入研究。

同时，为了保证管委会的独立性，该条第1款第2项规定，主要官员、行政会委员和立法会议员不得成为管委会成员。实践中，例如，2009年行政长官选举，管委会其他四名成员分别为：检察院助理检察长、初级法院合议庭主席、行政暨公职局局长及新闻局局长①。

行政长官委任管委会主席和成员的批示应于何时公布，必须结合选举日程的安排。该条第2款规定必须在公布选委会选举日期（正常换届选举）后或公告行政长官缺位日期（因行政长官缺位而提前选举）后15日内作出。这是为了使管委会能及时成立，尽快进入工作状态。当然，也有意见认为，《立法会选举法》关于立法会选举管理委员会的成立时间未作限制（参见该法第9条第1款），似乎更为有利于其工作，值得参考。

另外，规定管委会的解散日期（第2条第5款），主要是考虑到管委会尚有一些工作（如撰写选举活动报告等）有待完成，同时也表明该委员会具有临时性质。

二　管委会的权限和运作

（一）管委会的权限

《行政长官选举法》第3条规定："一、管委会权限为：（一）负责领导及推行选委会委员选举和行政长官选举，尤其是作为有权限实体领导及主持选委会选举行政长官的投票工作；（二）订定选委会委员选举和行政长官选举的地点及运作时间；（三）就选委会委员选举和行政长官选举的有关事宜作出解释；（四）就第七条、第十三条、第十九条至第二十一条、第二十六条至第二十九条、第三十九条、第四十条、第四十八条至第五十一条、第五十三条至第五十七条及第五十九条至第九十五条所作规范的具体实施发出

---

① 《选举活动综合报告（2001～2009）》，澳门行政公职局，2010，第68页。

具约束力的指引；此外，参照第四十八条至第五十一条及第五十三条至第五十五条的规定，可就选委会候选人的竞选活动制定指引；（五）监督并确保选举活动依法进行；（六）审核行政长官选举被提名候选人资格及提名程序的合法性和规范性，并确定接纳行政长官候选人；（七）审核行政长官候选人在选举活动中的选举收支是否符合规范；（八）审核有关实体在选举中的行为是否符合规范，并将所获知的任何选举不法行为报知有权限当局；（九）编制选举结果的官方图表；（十）向行政长官提交有关选举活动的总结报告，并对有关活动提出改善建议；（十一）作出本法律规定的其他行为。二、不遵守上款（四）项所指指引者，构成《刑法典》第三百一十二条第二款所指的加重违令罪。"

第 1 项权限是对管委会权限的概括性表述，其中"负责领导及推行"含义广泛。例如，在本条第 1 款中未明确列举的其他事宜或工作皆由其负责处理。因为任何列举，总会有"未及事项"的情况。而其他以下几项的列举是必须完成或作出的工作或行为。

第 2 项权限，包括了《行政长官选举法》第 62 条第 1 款所指的投票站地点、第 63 条所指的投票站开放时间。

第 3 项权限所指的"解释"，首先必须严格依法作出，同时自然是依据管委会对《行政长官选举法》条文的理解。通常认为，这种理解主要是就具体操作事项如何理解，因此不同于管委会发出具有约束力的指引。事实上，如果是涉及第 4 项所指条文，管委会应作出指引而不宜用解释方式处理。另外，"解释"可以用口头方式，亦可以用书面方式，但"指引"则只能用书面方式为之且须以会议议决方式作出。

第 4 项权限是管委会最重要的权限，分为两种情况：前半部分是指直接作出指引；后半部分是要求参照某些规定，"可就选委会候选人的竞选活动制定指引"。作出后半部分的规定，是因为在制定《行政长官选举法》时，考虑到重点在于行政长官选举，故全面规定了选举程序的各个环节，尤其是包括"竞选活动"。而为了避免内容重复，就没有规定行政长官选举委员会委员选举中的竞选活动，因此有必要参照关于行政长官选举竞选活动的规定，就选举委员会中的竞选活动作出指引。同时，后半部分指引的规定，也表明《行政长官选举法》虽然未有设专条规定选委会选举的竞选事宜，但并非不允许进行这方面的竞选活动。

第 5 项权限同时也是责任，涉及《行政长官选举法》大多数条文的执行，尤其是投票活动依法顺利进行。

第6项权限是立法会选举管理委员会所没有列举的，在立法会选举中确定性接纳候选人名单是行政公职局的职责（参见《立法会选举法》第29条~第39条）。审核行政长官选举候选人资格、提名程序并最终"确定接纳行政长官候选人"，是行政长官选举中最重要的环节之一，由此亦可见管委会责任重大。

第7项~第10项权限同样重要和必不可少，其中第10项所指提出改善选举活动建议对于特区政府检讨《行政长官选举法》和各项选务工作安排具有积极意义和现实性。

第11项"作出本法律规定的其他行为"，是一种"兜底"安排，即在此不再列举而是按照《行政长官选举法》的具体规定分别处理。

第2款的规定是为了确保管委会的指引能够得到切实执行，不遵守上款第4项所指指引者，构成《刑法典》第312条第2款所指的加重违令罪，刑罚最高为可科处2年徒刑或240日罚金。

（二）管委会的运作

《行政长官选举法》第4条规定："一、管委会以全会形式运作，由出席的大多数委员作出决议，如表决时票数相同，则主席的投票具决定性。二、管委会主席认为必要时得邀请相关人士列席会议以备咨询，但该等人士无表决权。三、管委会的所有会议均须缮立会议录。四、管委会自行决定作出各项公布的方式，但本法另有规定者除外。五、管委会下设秘书处以辅助其运作，并由行政暨公职局提供行政及技术支援。"

第1款对于"主席的投票具决定性"的规定较《立法会选举法》的相关规定（第12条第1款）更清晰。另外，过去习惯上认为管委会的决议要公布于《澳门特别行政区公报》方可有效，但公报每周发刊两期，在时间上未必能够完全配合，而且对于多数市民来说公报并非其获知官方信息的主要渠道。因此《行政长官选举法》作出本条第4款规定，以便使管委会的决议或其他信息能够通过包括公报在内的多种方式公之于众，各界人士能够及时获知，一体遵行。

管委会的运作除了需要其下辖的秘书长给予辅助外，也需要其他公共实体的合作。因此，《行政长官选举法》第7条规定："管委会在行使其权限时，对公共机构及其人员具有为有效执行职务所必需的权力；该等机构及人员应

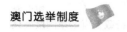

向管委会提供其需要及要求的一切辅助和合作。"相关公共机构及其人员不得拒绝合作。

第六节　关于司法程序的规定

本书第八章就立法会选举的司法程序作了较全面的叙述，由于《行政长官选举法》的相关内容与其大致相同，故不再设专章讨论。为了表述的方便，将《行政长官选举法》中关于司法程序的规定列于本章，提前予以简要说明；而相关司法程序同样分为司法上诉（包括关于"参选人和候选人资格的司法上诉"、关于"投票和核算的司法上诉"）和选举中的不法行为（包括刑事不法行为和轻微违反）两部分。

一　司法上诉

（一）关于参选人和候选人资格的司法上诉

根据《行政长官选举法》第96条规定，以下三种情况的当事人有权提起司法上诉：

（1）在选委会选举中的参选人，经审查后未被列入合资格参选人的名单者（参见第22条第2款）；

（2）在行政长官选举中的参选人，经审查后被管委会拒绝接纳为行政长官候选人者（参见第43条第2款）；

（3）在行政长官选举中，被管委会确认为丧失行政长官候选人资格者（参见第46条及第47条）。

根据《行政长官选举法》第97条和第98条的规定，司法上诉由终审法院负责审理，上诉人须在上诉书中列明事实依据和法律依据，并附上作为证据的一切资料（第97条第1款）。提起上诉的期限因应上述三种不同情况而分别规定，但都是在有关名单或决定公布后一日内提起（第97条第2款）。终审法院收到上诉书之后，须实时在该法院张贴告示，并将传唤公告刊登于一份中文报章和一份葡文报章，以便利害关系人及时知悉并作出答辩。答辩须在自报章刊登告示之翌日起计一日内提交，该日期届满后两日内终审法院作出确定性判决（第 98 条）。

需要简单说明的是，之所以规定以刊登报章方式作出公告，主要是因为如完全按一般诉讼法律规定的传达方式办理则需要较长时间，而选举程序环环相扣，不能延迟，故必须作出特殊安排。

（二）关于投票和核算的司法上诉

按照《行政长官选举法》第 99 条的规定，"在投票站投票、初步核算或总核算工作过程中出现的不符合规范的情况，得以上诉程序审议，但该等不符合规范的情况必须在发现该等情况时已成为异议、抗议或反抗议的标的"。第 100 条规定了何者有权提起司法上诉（除提出异议、抗议或反抗议者外，不在前列者的候选人之代理人亦有权提起上诉），以及上诉的标的（投票站执行委员会或总核算委员会对异议或抗议作出的决定）。第 101 条第 3 款规定，上诉程序适用第 98 条的规定。

二　选举的不法行为

这方面的规定与《立法会选举法》的相关规定基本一致，故不再重复。一个有所不同之处在于追诉时效，基于行政长官任期 5 年之考虑，2008 年修改《行政长官选举法》时将追诉时效由 1 年改为 5 年（第 114 条）。

三　诉讼制度的特别规定

《行政长官选举法》第 157 条规定："一、对于选民登记事宜，如本法律未有直接规范者，经适当配合，适用第 12/2000 号法律。二、对需要法院介入的行为，如本法律未有直接规范者，适用十二月十三日第 110/99/M 号法令核准之《行政诉讼法典》。"此条规定第 1 款为《立法会选举法》未有涉及，第 2 款规定补充适用《行政诉讼法典》似乎较补充适用《民事诉讼法典》更为适宜。

《行政长官选举法》第 158 条规定："因执行本法律而进行的程序，尤其针对选举事宜的犯罪而进行的程序，均具紧急性质。"此条是在 2008 年修改《行政长官选举法》时新增规定，旨在便于法院优先安排审理有关选举犯罪的案件，避免因"迟来的正义"使法治不彰，从而提高打击选举犯罪的力度。

第十章

行政长官选举制度分述

《基本法》附件一《澳门特别行政区行政长官的产生办法》第 1 条规定："行政长官由一个具有广泛代表性的选举委员会依照本法选出，由中央人民政府任命。"如何理解"具有广泛代表性"？这首先应是指广泛代表澳门社会各个阶层（而广大澳门居民是各阶层的构成要素），同时也是在一定程度上体现与国家层面的关联。因此，《基本法》附件一第 2 条规定选委会的成员中，既有工商、金融界，文化、教育、专业等界，劳工、社会服务、宗教等界别，立法会议员的代表及市政机构成员的代表；也有澳门地区全国人大代表及澳门地区全国政协委员的代表。全国人大及全国政协在国家政治体制中具有重要地位①。当然，作为选委会委员的全国人大代表及全国人大政协委员的代表，与其他选委委员一样都只是"以个人身份投票"；全国人大及全国政协均不会干预澳门特别行政区行政长官的选举。而作为当然委员的全国人大代表亦是由具广泛代表性的"澳门特别行政区全国人民代表大会代表选举会议"选举产生。

---

① 《中华人民共和国宪法》第 57 条规定，全国人大是最高国家权力机关。《宪法》序言指出："中国人民政治协商会议是有广泛代表性的统一战线组织。"

第一节　选委会委员的具体分配①

《基本法》附件一第 2 条规定，选委会委员共 300 人，由下列人士组成：工商、金融界 100 人；文化、教育、专业等界 80 人；劳工、社会服务、宗教等界 80 人；立法会议员代表、市政机构成员的代表、澳门地区全国人大代表、澳门地区全国政协委员的代表 40 人。虽然附件一分别规定了"四大界别"各自的总人数，但仍需要由澳门特别行政区在《行政长官选举法》中再作出具体分配，并由该法第 8 条第 2 款及附件一作出规定：

附件一：（第八条第二款所指）选委会委员界别、界别分组和名额分配

一、第一界别工商、金融界共 100 人。

二、第二界别共 80 人：（一）文化界 18 人；（二）教育界 20 人；（三）专业界 30 人；（四）体育界 12 人。

三、第三界别共 80 人：（一）劳工界 40 人；（二）社会服务界 34 人；（三）宗教界：天主教代表 2 人、佛教代表 2 人、基督教代表 1 人、道教代表 1 人。

四、第四界别共 40 人：（一）立法会议员的代表 16 人；（二）澳门地区全国人大代表 12 人；（三）澳门地区全国政协委员的代表 12 人。

名额分配的基本原则是充分体现具有广泛代表性，同时也参考了各方面的因素，包括筹委会和第一届政府推选委员会的人员构成，以及立法会间选的名额分配比例，等等。

另外，有以下几个问题需要略作说明：

（1）为何对工商、金融界未再作细分？按《基本法》附件一第 2 条规定，工商、金融界的选委会委员为 100 人。对此，有意见认为应对该

---

① 本节所指委员分配，不包括《基本法》附件一修正案通过后的情况，这方面的内容请参阅本书第十一章。

界别根据不同的标准细分为若干组别，例如，按照各行业在本地总值比重、从业员人数为标准细分①；或者按不同行业分为博彩业、房地产业、中小企业界等。《行政长官选举法》的相关规定并未采纳此类意见。其主要理由是，选委会大多委员由选举产生，包括工商业、金融界，选举方式采用立法会间接选举制度，即由该界别的法人选民选举产生，而法人选民的确认机制是将工商、金融界均视为雇主利益界别，并无再作细分。因此，如要在行政长官选委会委员选举中作出不同分界就涉及《选民登记法》的修改，而对此社会上并未达成共识。所以这个界别的 100 名选委不再细分为不同的组别。其实，这样安排也是"为了使已作法人选民登记的社团或组织可继续行使法律赋予的权利，同时避免因重新登记而浪费民间及公共资源"②。

（2）为何在第二界别中增加了体育界？简单讲，主要是考虑到立法会间接选举的议席分配中也有该界别；同时也是由于体育界在法人选民中数量最多③。

（3）宗教界的名额。如何确定？这主要是基于澳门具有中西文化交融的传统特色，包括不同的宗教和睦共存，其中天主教、基督教和佛教、道教较具代表性。由于相对而言，天主教和佛教的信徒较多，故各占两个名额，基督教和道教则各占一个名额。对此，负责细则性分析《行政长官选举法》的立法会第二常设委员会在报告书中指出："回顾历史以至现在的社会状况，毫无疑问法案中的四个宗教教派是本澳最主要的教派，但尽管如此，也未能解释为何其他的合法存在的宗教教派不能有代表为选举委员会委员。为了评估法案是否符合平等对待的原则，有需要对其他宗教教派的存在及登记情况作出了解。为此，委员会曾询问提案人关于在本澳已作登记的教派情况，包括数目。提案人称，由于有关的登记并非强制性，因此无法取得该等资料，政府认为有需要尊重宗教教派在登记事宜上的选择。委员会认为，这些事实再加上历史因素，合理解释了法案的安排。"④

（4）为何在第四界别中没有"市政机构成员的代表"？这个问题颇为复杂，需要作出专门说明。

---

① 《吴国昌就特首选委会提建议》，《华侨报》，2004 年 2 月 4 日，第 14 版。
② 《选举法例汇编·行政长官选举法》，澳门特别行政区立法会，2008，第 225 页。
③ 见本书第三章第四节"法人选民登记"。
④ 《选举法例汇编·行政长官选举法》，澳门特别行政区立法会，2008，第 225 页。

第二节 "市政机构成员的代表"问题

《基本法》第 95 条规定:"澳门特别行政区可设立非政权性的市政机构。市政机构受政府委托为居民提供文化、康乐、环境卫生等方面的服务,并就有关上述事务向澳门特别行政区政府提供咨询意见。"第 96 条规定:"市政机构的职权和组成由法律规定。"

基本法起草委员会委员(并为政制小组召集人之一)、北京大学法学教授萧蔚云主编的《一国两制与澳门特别行政区基本法》一书介绍了上述条文的形成过程和相关讨论①。由于市政机构问题并未列入中葡联合声明,因此存在着很大的讨论空间。当时大致有 4 种意见:一是"要求强化市政机构作为一级政权组织的体制和职能",此为"扩权说"。二是认为"既不必扩权强化,亦不必改制削弱",此为"确认现状说"。三是认为澳门地方不大、人口不多,且将来"不会再存在本地居民与外来统治机器的对立,更无必要通过两级政权来实施行政管理,故建议取消地方自治制度。或将市政机构的人员和职能分别纳入特别行政区政府各有关部门中,在调整和明确职权的基础上负责市政管理。如是的话,市政部门将成为特别行政区机关的一部分,在《基本法》中完全不必提及"。四是,绝大多数意见认为,从澳门社会实际出发来设计市政制度的未来,要尊重澳门政制发展的历史和现状,尽量避免对现行体制作较大变动。市政机构在管理市民生活和公益事务中发挥积极作用,对此应该肯定,予以维持,对其存在的问题,要设法改正和解决。澳门地小人多,设立一级政权机构,有利于精简机构,提高行政效率。

起草委员会经过多次讨论,基本接纳了后一种意见。

上述条文在规定可设立市政机构的同时,突出强调其"非政权性质",这是符合澳门实际的。政权即统治权,是治理国家的权力。"非政权性"是指不具有统治权的性质。特别行政区的市政机构不能行使统治权,不具有管理澳门地方政治事务的权力,但市政机构又是法定机构,是居民依法组织起来参与社会民生公益事务管理并对政府有关决策提供咨询的机构。

---

① 以下引文引自萧蔚云主编《一国两制与澳门特别行政区基本法》,北京大学出版社,1993,第 280~283 页。

依照《基本法》，特别行政区市政机构受政府委托的事务范围是文化、康乐、环境卫生等方面。这与目前市政机构所承担的社会公益事项范围大致相同，但活动方式包括：一是"向居民提供服务"，二是"向澳门特别行政区政府提供咨询意见"。这是与其"非政权"性机构的地位相一致的。

依照《基本法》第96条规定，"市政机构的职权和组成由法律规定"。这首先说明，市政机构制度是法定制度，若要设立必须依法行事，由澳门特别行政区立法会依照基本法以法律形式加以规定。澳门原有的市政法律制度中那些与《基本法》规定不相抵触的部分可继续适用或经修改后继续适用。其次，这一简单的条文为特别行政区市政机构的设立留有灵活的余地。将来特别行政区是设立两个市政机构，还是只设一个，市政机构的组织和职权如何规定，均由特别行政区自行立法规定。

总的来说，《基本法》有关澳门特别行政区市政制度的规定，既从澳门实际出发，又较为灵活，为将来的解释和适用留有较大余地。这样的安排将有利于维持澳门的社会稳定和经济发展。

上述引文中特别值得注意的是，"特别行政区的市政机构不能行使统治权，不具有管理澳门地方政治事务的权力，但市政机构又是法定机构，是居民依法组织起来参与社会民生公益事务管理并对政府有关决策提供咨询的机构"。这里存在几个问题，一是如何界定"地方政治事务"？二是作为"由市民依法组织起来"的"法定机构"，能否具有行政职能，如不具有则如何执行"受政府委托的事务"，包括"社会民生公益事务管理"？而这些事务恐怕也不能只限于"文化、康乐、环境卫生等方面"，即使就是限于这几方面恐怕也必须具有相应的行政职能及权限方可为之，例如，发放相关牌照、处罚卫生违例等。因此，如果按照上述第三种意见（市政机构成为行政机关的一部分）处理，反而较为可行。

下面再来看其他规范性文件的相关规定。

筹委会于1999年8月29日通过了《关于澳门市政机构问题的决定》：

一、澳门特别行政区可设立非政权性的市政机构。市政机构受特别行政区政府的委托为居民提供文化、康乐、环境卫生等方面的服务，并就上述有关事务向澳门特别行政区政府提供咨询意见。市政机构的职权和组成由特别行政区法律规定。

二、在澳门特别行政区设立上述市政机构之前，将澳门原市政机构改组为特别行政区临时性市政机构。临时性市政机构经澳门特别行政区行政长官授权开展工作，向行政长官负责。临时性市政机构的任期至新的市政机构产生为止，时间不超过 2001 年 12 月 31 日。

三、澳门原市政机构中，由选举产生的市政议会成员和市政执委会委员，如本人愿意，可成为澳门特别行政区临时性市政机构中相应机构的成员。如有成员缺额，依法进行补充。由委任产生的市政议会成员和市政执委会委员，由行政长官按相应人数委任。

四、除全国人民代表大会常务委员会另有决定外，澳门原有市政机构的法律和制度中与基本法无抵触的内容，可以继续保留。

五、澳门原市政机构的徽记、印章、旗帜，从 1999 年 12 月 20 日起停止使用。澳门特别行政区市政机构如需使用徽记、印章、旗帜，由特别行政区自行决定。

六、本决定由澳门特别行政区行政长官负责实施。

1999 年 10 月 31 日，全国人大常委会通过了《关于根据〈中华人民共和国澳门特别行政区基本法〉第一百四十五条处理澳门原有法律的决定》，其附件三规定《市政区法律制度》（第 24/88/M 号法律）中体现市政机构具有政权性质的条款，因抵触《基本法》而不采用为澳门特别行政区法律①。澳门特别行政区的第一部法律，第 1/1999 号法律《回归法》附件三第 3 款作出了相同规定。同时，该法律第 15 条就市政机构的过渡问题作出了较为详细的安排："一、原澳门市政机构改组为非政权性的临时市政机构：（一）原澳门市市政议会改组为临时澳门市政议会；（二）原澳门市市政执行委员会改组为临时澳门市政执行委员会；（三）原海岛市市政议会改组为临时海岛市政议会；（四）原海岛市市政执行委员会改组为临时海岛市政执行委员会。二、临时市政机构经行政长官授权开展工作、并向行政长官负责；行政长官可指定其受有关的司长监督。三、临时市政机构的任期至新的市政机构依法产生时为止，但不得超过二零零一年十二月三十一日。四、原市政机构的徽号、印章、旗帜自一九九九年十二月二十日起停止使用。五、原市政机构中由选举产生的市政议会成员和市政执委会成员，如本人愿意，并向行政长官确认其留任意愿，可成为临时市政机构中相应机构的

---

① 郑言实编《澳门过渡时期重要文件汇编》，澳门基金会，2000，第 125 页。

成员。如有成员缺额，依法进行补充。六、由委任产生的市政议会成员和市政执委会成员由行政长官按相应人数委任。"

从上述规定来看，似乎并未表明将来澳门特别行政区不设立市政机构，而可以肯定的是澳门特区的市政机构不能具有政权性。当然，对于如何界定《市政区法律制度》中哪些条款以及原市政机构的哪些职能属于"政权性"均有待探讨。

由于临时市政机构的任期不可以超过 2001 年 12 月 31 日，2001 年 10 月中，特区政府向立法会提交了《设立民政总署》法案。政府代表行政法务司司长在立法会会议上指出：

> 在《设立民政总署》的法案中，建议撤销原来两个临时市政机构，设立新的"民政总署"。该机构不是原来两个临时市政机构的简单合并或延续。从概念上讲，"民政总署"是特区政府根据社会发展需要而建议设立的一个新部门，"民政总署"亦并非按《基本法》第九十五条规定所设立。
>
> 《基本法》第九十五条规定：澳门特别行政区政府可设立非政权性的市政机构。条文中的"可设立"意即是"可以设立市政机构"或"可以不设立市政机构"，而并非是必须要设立市政机构，我们最终的选择是"不设立市政机构"。
>
> 我以上的一些说明，希望能够向各位清晰表达"民政总署"、两个临时市政机构以及与《基本法》第九十五条之间的关系。简单地讲，"民政总署"不能与两个临时市政机构混为一谈，临时市政机构是旧事物，"民政总署"是新事物，两者没有任何直接关系。[①]

然而，有议员对政府的说明持不同意见：

> 对于设立民政总署，本人持有不同的意见，事实上就民政总署的设立可以说是依法无据，亦都概念混乱。根据司长在引介发言中清楚表明这个民政总署不是按照《基本法》第九十五条规定所设立的，即是说，设立民政总署就是实质性地废止了《基本法》第四章第五节整个章节的条文，这条文可以说，如果这法案是通过的话，这两条条文将会实质性地废止。

---

① 《澳门特别行政区立法会会刊》第 1 组第 II – 3 期，2001 年 10 月 31 日，第 10 页。

另一方面，作为民政总署这个名称，承接了大部分的市政工作，亦加入了其他部分的内容。但是，"民政"这个概念，事实上无论在中国内地和香港都跟现在我们所做的民政总署所执行的职能很明显地不同，以中国内地为例，所谓民政工作包括选举、安排选举、行政规划、婚姻登记、出生登记、社团登记、社会救济、老弱孤残的福利、儿童收养这些工作，我们现在这个民政总署实际上可以说完全没有担负这些工作，跟我们原来民政的概念风马牛不相及。而至于用"总署"的名称亦不符合澳门《基本法》有关的规定，甚至在回归前原来的体育总署亦都要易名为体育发展局，而现在的民政总署偏偏反其道而行之，设立一个叫做民政总署，可以说，是一个于法无据，所以，本人对这个设立民政总署表示反对[①]。

立法会于 2001 年 12 月 14 日通过了第 17/2001 号法律《设立民政总署》，其中第 2 条规定撤销作为原市政机构过渡安排的临时市政机构；第 12 条规定废止原有市政机构相关法律法令。

由于市政机构已不存在，故行政长官选举委员会中也就未能分配"市政机构成员的代表"的名额。然而，对此事的争议直至 2012 年仍未能平息，尤其是有立法会议员不断就此事向政府提出质询，并提出批评："一、由于特区政府决定'不设立'市政机构，令市政机构成员代表无法产生，令行政长官无法严格遵照《基本法》附件一的规定来产生，对澳门、对中国的法治建设都是严重的伤害。谁该为此错误决定承担责任？二、由于没有了市政机构而令行政长官无法严格遵照《基本法》附件一的规定来产生，特区政府会否尽快拨乱反正，依照《基本法》重建市政机构以弥补此一重大失误？三、根据《基本法》第九十五条规定：'澳门特别行政区可设立非政权性的市政机构。市政机构受政府委托为居民提供文化、康乐、环境卫生等方面的服务，并就有关上述事务向澳门特别行政区政府提供咨询意见。'市政机构是一个'非政权性'机构，并不同于一般的政府部门，而其成员代表更能在行政长官选举委员会中与立法议员代表并列担当重要角色，显见它必定是一个具民选成分的机构。特区政府将如何根据《基本法》第九十五条及第九十六条重建市政机构？"[②]

---

① 《澳门特别行政区立法会会刊》第 II-14 期，2001 年 12 月 14 日，第 7 页。
② 《区锦新质询重建市政机构》，《市民日报》2012 年 1 月 30 日，第 P04 页。

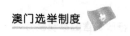

事实上，如果认同"可"字是一种选择性或授权性规范，那么对于"可设立"而"未设立"之状况不能视为违反《基本法》。因此，行政长官选委会中没有市政机构成员的代表亦是可以接受的，而更重要的是由于没有市政机构成员的代表，自然可增加第四界别中"澳门地区全国政协委员的代表"和"立法会议员的代表"，而不是将名额分配给其他界别，这同样符合《基本法》附件一的规定。另外，政府代表也已表示，特区政府将会根据实际情况，深入研究是否设立、如何设立以及何时设立市政机构问题。

第三节　选委会委员的产生方式

一　合理订定选委会委员的具体产生方式

法律规定选委会委员（澳门地区全国人大代表除外）由三种方式产生。

第一，"按本法律选举产生"。

《行政长官选举法》第 12 条规定，第一界别的工商、金融界，第二界别的文化、教育、专业等界，第三界别中的劳工、社会服务界，该等界别或界别分组的选委会委员由属于相关界别或界别分组的社团和组织按照本法律选举产生。以这种方式产生的选委会委员共有 254 名（300 名委员减去第四界别的 40 人及宗教界的 6 人），占选委会全体委员的 82% 以上。由于澳门特区社团众多，采取这种产生方式将大大扩展全社会的参与程度，体现了民主开放的原则。

第二，"确认提名产生"。

宗教界的情况与其他界别分组有所不同。因此，《行政长官选举法》第 13 条规定，其选委会委员采取由相关宗教的有代表性的团体提出人选、由"管委会"予以确认的方式产生。至于法律附件一规定由天主教、佛教、基督教及道教的团体提出选委会委员人选，主要是基于历史传统的原因。上述规定是比较合理可行的办法。

第三，"自行选举产生"。

《行政长官选举法》第 14 条规定，立法会议员的代表和澳门地区全国政协委员的代表以自行选举产生方式选出。由于立法会和全国政协均有其章程和运作规范，因此由其按照自身的规则选出作为选委会委员的代表是合理及有章可循的。尤其是全国政协属于国家性组织，由澳门特区的法律去规范其内部运作并不适当。

二 严谨规范选委会委员的资格

虽然 300 名选委会委员来自不同界别、以不同的方式产生，但应该具备相同的基本条件，从而体现公平公正的原则。因此法律规定，所有选委会委员须是澳门特别行政区永久性居民，"年满十八周岁，已作选民登记，并不得为无选举资格者"（第 9 条）。规定选委会委员必须是永久性居民反映了"澳人治澳"的精神；要求选委会委员必须年满 18 周岁，已作选民登记及不得为无选举资格者，与参选立法会议员的条件基本一致，既没有附加新的限制，也是作为选委会委员应该具备的基本资格。

三 选举产生委员的制度

如前所述，由这种方式产生的选委会委员占选委会成员的大多数，故有必要作进一步说明。

第一，适当借鉴立法会间接选举制度。

根据澳门第 3/2001 号法律通过的《澳门特别行政区立法会选举法》，部分立法会议员由相关社会利益组别的社团或组织选举产生，即所谓间接选举制度。采取这种制度可以使各个社会利益界别都能在立法会中具有相应的席位，从而使立法会具有更广泛的代表性。这种间选制度施行多年，已为澳门广大市民和社会各界认同，而与此密切相关的法人选民登记制度（第 12/2000 号法律《选民登记法》）亦较为完备；因此借鉴间选制度来选举产生大多数的选委会委员，是一项切合澳门实际、符合《基本法》及附件一有关规定精神，并具备可操作性的适当选择。当然，选委会委员选举不同于立法会议员选举，不应亦不能全面套用立法会间选制度，理应作出必要的调整。例如，候选人的产生就没有沿用间选制度的提名委员会机制，而是改为由参选人自行争取法定比例的社团提名从而成为候选人（第 20 条及第 21 条）。由于本书第四章至第八章对立法会选举制度作了较为详细的介绍，且选委会选举制度的相关规定与其大致相同，故本章不再细述。

第二，界别划分的依据和调整。

如前所述，由《选民登记法》订定的法人选民登记制度，与间选制度密切相关，而该法律第29条对社会利益的划分，与《基本法》附件一所列的界别分组基本一致①。因此，在借鉴间选制度的同时，将该法律对社会利益的划分等同于选委会委员选举中的界别或界别分组的划分（选举法第16条第2款），无疑有利于选委会委员选举的顺利进行：其一，这可以使界别或界别分组的划分具有清晰的法律界定；其二，这可以使已作法人选民登记的社团或组织继续保持已有的法律地位，并从而保证了法律的连续性；其三，事实上这也从一个方面体现了便民原则，避免因重新登记而浪费民间及公共资源。

需要说明的是，《选民登记法》并未将雇主利益细分为工商、金融界，但两者的社会利益性质相同，故《行政长官选举法》仍将工商、金融界作为一个整体等同雇主利益（第16条第2款第1项）。事实上，由于缺乏相关的确认机制，将雇主利益细分为工商、金融两个组别，确实存在一定的困难②。因此，在《行政长官选举法》中将工商、金融界称为"界别"，而将文化、教育、专业、劳工等称为"界别分组"，以示区别。

另外，在立法会间接选举中尚有体育利益组别。《基本法》附件一虽没有列出该界别分组，但允许澳门特别行政区以《行政长官选举法》对各个界别作出划分（附件一第3款）。因此，法律规定第二界别的界别分组包括文化界、教育界、专业界和体育界（第16条第2款第5项）。这样安排是于法有据并符合澳门社会的特点。

第三，参选人和候选人问题。

《基本法》附件一规定选委会委员由相关各界人士组成（第2款）。因此，参加选委会委员选举者必须是相关界别或界别分组的人士。由全国人大澳门特别行政区筹备委员会第四次全体会议通过的《第一届政府推选委员会具体产生办法》规定，参选人报名参选推委会时必须递交相关界别团体出具证明其属于本界别的证明书。这些规定是《行政长官选举法》订定参

① 《选民登记法》第29条规定，社会利益按其社会宗旨划分为：雇主利益、劳工利益、专业利益、慈善利益、文化利益、教育利益、体育利益。而《基本法》附件一规定，选委会委员的社会界别包括工商、金融界，文化、教育、专业等界，劳工、社会服务、宗教等界。

② 《选民登记法》并未规定除已有利益组别以外的利益划分界定机制，而重新设置界定机制涉及诸多复杂问题，以及需要对现行法律作出较大的修改。

选人条件的基本依据和参考。为了确保参选人是属于相关界别或界别分组的人士，《选举法》规定该人必须获得该界别或界别分组范围内至少占总数20%的具投票资格的社团和组织确认（第20条第1款）。上述百分比的要求同样是参考了立法会间选制度的有关规定并有所降低[①]。参选人须符合永久居民、年满18周岁、已作选民登记、不属于无选举资格者等条件，并取得上述确认，以及在法定期限内报名，经审核后即可成为选委会选举的候选人。

为了确保行政长官选举的公正性，法律规定行政长官、主要官员、行政会委员、立法会议员、管委会成员及司法官均不能成为选委会委员选举的候选人（第18条），否则必须辞去现任职务。需要说明的是，《基本法》附件一关于选委会组成的规定中并未列出"公务人员"组别。因此，公共行政工作人员只可以循《基本法》附件一所列界别或界别分组参选。

第四，关于选举方式。

《基本法》附件一规定："各界别法定团体根据选举法规定的分配名额和选举法自行选出选举委员会委员"（第3款）。据此，选委会委员是由法定团体选出，而且每个法定团体只是就本界别或界别分组的选委会委员进行选举，从而确保选委会委员是由"各界人士组成"（《基本法》附件一第2款）。上述"法定团体"只能根据澳门法律作出界定，也就是已按照《选民登记法》作法人选民登记的社团和组织。而每个"法定团体"如何参加选举，则是沿用立法会间选制度："具有投票资格的每一法人享有最多十一票投票权，由最多十一名已被登录于选委会选举日期公布日期前最后一个已完成展示的选民登记册的投票人行使。"[②]（《选举法》第19条第1款，及参照《立法会选举法》第22条第2款及第3款）。至于《基本法》附件一关于"自行选举"的规定，可以理解为各法定团体独立自主地决定投票取向而不受任何干涉。

第四节　行政长官候选人

争取成为候选人是参加行政长官第一步。成为候选人需要具备什么资格

---

① 立法会间选制度的相关规定为25%。2012年修改《立法会选举法》亦将其改为20%。

② 2012年修改《行政长官选举法》及《立法会选举法》，均由11人改为22人，参阅本书第十一章。

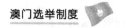

和条件、如何争取选委会委员的提名、如何确定提名之有效、如何处理关于提名的争议、在何种情况下会丧失候选人资格以及是否和如何重新提名等，《行政长官选举法》均作出了具体规定。

一　被提名为候选人的资格

《行政长官选举法》第 35 条规定："被提名为行政长官选举候选人必须具备以下资格：（一）澳门特别行政区永久性居民中的中国公民；（二）不具有外国居留权或承诺在就任行政长官之前放弃倘有的外国居留权；（三）至候选人提名截止日年满四十周岁；（四）至候选人提名截止日在澳门通常居住连续满二十年；（五）拥护《基本法》，效忠中华人民共和国及其澳门特别行政区；（六）已被登录于行政长官选举日期公布日前最后一个已完成展示的选民登记册，且不属于无选举资格者。"现分述如下。

（一）关于永久性居民中的中国公民

第 1 项体现了《基本法》第 46 条中关于身份和国籍的要求，由本地法律再次作出表述旨在对候选人资格予以完整的规定，故这种重复是必要的。对于确认具有永久性居民身份和国籍，尚需根据第 8/1999 号法律《澳门特别行政区永久性居民及居留权法律》和第 7/1999 号法律《澳门特别行政区处理居民国籍申请的具体规定》的相关规定。第 7/1999 号法律是以《中华人民共和国国籍法》及全国人大常委会《关于〈中华人民共和国国籍法〉在澳门特别行政区实施的几个问题的解释》为依据。该解释第 1 条规定："一、凡具有中国血统的澳门居民，本人出生在中国领土（含澳门）者，以及其他符合《中华人民共和国国籍法》规定的具有中国国籍的条件者，不论其是否持有葡萄牙旅行证件或身份证件，都是中国公民。凡具有中国血统但又具有葡萄牙血统的澳门特别行政区居民，可根据本人意愿，选择中华人民共和国国籍或葡萄牙共和国国籍。确定其中一种国籍，即不具有另一种国籍。上述澳门特别行政区居民，在选择国籍之前，享有澳门特别行政区基本法规定的权利，但受国籍限制的权利除外。"

按照国际法的公认原则，持有某国护照者即为具有该国国籍；根据国家主权原则，持有澳门特别行政区护照者即为具有中国国籍。第 9/1999 号行政法规《澳门特别行政区旅行证件签发规章》第 14 条规定：

"一、符合以下所有条件者，可获发护照：（一）是中国公民；（二）持有澳门特别行政区永久性居民身份证。二、上款（一）项所指的中国公民是根据《中华人民共和国国籍法》，及《全国人民代表大会常务委员会关于〈中华人民共和国国籍法〉在澳门特别行政区实施的几个问题的解释》的规定，具有中国国籍的人。三、在第一款（二）项所指的永久性居民身份证发出之前，按照澳门特别行政区第8/1999号法律第九条的规定执行。"

（二）关于外国居留权

第2项是参照《基本法》第49条的规定，同时引用了由筹委会通过的《第一任行政长官人选的产生办法》第3条第1款规定①，政府认为如果第一任行政长官产生办法中有此规定，则在特区制定的《行政长官选举法》中没有理由不予认同。虽然这样规定在某种程度上较《基本法》第49条的要求"更为严格"，但并不违反《基本法》的立法精神，尤其是结合《基本法》第102条关于行政长官必须宣誓效忠中华人民共和国的规定来看，两者在本质上是吻合的。

（三）关于年龄和居住年限

第3和第4项则是对《基本法》第46条规定的年龄和居住年限的计算定出了具体标准。可以顺便提及的是，《第一任行政长官人选的产生办法》规定在澳门通常居住连续满20年"计算时包括在澳门居住期间外出留学、经商和探亲访友等"。作为一种"一次性"的特别安排，这样规定并无不妥；但作为一项长期制度则需要更为严谨规范。因此，《选举法》未将《第一任行政长官人选的产生办法》的上述规定列入。

（四）关于拥护基本法及效忠问题

第5项同样是引用《第一任行政长官人选的产生办法》第3条的内容，只是将其由两款（第4款和第5款）合为一项；因两者性质相同，故如此

---

① "第一任行政长官参选人必须具备如下资格：一、不具有外国居留权、或承诺在担任行政长官期间放弃外国居留权的澳门永久居民中的中国公民；二、年满40周岁；三、在澳门通常居住连续满20年；四、拥护基本法；五、效忠中华人民共和国及其澳门特别行政区政府。"引自郑言实编，《澳门过渡时期重要文件汇编》，澳门基金会，2000，第174页。

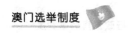

处理并无不妥。此项内容是依据《基本法》第101条和第102条，但前述第2项关于外国居留权的规定与效忠中华人民共和国有内在联系，而此处的规定则主要涉及政治态度，如何在法律上作出界定亦较难处理，故只得将其置于提名表的"个人承诺"栏中，由当事人确认。

（五）关于具有选举资格

第6项规定体现了该选举法律的一般要求。其基本原则是"具有选举资格者才有被选举资格"。

二 不得被提名为候选人及相关限制

即使具备了上述资格也并非一定可以参选，尚必须不处于《选举法》第36条所列举的任一情况："一、属于下列任一情况者不得被提名为候选人，但（二）至（八）项所指者在候选人提名开始日之前已辞职或退休者除外：（一）正在履行连任任期的行政长官；（二）主要官员；（三）行政会委员；（四）司法官及司法辅助人员；（五）管委会委员；（六）选委会委员；（七）公共行政工作人员，由行政长官委任在公务法人内、尤其在自治机关及自治基金组织内任职的全职人员，以及由行政长官委任在公共服务或使用属公产的财产的承批实体内及在澳门特别行政区有参资的公司内任职的全职人员；（八）宗教或信仰的司祭。二、于候选人提名开始日起计前五年内，在澳门或以外，被确定性裁判判处徒刑三十日或以上者，亦不得参选。三、被提名的候选人须声明以个人身份参选，且在任期内不参加任何政治社团；属政治社团成员者如当选并获任命，须在就任日前公开声明已退出该社团。四、立法会议员如参加行政长官选举，自被确定性接纳为候选人之日至行政长官选举结果公布之日中止议员职务；如当选并获任命则自就任之日起视为丧失议员资格。"

在第1款规定的8种情况中，第1种是指正在履行连任任期的行政长官，按照《基本法》第48条关于行政长官只可连任一次的规定，不能参加因其第二任任期届满而举行的行政长官选举，至于是否也包括不能参加因其辞职而需要举行的补缺选举，则应视情况而定。第2～8种情况的限制，主要是基于避免"角色冲突"之考虑。

第2款规定的情况，是参考香港法例第569条《行政长官选举条例》

第 14 条 h 项的规定。但香港的规定中是对相关犯罪作出列举①，而澳门则只是以刑期为标准并不限制是因何种犯罪而判刑，且不论犯罪是在何处作出。同时，该款规定也参考了《基本法》第 81 条第 5 项关于立法会议员"在澳门特别行政区区内或区外犯有刑事罪行，被判监禁三十日以上"经立法会决定即丧失议员资格的规定。

第 3 款的规定亦是参考了《第一任行政长官人选的产生办法》第 5 条，"有意参选第一任行政长官的人士应以个人身份参选。具有政治团体身份的人士在表明参选意愿时必须退出政治团体"。这样的规定是基于澳门特区政治体制的基本特征：行政主导而非议会（立法会）主导，行政长官并非由立法会中议席最多的政治团体领袖出任，而是由跨越各党派、涵括各界别的具有广泛代表性的选委会选举产生；同时也是基于行政长官是澳门特别行政区首长，代表澳门特别行政区的宪制地位。然而，现行第 2/99/M 号法律《结社权规范》第 4 条第 2 款规定："任何人，即使是公共当局，强迫或胁迫任何人加入或脱离社团，处刑法典第三百四十七条规定之刑罚。"第 15 条第 2 款规定："任何人不得同时参加多于一个政治社团，亦不得因加入或放弃加入某些政治社团而被剥夺任何权利。"此部法律公布于 1999 年 8 月 9 日（同年 7 月 30 日通过），而《第一任行政长官人选的产生办法》由筹委会于同年 1 月 16 日通过，故不受其限制。那么应如何看待第 36 条第 3 款？

第一，第 2/99/M 号法律由澳门回归前最后一届立法会即第六届立法会制定，该立法会的多数成员（总督委任者除外）按照全国人民代表大会《关于澳门特别行政区第一届政府、立法会和司法机关产生办法的决定》第 6 条的规定，过渡成为澳门特别行政区第一届立法会议员。第 3/2004 号法律《行政长官选举法》则是由澳门特别行政区第二届立法会制定；两者皆为法定立法机构，均有权制定法律，包括有权就同类事务作出内容不同的法律规定。

第二，就结社权立法而言，第 2/99/M 号法律可视为"一般法"，而第 3/2004 号法律中涉及政治团体的规定则可视为"特别法"；按照通行法则，后者优于前者。

第三，当然，"特别法"或者说是"特别规定"不应改变由"一般法"确立的基本制度或基本原则。《行政长官选举法》第 36 条第 3 款只是要求

---

① 这种列举似乎有意在排除某些与候选人人格、人品关联不大的犯罪。

行政长官"在任期内不参加任何政治团体；属政治团体成员者如当选并获任命，须在就任日前公开声明已退出该社团"，这并不涉及任何其他人士，并未改变结社权制度的基本原则。同时，担任行政长官者在其卸任之后完全可以依法组织或参加政治社团，与其他人士并无二致。

第四，《基本法》第40条规定："《公民权利和政治权利国际公约》、《经济、社会与文化权利的国际公约》和国际劳工公约适用于澳门的有关规定继续有效，通过澳门特别行政区的法律予以实施。澳门居民享有的权利和自由，除依法规定外不得限制，此种限制不得与本条第一款规定抵触。"《公民权利和政治权利国际公约》第22条规定："一、人人有权享受与他人结社的自由，包括组织和参加工会以保护他的利益的权利。二、对此项权利的行使不得加以限制。除去法律所规定的限制以及在民主社会中为维护国家安全或公共安全、公共秩序，保护公共卫生或道德，或他人的权利和自由所必需的限制。本条不应禁止对军队或警察成员的行使此项权利加以合法的限制。三、本条并不授权参加一九四八年关于一结社自由及保护组织权国际劳工组织公约的缔约国采取足以损害该公约中所规定的保证的立法措施，或在应用法律时损害这种保证。"其第2款所指的"限制"是指对该国或地区所有人的限制，而《行政长官选举法》第36条第3款的规定只是针对一个人（行政长官）的限制，是最低限度和最小范围的限制。同时，由于"澳门特别行政区是中华人民共和国不可分离的部分"（《基本法》第1条），"是中华人民共和国的一个享有高度自治权的地方行政区域，直辖于中央人民政府"（《基本法》第12条）；因此，要求行政长官不具有政治社团身份与"维护国家安全"密切相关，即作出相应的限制是合理、合法和必要的。

第五，由于"行政长官是澳门特别行政区首长，代表澳门特别行政区"并依照《基本法》的规定"对中央人民政府和澳门特别行政区负责"（《基本法》第45条）；因此行政长官的施政必须以《基本法》为依据、以"符合澳门特别行政区的整体利益"（《基本法》第51条）为依归，而不能取决于某个阶层的利益要求或某个政治社团的政治主张。行政长官应具有更为崇高和超脱的地位，这将更有利于其不受干扰地推行政务、进行管治。

第六，当然，关于行政长官不得参与政治社团的规定，如前所述只是首见于筹委会制定的《第一任行政长官人选的产生办法》，《基本法》并未作出明确的规定。这既反映了当时的一种政策取向，也因为筹委会中的许多成员皆为《基本法》起草委员会委员，因而被认为此项规定在某种程度上反映了《基本法》的立法原意，从而被广泛接受。但从香港特区的政治实践来看，尤其是基于行政与立法关系较为紧张的实况，认为行政长官有自己的政党更利于其施政之意见颇有市场。当然，对于反对派来说，自然是认为应由其政党领袖出任行政长官，并为此而竭力培植和煽动恐共、反共情绪，以形成对其有利的政治文化和气氛。但无论如何，就《基本法》的制定背景而言，当时并无政党政治的现实条件，亦未形成发展政党政治的社会共识。至于将来如何，尚待观察及作出与时并进的调整①。

最后，谈一下第 36 条第 4 款关于"如议员当选行政长官则需自就任之日起丧失议员资格"的规定。对此，立法会委员会报告书指出："针对此项不得兼任的规定，在法律上可适用第 3/2000 号法律《立法会立法届及议员章程》第 19 条第 2 款，即有关议员在'担任法律规定不得兼政的职务时'丧失资格的规定。""委员会认为，该制度恰当，能够保障涉及的利益及议员的权利。"②

三 候选人提名程序

（一）候选人提名权

《行政长官选举法》第 37 条规定："一、只有列入选委会委员名册者享有候选人提名权。二、每名选委会委员只可提出一名候选人，否则该委员所作提名无效。三、选委会委员对其作出的提名不可撤回。"

第 1 款表明只有选委会委员才具有提名权，而选委会委员名册则是证明其是选委会委员的法律文件。选委会是选举行政长官人选的机构，选委会委员的选举权自然应包括对候选人的提名权，这也是《基本法》附件一第 4 条的规定。当然，每名选委会委员只可提出一名候选人，这与其在行政长官选举时只可投一票是一致的。如有委员作出一个以上的提名，则其所作的所有提名均为无效，而不能由其本人或管委会从中选取一个提名，这是第 2 款规定的含义。由于提名候选人是一件严肃的事情，且涉及其他选举程序的进

---

① 参见朱世海《论香港政党法制的必要性、原则和内容》，《港澳研究》2010 年冬季号，第 48~69 页；宋小庄、孟东《论香港政团发展与香港的管治——兼论香港特区之"地方性执政党问题"》，《港澳研究》2011 年冬季号，第 60~94 页。

② 《选举法律汇编·行政长官选举法》，澳门特别行政区立法会，2008，第 231 页。

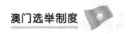

行，所以第 3 款规定一旦作出提名，就不可撤回。同时，此款规定也是参考了香港特区《行政长官选举条例》第 16（3）b 条的表述。

（二）候选人提名期

《行政长官选举法》第 38 条规定："一、提名期由管委会主席订定并公布。二、提名期应不少于十二日，且截止日须早于行政长官选举日三十日。"

从第 1 款的规定来看，订定及公布提名期是管委会主席的专属权限。但并非可由管委会主席任意为之，而是必须遵守第 2 款规定的相关期间，包括"提名期应不少于十二日"，这主要是为了使有意参选者能够有较为充裕时间去争取提名。但这个时间的安排也不能距离选举日期太近，否则无法进行竞选活动和投票的准备工作。因此规定提名期的"截止日须早于行政长官选举日三十日"。

（三）争取提名与提名方式

《行政长官选举法》第 39 条规定："一、有意参选行政长官者或其代理人，须向管委会领取行政长官选举候选人提名表。二、领取及送交提名表的时间和地点由管委会主席订定并公布。三、候选人提名表式样由管委会通过"。其重点在于规定了由谁领取提名表（第 1 款）。

《行政长官选举法》第 40 条规定："一、有意参选行政长官者，可亲自或透过其代理人或竞选机构争取选委会委员提名。二、委托代理人时须向管委会提交委托书，而代理人必须是澳门特别行政区永久性居民及已作选民登记。三、委托书式样由管委会通过。"其重点在于规定了如何争取提名（第 1 款）。

上述两条中均设有"代理人"机制，这是参考了《立法会选举法》中关于候选名单受托人的规定，也是考虑到方便参选人进行争取提名的活动。例如，只由代理人出面或者参选人和代理人分别去寻求支持。另外，法律并未限制一个参选人可安排几个代理人，但在实际操作上相关部门认为只可委托一个代理人。当然，代理人必须具备基本条件、必须办理相关手续（第 40 条第 2 款）。

《行政长官选举法》第 41 条规定："一、任何候选人的提名须由不少于五十名选委会委员以联合签署提名表的方式作出。二、参加提名的每一名选委会委员及被提名人须在该提名表的指定位置以身份证签名式样亲笔签名，并附交其身份证副本；被提名人的签名尚须经公证认定。三、被提名人须在提名期截止前将经适当填写的提名表和须附交的文件送交管委会，由管委会主席或其指定的其他相关人员签收。四、在提名期结束后送交的提名表不予接收。"

第 1 款规定的提名方式符合《基本法》附件一第 4 条的规定，"联合签署"是指 50 名或以上的选委会委员经协商一致后同时签署，还是分别在参选人或其代理人手持的提名表上签署？在实践中是采用后者，因为第 39 条第 1 款已经规定由参选人或其代理人领取"行政长官候选人提名表"。由于一张提名表上只有 10 个签名栏（参见下表），故需填满 5 张表格方可达致50 名选委会联合提名的要求。因此，也有意见认为，可以考虑由选委会委员每人限领一张提名表，由有意参选者本人或其代理人向委员争取提名，如委员同意提名则将签署妥当的提名表交给有意参选者或其代理人。

（四）候选人的确定

提名期结束之后，管委会进行可接纳性审查，再经过相关程序最终确定候选人。

《行政长官选举法》第 42 条规定："一、管委会须于提名期结束后的两日内对被提名人进行可接纳性审查，如属下款规定的情况则须在五日内完成。二、如管委会主席认为需提供文件以弥补缺陷，得要求被提名人或其代理人在两日内提供相关文件。三、管委会应在完成审查的翌日公布其决定，该决定须载有被接纳的被提名人姓名及所有提名人姓名。"

"可接纳性审查"，首先是审查被提名人是否具有参选行政长官的资格、是否取得了符合法定数目的提名人人数、争取提名过程是否符合规范。完成审查后即对外公布被接纳的被提名人的姓名及所有提名人的姓名。公布所有提名人的姓名是参考香港法例第 569 章《行政长官选举条例》第 18（1）（b）条的规定，这是体现选举公开原则的具体方式之一。对于上述公布的决定，有关人士有权提出异议。

2009 年行政长官选举期间就有市民因不被接纳为行政长官候选人而提起异议。2009 年 7 月 1 日《华侨报》报道："据称三十岁的吕子育，早前报名参选行政长官，但因不符合参选资格而不获选管委会接纳为行政长官选举被提名人，吕不满，于上星期五（六月廿六日）以书面向选管会提出异议，他认为本身是选民应有资格参选行政长官。选管会昨午开会后对吕子育提出的异议作出决议，并将此告示张贴于中华广场的行政长官选举协调中心。其内容如下：对吕子育先生就其不被接纳为行政长官选举被提名人而提出的异

請親臨行政長官選舉管理委員會設於澳門南灣大馬路 730-804
號中華廣場六樓選舉協調中心的服務櫃枱索取正式表格。
Para obter o formulário oficial, queira dirigir-se pessoalmente
ao Balcão da Comissão de Assuntos Eleitorais do Chefe do
Executivo no 6° andar do Edifício China Plaza sito
na Avenida da Praia Grande, nos. 730-804.

中華人民共和國澳門特別行政區
Região Administrativa Especial de Macau da República Popular da China

行政長官選舉候選人提名表（2009）
BOLETIM DE PROPOSITURA DE CANDIDATO
À ELEIÇÃO PARA O CARGO DE CHEFE DO EXECUTIVO (2009)

被提名人身份資料及聲明 Identificação e Declaração do Candidato Proposto

中文姓名：
Nome em chinês

永久性居民身份證編號：
N.° do Bilhete de Identidade de Residente Permanente

葡文姓名：
Nome em português

出生日期： ___ 年 ___ 月 ___ 日
Data de nascimento *(ano)* *(mês)* *(dia)*

出生地：
Naturalidade

性別：
Sexo

聯絡電話：
N.° de telefone

職業：
Profissão

通訊地址：
Endereço para
correspondência

本人謹以個
人名譽聲明：
*Declaro sob
compromisso de
honra que*

1. 擁護《澳門特別行政區基本法》，效忠中華人民共和國及其澳門特別行政
區；
Defenderei a Lei Básica da Região Administrativa Especial de Macau e serei fiel
à República Popular da China e à Região Administrativa Especial de Macau;

2. 以個人身份參選；
A minha candidatura é feita em nome individual;

3. 如本人當選並獲任命，將在就任日以前放棄偶有的外國居留權，且在任期
內不參加任何政治社團。
Se for eleito e vier a ser nomeado, renunciarei ao direito de residência que
eventualmente detenha em país estrangeiro antes da minha tomada de posse e
não serei membro de qualquer associação política durante o meu mandato.

被提名人簽名
Assinatura do candidato proposto

經公證認定的簽署*
Assinatura reconhecida notarialmente

編號	提名人資料 Dados dos proponentes		提名人簽署*
N.°	姓名 Nome	永久性居民身份證編號 N.° do BIRP	Assinatura

必須按永久性居民身份證上的簽式樣簽署並附同其永久性居民身份證。
Assinar de acordo com o Bilhete de Identidade de Residente Permanente e anexar uma cópia do BIRP.

表格編碼／Impresso: CAECE Modelo 8 (版次／Ver. 001)
生效日期／Data de entrada em vigor: 2009-04-15

图 10 – 1

议，行政长官选举管理委员会根据经第一二/二〇〇八号法律修改及第三九二/二〇〇八号行政长官批示重新公布全文的第三/二〇〇八号法律通过的《行政长官选举法》第四十三条第二款的规定，公布决议如下："一、由于吕子育先生至候选人提名截止日未年满四十周岁，不具备被提名为行政长官选举候选人的法定资格；也没有提交任何行政长官选举委员会委员签署的提名，不符合法定的提名方式；其于六月二十六日向管委会递交的异议亦无提出任何理据，管委议决维持不接纳吕子育先生为行政长官选举被提名人。二、吕子育先生可在本告示张贴后一日内（不迟于二〇〇九年七月一日）向终审法院提起司法上诉。吕子育可在今日内向终审法院提起司法上诉。……如若他向终院提上诉，按照程序，终院需在今日起计于二日及三日传召相关利害人，并需在下星期初就作出裁判。"

该市民随后向终审法院提起司法上诉，因其不符合参选行政长官的法定资格，终审法院对其上诉不予接纳。①

《行政长官选举法》第 43 条规定："一、对于上条第三款所指决定，候选人及选委会委员得于该决定公布后一日内向管委会提出异议。二、管委会须在上款规定的期限届满后一日内对异议作出最后决定及公布。"

在此，提出异议的主体是候选人和选委会委员，处理异议的机构是管委会。如对管委会关于异议的决定不服，可按照《行政长官选举法》第 96 条至第 98 条的规定向终审法院提起司法上诉。但提起司法上诉的主体只能是"因第四十三条第二款所指管委会决定被拒绝接纳为行政长官候选人者"（第 96 条第 2 项）。

（五）丧失候选人资格及重新提名

《行政长官选举法》第 46 条规定："一、被确定性接纳的候选人，属于下列任一情况者丧失候选人资格：（一）身故；（二）退选；（三）在澳门特别行政区或区外，因犯罪可处以最高限度超逾三个月的徒刑且为现行犯而被拘留或羁押者；（四）被发现并由管委会确认不具备第三十五条规定的资格之一者，或属于第三十六条第二款所指者。二、退选须最迟于选举日前第三日提出，由候选人亲自将经公证认定签名的声明书送交管委会主席，如管委会主席同意亦可以其他方式送交。三、管委会应尽快确认丧失候选人资格事宜并予以公布。"

---

① 《崔世安成特首唯一候选人》，《澳门日报》2009 年 7 月 7 日，第 2 版。

第 1 款规定了丧失候选人资格的四种情况，其中第三种情况是指虽然尚未作出裁判，但根据刑法（澳门或外地，视乎在何处犯罪）相关规定可处最高刑罚超过 3 个月徒刑并且是现行犯，以及已因此而被拘留或羁押。此处强调的是现行犯，这不同于第 36 条第 2 款规定的在参选前已发生的刑事记录。第四种情况是指"事后发现"候选人其实不符合参选资格或未报告曾有犯罪前科。因第四种情况而被管委会宣布丧失候选人资格者，可按照《行政长官选举法》第 96 条的规定向终审法院提起上诉，终审法院将按照《行政长官选举法》第 98 条规定的程序和时限作出终局裁决。

《行政长官选举法》第 47 条规定："一、如无候选人或丧失资格者为唯一获确认的候选人，且在法定期限内无上诉或一经对提起的上诉作出维持管委会决定的裁判，则须重新进行提名程序，管委会主席须为此另行订定相关日期并予以公布。二、如重新进行提名程序不可能在原定选举日期之前完成或将影响其他相关程序的进行，则行政长官另行订定选举日期。"第 1 款包括两种情况，一是"如无候选人"，即在提名期结束后，没有一个参选人获得 50 名或以上的选委会委员提名。第二种情况是指只有一名候选人，但其被确定性（如其对管委会撤销其候选人资格不提起司法上诉或在司法上诉中败诉）宣布丧失候选人资格。这两种情况的最终结果是一样的，即没有任何一个候选人。因此必须进行重新提名，这就不能不影响到其他程序的进行，如在时间安排上不能保证在原定投票日前完成重新提名及竞选活动，就只能重新订定投票日。

第五节　竞选活动

行政长官选举竞选活动制度，与立法会选举的竞选规定基本一致。主要不同之处是对于竞选活动的方式和组织有较特别的规定。

《行政长官选举法》第 49 条规定："一、竞选活动尤其得以下列方式为之：（一）发表政纲及接受传媒采访；（二）免费邮寄宣传品；（三）会见选委会委员；（四）举办选委会委员集会；（五）发表演讲及回答问题。二、管委会须为每位候选人至少举办一次邀请全体选委会委员参加的政纲宣讲及答问大会。"

第 1 款的规定只是特别列举而并非禁止进行其他形式的竞选活动。其中

"会见选委会委员"和"举办选委会委员集会"主要是考虑到行政长官选举的"选民"是选委会委员，而并非其他已作选民登记的市民。然而，事实上行政长官选举不能不引起全社会的广泛关注，亦自然会成为时事新闻报道的主要内容。候选人也是希望通过竞选活动向全澳市民宣传其政纲，力求争取更广泛的民意支持。

按照第 2 款规定，管委会必须至少为每一位候选人举办一次答问大会，这是立法会选举管理委员会所没有的一项职责。

另外，《行政长官选举法》第 55 条第 8 款规定："各候选人的竞选活动开支，不得超过行政长官以批示规定的开支限额，该限额以该年澳门特别行政区总预算中总收入的百分之零点零二为上限。"此上限与立法会选举的开支上限相同，对此有意见认为行政长官竞选的开支上限似乎高了一些。2009年 8 月 21 日，澳门多家报纸刊登了第三任行政长官候选人崔世安发布的"2009 年行政长官选举活动收支表"，其中收入和支出都是澳门币1679274.93 元；远低于官方公布的收支上限（官方公布的第三届行政长官竞选经费上限接近 894.3 万元）。

第六节　投票与当选

一　投票权的行使和方式

《行政长官选举法》第 59 条规定："一、行使投票权必须具备以下条件：（一）在选委会委员选举中，列入选委会委员选举投票人登记册，并经投票站执行委员会确认其身份者；（二）在行政长官选举中，列入选委会委员名册，并经管委会确认其身份者。二、行使投票权须遵循以下规则：（一）投票人或选委会委员在每一轮投票中只可投票一次；（二）投票以无记名方式为之；（三）投票权须由投票人或选委会委员亲自行使，但本法律另有规定者除外；（四）在选委会委员选举中，投票人只可在其所属界别的投票站就其所属之界别或界别分组的候选人投票；（五）在行政长官选举中，选委会委员只可以个人身份就获确定性接纳的候选人投票。三、投票人或选委会委员不得在投票站内及其运作的建筑物外一百公尺范围内透露其已作的投票或投票意向，任何人亦不得以任何借口迫使其透露已作的投票或投票意向。"

由于整个行政长官选举程序包括选委会委员选举到行政长官选举，故该条将两项投票一并规定。对于如何填写选票，在 2009 年行政长官选举时，管委会于 2009 年 7 月 16 日通过了第 1/CAECE/2009 号指引："一、行政长官选举委员会在行政长官选举中按《行政长官选举法》第 77 条第 3 款的规定在选票上选投候选人时，必须使用行政长官选举管理委员会提供的专用印章。二、不使用行政长官选举管理委员会提供的专用印章填划的选票一律视作废票。"

然而，在是次选举中有一位选委会委员领取选票后却未作投票，投票结束之后，在工作人员向其查询时方才将选票交回①。《行政长官选举法》第 30 条第 1 款规定："委员应履行其职务，但管委会认可的不能履行职务的合理理由除外，尤其：（一）由卫生局医生发出文件，证实因患病而不能出席行政长官选举日之投票，但应最迟于取得证明文件的翌日报告管委会；（二）须进行不可延期或免除的职业活动，但应尽快向管委会报告及作出解释。"因此，在行政长官选举时作出投票（不管投何种票包括白票）行为，是选委会委员的一项责任。委员到达投票站并领取了选票而不作投票，是否违反上述规定值得研究并应采取措施以确保严格执行法律规定，例如，不妨考虑由管委会制定相关指引。

根据《行政长官选举法》规定，选委会委员必须在行政长官选举投票日前第二日到行政公职局领取"投票权证明书"（第 74 条第 2 款），并在参加投票前出示该证明书和身份证，以便投票站工作人员核实身份和发放选票（第 77 条第 1 款及第 2 款）。选委会委员投票后需暂留投票站，等候点算结果，以便参加可能出现的第二轮投票。

至于投票站的运作和管理、候选人或其代理人的参与等均与《立法会选举法》的相关规定大体一致。

二 只有一个候选人的情况下如何进行第二轮投票

《行政长官选举法》第 60 条第 2 款规定："在行政长官选举中：（一）候选人得票超过选委会全体委员的半数即可当选；（二）如在每一轮投票中无

---

① 《一张选票失踪 变成千古谜团》，《市民日报》2009 年 7 月 27 日，第 P04 版。

候选人获得超过全体委员半数的选票，则须就得票数为前两位之内的候选人进行下一轮投票，得票最多者当选；（三）在每一轮投票后，经初步核算，所投选票数目如多于已投票的选委会委员数目则投票无效，须进行新一轮投票。"

这就是第一轮绝对多数当选、第二轮相对多数当选的制度。采纳此种制度主要是考虑了由筹委会通过的《第一届行政长官人选的产生办法》的相关规定。至于上述第2款第3项所指"所投选票数目如多于已投票的选委会委员数目"，可能有多种原因，但不管是基于何种原因都只能以"投票无效"论处，必须进行新一轮投票，且需在同一日内完成。这是确保选举的公正性必要措施，也是国际通行的做法。

另外，根据此条规定，即使只有一名行政长官候选人也必须进行投票；同时，如在第一轮投票中未能取得过半数选票，仍需进行第二轮投票；但此时是否取得相对多数即可，则尚有待研究，或可通过管委会作出指引予以明确。

第十一章

政制发展

政制发展，是政治体制发展的简称，在香港特别行政区（以下简称香港）又被习惯性地以"政改"谓之。港、澳《基本法》中都有"政治体制"一章（第四章），内容包括行政长官、行政机关、立法机关、司法机关、区域组织（香港）或市政机构（澳门）、公务人员，以及澳门《基本法》中独有的"宣誓效忠"，各以专节规范。因此，顾名思义政制发展的内容应十分广泛。然而，在实践中政制发展在某种程度上被简化和聚焦为行政长官和立法会两个产生办法的修改。这种情况的出现有其多方面的复杂原因，而两部《基本法》或其附件一、附件二的相关规定则可以视为一个宪制层面的因素。由于两部《基本法》关于修改附件一、附件二的规定基本一致，且香港政制发展工作早于澳门进行，因此有必要先简介香港的情况，以便了解问题的来龙去脉。

第一节　香港情况简介

"政制发展是一个重要的、颇具争议性的、十分敏感的领域。这是因为围绕政制发展问题的争论，其实质是香港管治权之争。在起草《基本法》时，最富争议、讨论时间最长的是有关政治体制这一部分，直到最后一刻才能定案。"① 因此，了解政制问题，至少要回顾起草香港《基本法》时的情况。

一 关于政治体制的指导原则

萧蔚云教授指出："设计这样一个新的香港特别行政区的政治体制，应当先确定一些指导原则。因为这样的政治体制是史无前例的，没有现成的模式可以照搬。"② 香港基本法起草委员会政制专题小组直至 1986 年 11 月方才就"指导原则"达成共识。其一，要符合"一国两制"方针和《中英联合声明》中关于政治体制的精神。其二，要有利于香港的经济繁荣与社会稳定，有助于香港的资本主义经济的发展，同时兼顾各阶层的利益。其三，保持香港原有政制的一些优点，并逐步发展适合于香港情况的民主参与③。这些原则不仅为正确设计政治体制奠定了思维基础，对于本来的政制发展也具有重要的参考价值；当然对于后者而言，尚需在实践中予以不断丰富。

二 以附件规定"两个产生办法"的原因

作为香港基本法起草委员会委员和政制小组召集人之一的萧蔚云教授对此有简明扼要的说明："《基本法》原来只有最后一章附则，没有预先规定附件，征求意见稿增加了附件④，这是因为第一，行政长官、立法机关产生办法不可能五十年不变，而社会上争论很多，将来不可避免要修改。将行政长官、立法机关的产生办法写在《基本法》正文中，就会发生常要修改的问题，写在附件中虽然与正文有同等法律效力，但修改程序灵活些，可以避免经常修改正文。第二，行政长官、立法会产生办法比较具体，内容较多，虽然有些详细内容可以在《基本法》中规定，但内容还是比其他条文的内容多，所以写入附件，以免这两条条文过长，与其他条文在内容和

---

① 王凤超：《香港政制发展历程》，《港澳研究》2010 年春季号，总第 17 期，第 2 页。
② 萧蔚云主编《一国两制与香港基本法律制度》，北京大学出版社，1990，第 188 页。
③ 萧蔚云主编《一国两制与香港基本法律制度》，北京大学出版社，1990，第 187～194 页。
④ "征求意见稿"是指 1988 年 4 月公布的《中华人民共和国香港特别行政区基本法（草案）征求意见稿》。

体例上很不一样。"① 事实上，在该征求意见稿的附件一"行政长官产生办法"中就列出了五种方案②。

由此可见，以正文加附件的方式规定两个产生办法具有多方面的意义。

第一，表明了将"保持原有的资本主义制度和生活方式，五十年不变"与政治体制的变革发展分开处理的基本立场。

第二，反映了香港社会对两个产生办法存在较大争议现实情况，并予以正面处理的积极态度。

第三，探索了以正本为基础，以附件为补充，并采用不同修改程序的立法技术，是一项重要的制度创新。

三 政制发展的基本过程

香港《基本法》附件一第 7 条和附件二第 3 条分别规定 2007 年以后如需修改两个产生办法的基本程序，而《基本法》第 45 条和第 68 条分别规定了行政长官和全体立法会议员"最终达致普选的目标"。这两条文的订定有十分复杂的历史背景，既包括"2007 年普选立法会，英方早在 1993 年就提出来了"；英国在香港过渡期"快速推出的代议制改革，催生了政党政治，再加上部分传媒鼓动，极大地刺激了香港社会的普选诉求"③；也包括 1989 年春夏之交的北京政治风波的多维影响。因此，希望尽快实行双普选的呼声一直不绝于耳；而 2002 年第二任行政长官就职之后，要求于 2007 年实行普选行政长官和 2008 年实行普选立法会全体议员成为反对派的主要政纲并得到一些社会反响，也不能不引起特区政府及其他有关方面的高度重视。

为此，行政长官于 2004 年 1 月成立了由政务司司长领导，包括律政司司长和政制事务局局长组成的政制发展专责小组。专责小组于 2004 年 3 月发表了第一号报告：《基本法》中有关政制发展的法律程序问题。报告反映了五项与政制发展有关的法律程序问题。

其一，对《基本法》附件一及附件二中行政长官及立法会产生办法的修改应当用什么立法方式处理；

---

① 萧蔚云主编《一国两制与香港基本法律制度》，北京大学出版社，1990，第 244 ~ 245 页。
② 参见全国人大常委会基本法委员会办公室编《中华人民共和国香港特别行政区基本法起草委员会文件汇编》，中国民主法制出版社，2011，第 244 ~ 246 页。
③ 王凤超：《香港政制发展历程》，《港澳研究》2010 年春季号，第 9 页。

其二，如采用附件一和附件二所规定的修改程序，是否无须引用《基本法》第159条的规定；

其三，有关修改行政长官及立法会产生办法的启动；

其四，附件二所规定的第三届立法会产生办法是否适用第四届及以后各届的立法会；

其五，"2007年以后"应如何理解。

专责小组经研究后认为，附件一和附件二规定的修改程序，"并未就修改应采取何种立法方式作出具体说明"。但是，不能单单修改香港本地的选举法例，否则新的本地立法的规定与附件一及附件二的现有规定可能会有矛盾。因此，应采用两个层次的修改程序，即先按附件一及附件二规定的程序修改两个产生办法，然后修订本地选举条例落实细节安排。

对于如何启动修改两个产生办法，专题小组提出："参照《基本法》第74条，凡涉及政治体制的法律草案，只可由特区政府在立法会中提出。有关具体修改方案经特区政府提案后，须按附件规定，经立法会全体议员三分之二多数通过，行政长官同意，并报全国人民代表大会常务委员会批准或备案。在完成有关《基本法》附件程序后，便可相应地进行本地立法工作。"

事实上，对于如何理解附件一第7条及附件二第3条规定的修改两个产生办法之程序，香港社会的确意见纷呈且理解不同。对此，全国人大常委会法制委员会副主任李飞有如下概括："目前对这两条存在不同的理解和认识，主要集中在四个问题上：①'2007年以后'是否含2007年；②'如需'修改是否必须修改；③由谁确定需要修改及由谁提出修改法案；④如不修改是否继续适用现行规定。"①

2004年4月6日，第十届全国人大常委会第八次会议通过了"全国人民代表大会常务委员会关于《香港特别行政区基本法》附件一第7条和附件二第3条解释"。"解释"的主要内容包括：

第一，明确了"2007年以后"，含2007年。

第二，"如需"修改，是指可以进行修改，也可以不进行修改。

第三，进行修改的程序：①是否需要进行修改，由行政长官向全国人大常委会提出报告；②全国人大常委会根据《基本法》的规定和原则确定；③政府向立法会提案，全体议员三分之二通过；④行政长官同意并报全国人大常委会

---

① 参见《中华人民共和国香港特别行政区基本法》，中国民主法制出版社，2011年，第84页。

批准或备案；⑤全国人大常务会予以批准或备案。这是通常所说的"五步曲"。

第四，如两个产生办法及立法会对法案、议案表决程序不作修改，则仍适用现行附件一和附件二的规定。

"人大常委会的这个解释，在两个附件原来规定的三个环节之前增加了两个环节：第一个是行政长官向人大常委会提出报告；第二个是，是否修改由人大常委会作出决定。这就是香港人讲的'三步变五步'。这样做有充分的法律依据。我国《宪法》第62条规定，决定特区体制的权力在全国人大。我国是单一制国家，地方行政区域没有权力决定自身实行的制度。在处理政制发展问题上，应明确中央的宪制权力。"① 中央人民政府驻香港特别行政区联络办公室原副主任王凤超如是说。

2004年4月15日，行政长官就修改2007年行政长官及2008年立法会产生办法向全国人大常委会提交报告。

同年4月26日，全国人大常委会通过了《全国人民代表大会常务委员会关于香港特别行政区2007年行政长官和2008年立法会产生办法有关问题的决定》。其主要内容是，2007年行政长官选举不实行普选产生的办法；2008年立法会选举不实行普选全体立法会议员的产生办法，功能团体和分区直选产生的议员，各占半数的比例维持不变；立法会对法案、议案的表决程序不变。在此前提下，可按照《基本法》有关规定和原则对两个产生办法作适当修改。另外，全国人大常委会亦就香港《基本法》第52条第2款（如何理解行政长官一任任期的计算）作出解释。

其后的情况一波三折就不再陈述，而之所以略说上述情况，主要是因为这是全国人大首次就香港特别行政区的政制发展作出解释和决定，对澳门处理政制发展问题无疑具有重要意义，尤其是明确了方向和路经。

第二节　政制发展的起步

如果说，香港政制发展主要是聚焦于双普选、纠缠于时间表和路线图，那么，澳门第三届立法会选举情况说明，完善选举制度、确保廉洁选举是政制发展的基础和题中应有之义。

---

① 王凤超：《香港政制发展历程》，《港澳研究》2010年春季号，第11～12页。

一 第三届立法会选举的震荡

2005 年 9 月 25 日是第三届立法会选举投票日，选举结果公布之后，引起了巨大反响。

《华侨报》记者写道："对于直选结果，许多深切爱澳门的人都忿忿不平，因为这是在一九九六年贿选烈风对澳门创下的伤疤上，今年状况再深深刻上一刀，不少人疑虑地质问，经过九年了，怎么澳门人素质没有提升？政府管治权威在哪里？社会的公义和正义怎么如此弱势？澳门人和特区政府都应深刻反思本身的责任……"[①]

《澳门日报》刊登特稿，提出社会上应深入讨论的三个问题："一、澳门民主发展，何去何从？二、人们普遍认为在今次选举中，公权力未能伸张，法治得不到维护，今后如何面对？三、澳门的核心价值会否出现变奏？澳人良善的道德价值是否已遭扭曲？"[②] "过气法例再受挑衅"、"颓势法治弱不禁风"已成公论[③]。该报更于 9 月 25 日起分 5 次连载特稿《阅〈台湾地区基层民主选举中的"黑金政治"〉的感受与分享》，忧心忡忡，寓意深长。

《新华澳报》刊登题为"追究贿选成风的责任者"之专栏文章："四年一度的立法会直选议席选举活动已经结束了，可是，选举中出现的严重贿选事件却为澳门带来了又一次的沉重打击，令人心痛欲绝。"[④]

境外《亚洲时报》报道澳门第三届立法会选举的标题竟是"贿选是本届澳门立法会选举主旋律"[⑤]。

事实上，贿选情况的确十分严重。2001 年第二届立法会选举时，廉政公署收到的相关举报不足 100 宗，但在 2005 年第三届立法会选举时，收到的举报大幅增至 423 宗[⑥]；涉案嫌犯超过 700 人[⑦]。

---

① 悟尘：《选举过后的讨论》，《华侨报》2005 年 9 月 27 日，第 14 版。
② 易水：《选战风云诡异选后引反思 试析社会价值观与公权力》，《澳门日报》2005 年 10 月 1 日，第 B07 版。
③ 《各施各法争票挑战法治叹奈何 试析社会价值观与公权力》，《澳门日报》2005 年 10 月 3 日，第 B06 版。
④ 《追究贿选成风的责任者》，《新华澳报》2005 年 9 月 28 日，第 02 版。
⑤ 参见多维新闻网 2005 年 9 月 27 日报道。
⑥ 《有关完善立法会选举制度的分析研究》，澳门廉政公署，2006，第 26 页。
⑦ 《澳门廉政公署年报 2005》，澳门廉政公署，2005，第 24 页。

二　廉政公署的反思和建议

无论是回归前或回归后，从未有哪一次立法会选举像澳门特区第三届立法会选举这样引起较长时间的热烈讨论和深刻反思，而完善选举法例则已成为一项社会共识。作为专责打击贿选的廉政公署更是不敢松懈、努力进取。首先在2005年11月初出版的最新一期《澳门廉政》刊物发表了《贿选与选举处罚制度》一文。文章比较了葡萄牙、香港与澳门在相关制度上的规定，提出澳门法例不足之处，认为香港特区的相关制度很值得借鉴①。在此期间，各界人士和学者也发表了许多相关建议。

2006年上半年，廉政公署完成大型综合研究报告《有关完善立法会选举制度的分析研究》②。报告共分六个部分：第一部分"澳门立法会选举制度沿革和参选机制"；第二部分"回归后的首两届立法会选举"；第三部分"选举委员会的角色"；第四部分"选举问题浅析及相关的解决方案"；第五部分"完善政治团体和社团制度"以及第六部分"总结"。

报告书第二部分指出，综合回归后首两届立法会选举的举报及廉署跟进调查后所掌握的资料，有关选举舞弊及其他妨碍公平选举的情况主要存在下列14种类型：

（1）诱使他人作选民登记，以影响投票意向。

在2005年的立法会选举中，部分参选人士在政府公布确定候选名单之前，已透过不同方式促使他人作出选民登记，意图影响其投票意向。

（2）买卖选票。

在2001年及2005年的立法会选举中，个别有意参选人士或候选名单以500元一票的方式直接向选民买票，又或向选民收集选民证正本、副本或号码，并给予澳门币500元作回报，有时会实时告知选民投票对象，有时却表示日后或在投票日才通知应投票予哪一候选名单。

（3）贿赂社团领导或以捐助社团的方式买票。

另一常见现象是贿选者与社团领导协商，直接给予社团或给予社团

---

① 《廉署对照港葡评析澳贿选罚制》，《澳门日报》2005年11月11日，第B11版。
② 《有关完善立法会选举制度的分析研究》，澳门廉政公署，2006。

领导层个人巨额款项，要求动员全体社员在立法会直选中投票予特定候选名单，又或要求社团在间选中参与组成提名委员会及投票予特定对象。

（4）职业上的胁迫。

在 2005 年立法会选举期间，出现多宗涉及公司管理层意图影响员工投票意向的个案，包括要求员工提名指定人士参选、提供选民证号码或副本、询问员工会否投票，以及于投票日以车辆接载员工前往投票等。

（5）向选民提供饮食、娱乐及旅游的款待，且未将有关开支计入选举经费。

在近数届的立法会选举中，选举年都是本澳大小社团举办社员聚餐、旅游等活动的黄金档期，尤以选举月为甚。此类联谊，大多是由一些有意参选人士或候选名单暗中资助，名义上只招待会员，但实际上连会员的亲友都受惠。有的更早于选举前数月便开始以各种名义款待选民，提供免费饮食及娱乐，并举办各种免费或象征式收费的旅行团。联谊期间，个别有意参选人士或候选名单的代表均会发言，为其宣传政绩和参选理念，以及呼吁出席者在立法会选举中予以支持，而活动场地甚至贴满宣传海报，明显是将社团活动变成选举集会，免费饮食、娱乐及旅游就是招徕手段，旨在影响选民的投票意向。

既然这些形形色色的拉拢选民的活动都系以"财力"为后盾，财雄势大的候选名单当然较有利。为了确保选举不致沦为"金钱"角力的舞台，制定竞选经费上限乃各地选举制度中的一项重要游戏规则，目的就是在认同"竞选"必然需要经费的前提下，避免财雄势大者过分投放庞大资金而对财力较弱的参选者造成严重不公平的情况。

然而，上述餐饮、旅游、娱乐表演及款待费用，基于往往借助社团名义举办，且有时甚至在候选名单正式成立前筹办，故多无须计入竞选经费。如此一来，拥有雄厚财力支援的候选名单便有较佳的优势，不公平竞争的局面亦较明显。

另一方面，由于《选举法》规定的选举竞选活动开支上限十分高，2001 年为澳门币 2704260.44 元，而 2005 年为澳门币 4320357.28 元，即使能客观地将有关费用计算在竞选活动开支内（例如，一场表演的费用可由数十万至过百万元不等），亦不易超出选举开支上限，明显对资金充裕的候选名单有利，使竞选经费上限的规定本应发挥的作用变得毫无意义。

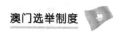

（6）伪造社团会议记录，以增加社团在间选中代表投票的人数。

《选举法》规定，每一社团在间选中享有最多 11 票投票权，由在订定选举日期之日在职的社团领导机关成员中选出的最多 11 名具有投票资格的投票人行使。

然而，在历届的立法会间选中，透过事先"协调"，造成等额参选而取得议员席位的情况较为普遍，而"协调"背后所承担的风险亦较低。因此，以伪造社团会议记录的高风险手段以求将代表社团行使投票权的人数增加至最多的 11 人，实质意义不大。

最重要的是在有关的选举组别中，透过"协调"方法取得超过 75% 的已作选民登记的社团或机构支持，令潜在竞争对手无法取得法定至少 25% 的社团或机构的提名，便可胜券在握。

（7）偷步宣传。

《选举法》规定候选名单只可在选举日前第 15 日开始至选举日前第 2 日午夜 12 时的两周宣传期内向选民作选举宣传。就 2005 年立法会选举而言，竞选活动期是于 2005 年 9 月 10 日凌晨零时开始至 9 月 23 日午夜 12 时结束。部分候选名单却于 2005 年 8 月 25 日至 9 月 10 日期间，已透过不同渠道进行宣传。

（8）商业广告及透过他人进行宣传。

《选举法》禁止候选名单直接或间接透过商业广告的宣传工具，在社会传播媒介或其他媒介进行竞选宣传，但部分候选名单仍然以身试法。

（9）公共部门领导为候选名单公开作竞选宣传。

例如，有参选组别获得某办公室主任（局级）为其拍摄宣传光碟。

（10）透过网络、手机短信作宣传。

《选举法》规定，选举日及选举前一日禁止选举宣传。多个候选名单于 2005 年立法会选举当日透过网络、手机短信等手段进行宣传及拉票。

手机短信和电子邮件乃向个人发出的通讯，有别于在公众地方进行的宣传，而且有关的竞选宣传网站亦可能设于澳门境外，手机短信和电子邮件也可能在境外发出，一般难以跟进。

（11）于选举日提供免费车辆接送。

大部分候选名单于选举日均安排选民在特定地点乘搭专车前往各票站投票，例如在酒楼款待选民后安排专车在酒楼间外接载选民前往投票；且大部分车辆均有暗示相关候选名单的图案或号码。有候选名单在其安排接载选民的旅游车上张贴选民编号及相应票站资料，并有工作人员在车上做解释，被公众误认为有人在车上教导投票，甚至提供利益。

（12）候选人代表。

《选举法》规定，为确保投票站内之运作公平及公正，容许每一候选名单在每一投票站派驻最多两名代表进行监察。

然而，有候选名单却利用派驻代表到投票分站进行监察的机会，要求其代表穿着与该候选名单竞选宣传时所采用的衣着款式及颜色相近的衣服，虽然衣物上未印有该名单的征号或名称，但却足以令人实时联想到相关候选名单。同时，有贿选者或胁迫者向受贿者或被胁迫者声称，已派人在票站内监视，会知道受贿者或被胁迫者有否按指示投票，对彼等造成重大心理压力。

（13）票站内或票站外围人士之衣着。

在2005年立法会选举日，有选民穿着与某候选名单竞选宣传时所采用的衣着款式及颜色相近的衣服到票站投票，而票站工作人员亦要求该等人士加穿一件白色衣物才准许进入，避免个别候选名单借此作不规则宣传及向选民施压。

（14）邮寄选民证。

选民证乃贿选集团买卖选票的常用凭证，持有选民证可方便与贿选集团交易。事实上，在廉署调查留置选民证案件期间，曾有涉嫌卖票的选民声称不知为何其选民证会落入贿选集团手上，试想如该等选民曾选择以邮递方式收取选民证，而行政暨公职局仅以平邮将之寄出，那么发生选民证寄失或被盗窃的情况是完全合理的。对于那些真的遭遇选民证寄失或被盗窃的选民而言，便有可能招致无妄之灾，而对那些确曾以选民证作交易，但当局又无法证明其已收妥其选民证的选民而言，则按"疑点利益归被告"原则，便容易脱罪。

报告第六部分"总结"指出，廉署经过对选举期间和前后出现的情况进行分析，并将澳门的选举制度和葡萄牙、我国香港及台湾的相关制度从实务操作的角度进行比较分析，再从社团在政治活动中所扮演的角色与社团制度本身是否适应方面作出了深入的探讨，总结出以下几方面的建议，旨在完善现行的立法会选举制度。

（1）对于一些涉嫌违规的选举宣传行为，选举管理委员会的适时行动系维护选举公平公正的关键，对提升立法会选举的公平、公正形象起到重要作用。为使选管会能全面发挥其监督选举的角色，以及针对一些违规的情况及早加以预防或制止，有必要将选管会定为常设机关，以确保选举活动的有序开展。

（2）一些关于选民登记的伪造行为，例如，透过虚假资料令有效选民登记被取消，尚未纳入现行澳门《选民登记法》的制裁范围，形成了漏洞，故有需要制定一项概括性规定，以涵盖所有未直接纳入现行规定的伪造行为。

（3）另一方面，为完善现行的选举制度，建议借鉴香港、葡萄牙和我国台湾的部分立法经验。

①香港对界定贿选犯罪、限制选举宣传和经费方面有下列五项值得引进之处：

● 将贿赂候选人或准候选人的舞弊行为列为犯罪；

● 引入类似香港所定的有关"在选举中贿赂选民或他人的舞弊行为"规定，以有效针对：其一，诱使他人作选民登记，以影响投票意向；其二，其他形式的买卖选票；其三，贿赂社团领导层或以捐助社团的方式买票等舞弊行为加以惩处；

● 透过界定"选举聚会"的方式，明确禁止向选民提供饮食、娱乐及旅游等款待以影响其投票意向；

● 任何人未经授权而招致选举开支均予处罚，以免出现不当地透过他人作选举宣传和规避选举开支上限的情况；

● 缩减选举开支上限至合理水平，避免造成"银弹竞选"的不公平现象。

②至于在法律体制上与澳门有深厚渊源的葡萄牙，其现行选举制度在刑罚设定和各种选举舞弊犯罪的界定方面也有以下四项值得借鉴之处：

● 由于买票卖票活动对选举的公正性和地区政制的信心所造成的危害，并不因未遂而减轻，故针对犯罪未遂及实行未遂的处罚应与犯罪既遂相同；

● 采用开放式条款及概括性用语，以惩处各项伪造、欺诈、胁迫及买卖选票的行为，堵塞漏洞；

● 针对职业上的胁迫，虽然《澳门选举法》的规定与葡萄牙类似，但由于澳门的劳工法律制度对雇员的保障不足，所以针对选举方面的防止职业胁迫机制不足以发挥实效，有必要加强对雇员的保障；

● 采用"买卖选票"的表述方式，务求涵盖各种以"利诱"手段获取选票的行为。

③至于同属华人社会和实行资本主义制度的台湾，在选举制度方面亦有下列四项可供借鉴之处：

● 宜立法规定，以提供利益予社团领导层或以捐助社团的方式换取社员选票的行为亦属违法；

● 明文引入污点证人制度，以便因一时蒙蔽而轻易受贿的选民有将功赎罪的机会；

● 尽量设立更多的投票站，以减少选民接受免费车辆接送投票的意欲；

● 规定各相关部门和机构须向反贿选调查机构提供涉及清洗黑钱的可疑交易报告，提升反贿选工作的主动性和成效。

（4）对于一些未必适宜单纯借鉴外地做法的其他妨碍"三公一廉"选举的问题，本署尚有下列四项建议：

①取消选民证，以提高买票卖票活动在组织和结算上的难度；

②如不取消选民证，应以挂号信方式发送选民证，又或规定选民须亲身或透过受权人领取选民证，以确保选民证能送到选民本人手上；

③应限制公共部门领导主管或从事特定职能的公务员为他人公开作竞选宣传，以确保行政当局的中立形象；

④提高对劳动者的保障，特别是针对雇主的单方解约权方面定出较严格的限制或提高补偿额，以遏制或减少因拉票而进行职业上的胁迫。

（5）由于社团为本澳市民进行政治活动、即行使政治权的核心组织，但现行的社团制度却存在不少缺陷，包括不利于维护行政当局的中立形象、不利于选举开支的界定与结算，难以监控选举经费来源、间选法人选民资格的认定不能反映其在相关界别的代表性与认受性等，因此，从长远角度，有必要考虑以下政策：

①就政治活动的核心组织重新界定，特别是现时名存实亡的政治团体制度；

②如仍维持目前的状况，即任何社团均可在政治活动中扮演核心角色，便有必要完善现行的社团制度，尤其是从下列四方面入手。

● 在社团的组成方面，应对成员的澳门居民身份有一定比例的要求，而在社员的数目方面亦应设定下限，又或最低针对法人选民的社团设定下限；

● 账目方面应订立适当的监管制度，特别关于收入来源和开支方面，以及订明在某些特定情况下的公布机制；

● 关于间选的法人选民资格的获取方面，有必要提高门槛，尤其须将社团在拟获确认的利益界别是否具备一定的代表性和认受性列作申请法人选民资格的条件；另外，也有必要考虑是否有需要将投票权的分配作出修订，以免那些纯为选举而成立的社团可与长期实际运作、更具代表性的认受性的社团同样获得相同票数的投票权；此外，对于有意取得法人选民资格的社团，也有必要审查其成员是否大部分亦属另一已取得选民资格社团的成员，减少"影子社团"泛滥；

● 订立取消法人选民资格的机制，以确保法人选民具备最起码的代表性与认受性，特别是将一些长期无运作、仅在选举期间才"复苏"的社团剔除。

（6）最后，不能忽略的是，贿选多发生于一些公民意识薄弱的社会①。如果社会上买卖选票的行为普遍，就是意味着贿选者可以轻易地在"市场上"物色愿意卖票的选民。所以，必须透过有系统的长期公民教育灌输贿选的祸害，有针对性地加强市民的公民意识，使彼等能抵挡行贿者形形色色的利诱，让广大市民对贿选产生强烈的反感②，自然会对遏制或减少贿选舞行为产生正面作用。

廉政公署的报告指出了修改选举法的必要性，更详细分析和提出了修改

---

① 根据综合生活素质研究中心于 2005 年 12 月 14 日公布的《澳门居民综合生活素质调查报告（2005）》，调查中显示，近四成受访者不满意自己的教育水平，约五成觉得自己的教育程度比别人低，在整体教育水平方面，有一成的受访者没有接受正规教育、两成半有小学程度，半数具中学程度，达到专上程度的仅一成半（见《澳门日报》2005 年 12 月 15 日的报道）。有必要指出的是，调查报告指出"'小学及小学以下'学历的人群只有三分之一的人能够正确列举出公民的基本权利和义务"、"在投票原因上，大部分受访居民都认为是'尽公民责任'，值得注意的是 5.7% 的选民是'别人叫投'。受教育程度较低人群在投票时略显盲目，'别人叫投'这一原因所占的比例随着学历的升高而逐渐降低"；另外，报告亦指出"澳门居民中有近一半的人对自身的权利和义务还没有足够的认识"，以及"调查资料显示居民对政治表示'不太感兴趣'和'不感兴趣'有近六成比例"（见《澳门特区居民素质调查报告（2005）》第 IV 页、第 95 页及第 96 页）。

② 悟尘：《选举过后的议论》，《华侨报》2005 年 9 月 27 日，第 14 版。

建议；对于特区政府和澳门社会都具有很大的启迪意义。事实上，特区政府在2008年推出的修改选举法咨询文件，就在一定程度上吸纳了廉政公署的意见。

三　修改三项选举法律

（一）咨询文件的主要内容

经过较长时间的研究和酝酿，澳门特区政府于2008年2月27日公布了"努力提高选举质素、稳健推进民主发展——修改《选民登记法》《行政长官选举法》《立法会选举法》咨询文件"，于2月28日至3月31日期间公开咨询社会意见。

咨询文件前言指出：

> 澳门回归八年多来，全面实施"一国两制"、"澳人治澳"、"高度自治"的方针，按照《基本法》的规定稳步推进民主发展。特区立法会先后于2000年、2001年及2004年制定了《选民登记法》《立法会选举法》《行政长官选举法》，构成了较为完整的选举法律体系，并不断扩展民主政制的实践；2004年的第二届行政长官选举委员会人数由第一届推选委员会的200人扩大到300人；立法会不仅全部议员由澳门永久性居民组成，而且议员人数由第一届的23名增加到2001年第二届的27名和2005年第三届的29名；其中，通过选举产生的议员也由第一届的16名，增加到第二届的20名和第三届的22名。
>
> 与此同时，选民基数迅速扩大，参选人数不断增加，投票率一直保持在较高水平。2001年第二届立法会选举时，有自然人选民159813人，法人选民625个；2005年第三届立法会选举时，自然人选民增至220653人，法人选民增至905个。投票人数也不断增加：在2001年第二届立法会选举中，共有83644位选民在直接选举中投票，投票率达52.34%；2005年时投票人数128830人，投票率达58.39%。立法会直选参选组别和候选人也不断增加；2005年第三届立法会选举中共有8个组别参加直选，比2001年第二届立法会选举多3个；候选人数目多达125人，为历届之最。
>
> 在短短的几年中能有如此大的发展的确是前所未有的，这充分说明

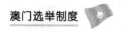

了根据《基本法》和澳门实际情况所确立的澳门特区选举制度是适宜的。但是在贯彻落实《基本法》有关规定，推进民主发展的过程中也的确出现了一些亟待解决的问题，澳门社会各方面人士对改善现行选举制度提出了许多意见和建议。针对贿选现象日渐突出，例如2001年的立法会选举中，贿选举报不到100宗，而2005年则大幅增加到423宗，社会上要求打击贿选的呼声强烈。间接选举制度是澳门选举制度的一个特色，同时，社会上也有意见提出，间接选举中法人选民制度尚不够规范，容易影响选举的公平、公正，很多人认为需要改革。因此，为了推动民主政制健康发展，目前的主要任务是要提高选举质素，巩固民主成果。具体地说，就是要针对选举中存在的主要问题，通过修改三项选举法律，规范选举行为，完善选举制度，加强打击贿选的力度，保证选举的公开、公正、公平和廉洁，为今后循序渐进地发展民主打好基础。

咨询文件第一章是"关于自然人选民登记"方面的修改建议。文件提出：

过往选举中，在自然人选民登记、投票过程中曾出现一些对选民参与选举不够便利的问题，有的规定还易给贿选行为以可乘之机，社会各界认为，对此应该有所改进。根据目前技术发展和加强选举管理力量的情况，就自然人选民登记的规定建议作如下适当的修改。

1. 为年满17周岁的合资格市民提前作选民登记

《选民登记法》第10条规定，年满18周岁的澳门特区永久性居民可作自然人选民登记；第23条规定选举日前120天中止选民登记。因此，如某一自然人在选举日前120天内才年满18周岁，则虽然该人在投票日已具有法定选举资格，但由于选民登记工作已经中止，该人就会因未能作选民登记而无法参与选举，为了保障这部分居民的选举权，建议将有关规定修改为：行政暨公职局将为年满17周岁符合资格的居民提前办理选民登记，使其能够于年满18周岁当日自动成为正式选民。

2. 在优化登记程序的同时取消选民证

选民证是永久性居民办妥选民登记的一种证明文件，而法律也规定选民于投票日也可凭其他的有效身份证明文件查核自己是否有选民资格和获即场签发投票权证明书。事实上在过往选民证的另一个主要作用是方便选民知悉自己所属的投票地点。因为每张选民证各有一个编号，选举委员会以选民编号编排投票地点，选民可依据选民证的号码知悉自己应到哪里投票。然而，随着资讯科技的发展，选民亦可透过其智能身份证知悉自己所属的投票地点，例如在 2005 年举行的第三届立法会选举中，选民已可利用自助语音电话系统及互联网凭身份证号码查知自己所属的投票地点和投票分站号码。由于是按选民证编号分配选民的投票地点，因此编号相距较大的同一家庭的成员便有可能分配不同的投票地点。如果按照选民办理选民登记时申报的常住地址分配投票地点则有助于解决这个问题。另外，由于在以往的选举中出现了利用选民证影响选举的不法状况，而实行智能身份证制度后选民证的作用已可被取代。因此，取消选民证既可方便选民也有利于防止相关的不法行为。需要说明的是，取消选民证之后，未曾登记的市民仍需办理选民登记手续后方可参加选举。

咨询文件第二章提出了"关于法人选民登记"方面的修改建议。包括以下内容：

1. 适当提高社团成为法人选民的条件

根据现行法律规定，任何社团一经公证成立之后，即使其并未从事任何活动也可申请确认其所属界别或界别分组；当其获得确认，并且成立满三年即可申请作法人选民登记，一旦登记成为法人选民，该社团即拥有了参与选举的政治权利。社会普遍认为，应对行使政治权利的法人选民有更高的标准。因为法人选民是对社会承担政治义务的团体，不应混同于一般的结社，为此有必要对法人选民的登记制度加以完善。考虑到一个永久性居民只有当其年满十八周岁，并在本澳连续居住满七年，取得永久性居民资格，并完成选民登记后才能取得选民资格。那么一个社团欲登记为法人选民也应有相应的条件。比如，要能够证明该社团在一定的时间里有持续性的会务活动，必须有一定数量的成员等，以表明其代表所属界别或界别分组的利益。因此，不能把一般的结社自由与作为行使政治权利的法人选民登记等量齐观，应该对后者设置较为严谨的条件。这不仅是符合《基本法》的精神，也是社会上长期存在的呼声和要求。为此，建议对社团成为法人选民的条件作出以下修改：

（1）任何社团成立满三年后方可提出申请作界别或界别分组之确认；

（2）任何社团获确认界别或界别分组后满四年方可提出申请作法人选民登记。

2. 完善界别或界别分组的确认制度

现行法律规定确认社团代表社会利益属于的界别或界别分组属行政长官权限。行政长官作出确认前需听取相关委员会的意见，但有关的意见原则上仅以社团的章程作为考虑。由于各委员会作出意见时评审工作的透明度不足，各委员会的运作模式、开会时间及频密程度亦不同，造成评审速度快慢不一、执行标准也宽严不一，凡此种种引起相关社团的不满。为此，建议作出以下修订：

（1）为了提高各委员会评审的透明度，各委员会必须在新法律生效后一定时间内公布评审标准；

（2）社团不得同时申请确认多于一个以上的界别或界别分组，但可以在第一次申请被否决后再另行申请确认属于另一个界别或界别分组；

（3）社团申请确认时，其代表须亲自前往有关委员会的办事处提出申请，以便能够直接获得准确的指引和帮助；

（4）为了统一审批时间，将规定各委员会须在收到申请后的一定时间内向行政长官提交意见，以便其及时作出决定；

（5）允许社团在修改宗旨的情况下申请确认属于其他界别或界别分组，一旦确认成功，即注销原来的界别或界别分组确认；但社团须在修改章程后的某一法定时限内通知有关委员会；

（6）社团在改变宗旨满3年后方可申请确认其他界别或界别分组，既与新成立社团取得法律人格满3年后方可申请利益确认的规定相协调，也可使有关委员会能够根据社团3年来所从事活动判断是否给予确认。

3. 建立法人选民定期评审制度

过去历次选举前后，社会上都有意见要求正视一些法人选民只为选举而存活的情况，要求定期对有意参与选举活动的法人选民进行评审，以确定其有否按章程内所定的宗旨开展社会活动，并据此决定其是否有资格参与特区内的选举活动。为此，建议作出如下修订。

（1）要求已作法人选民登记的社团须在一定期限内（如每年）向有关委员会提交其从事相关界别或界别分组的活动及按章程开展社会活

动的资料。如连续一段时间（如 2 年）未提交有关资料，则中止其法人选民资格；如在一定期间内（如连续 3 年）仍未提交则注销其法人选民登记；

（2）社团须每隔一定年期（例如 5 年）接受一次相关委员会审议。如被评为不能继续属于相应界别或界别分组，经行政长官同意，该社团已获的界别或界别分组确认将失效，并注销其法人选民登记。

咨询文件第三章就社会最关注的"关于维护选举的公平公正和廉洁"提出修改建议。包括以下内容：

1. 提高打击贿选的力度

贿选是一种直接破坏选举公平公正和廉洁的严重犯罪，受到社会各界的一致反对。打击贿选，要求提高选民、候选人和全社会的公民意识、守法意识和廉洁意识，同时也必须在法律上加以完善，为此建议作出如下修订。

（1）增加对贿赂候选人或准候选人入罪的规定。虽然《立法会选举法》第 151 条"对候选人的协迫及欺诈手段"规定："以暴力、协迫、欺骗、欺诈手段、假消息或任何其他不法方式压迫或诱导任何人不参选或放弃参选"构成犯罪，但由于该条所规定的犯罪不包括贿赂候选人，法律上存在漏洞，因此建议将贿赂候选人或准候选人的行为入罪；

（2）增加对不当地透过他人作选举宣传以规避选举开支上限行为的处罚。目前《立法会选举法》中没有对此类行为的处罚规定。为堵塞法律漏洞建议作出相应规定；

（3）受贿者"将功赎罪"可以免责。按照现行规定，选民受贿处最高三年徒刑，或科最高日罚金。《选举法》并未设置关于减轻、免责或不予起诉机制，受贿选民即使有所悔悟亦可能因将面对处罚而不愿自首及出庭作证。而近年来贿选情况严重却打击不力的主要原因之一，就在于缺乏最有力的证据之一——证人证言。因此，建议设立将功赎罪机制，受贿选民如能挺身举报并出庭作证，可减轻、免除刑事责任或不予起诉；

（4）从多个方面加强打击贿选。包括延长对贿选犯罪的追诉时效（建议由一年改为两年）；优先审理相关案件，加快审判效率。

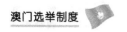

2. 进一步规范对候选名单的捐资

虽然《选举法》对竞选活动的财务资助有所规范，但并不全面。因此，建议增加以下规定：

（1）任何时候以选举为目的的捐献（包括现金、实物等任何形式的捐献）都必须申报及公开；

（2）如捐出之物为实物，应由候选人透过声明申报每一实物的合理价值，选举管理委员会有权要求财政局进行估价以核实申报的价值；

（3）为确保捐款人为澳门永久性居民，应规定超过一定金额（例如澳门币1000元）的捐献一律必须缮立收据，并保留捐献人的证件副本，如捐献属实物者更应附同捐献人就捐献的价值所作的声明书。如以匿名方式作捐献超过一定金额（例如澳门币1000元），有关捐献应透过政府转送慈善机构。

另外，咨询文件第四章提出了其他方面的修改建议，主要涉及加强选举管理委员会的权限，以及技术和程序方面的修改。

（二）咨询活动概况

咨询期伊始，特区政府就以中葡双语印制咨询文件并上载至政府网页；向市民派发了咨询文件5463本，市民从政府网站下载咨询文件共6112人次。政府亦通过各种传播媒介介绍文件内容，呼吁市民积极参与咨询，踊跃发表意见。政府强调，此次修改选举法律旨在规范选举行为、加强打击贿选，从而完善选举制度，促进选举的公开、公正、公平和廉洁；为确保2009年第三任行政长官和第四届立法选举的顺利进行提供较为健全的法律条件；为循序渐进发展民生、推动特区政制健康发展和促进整个社会的长治久安，奠定稳固的基础。

在咨询期间，政府共举办了14场由各界别社团参加的咨询讲解会和一场公众咨询会，共有2905人次出席会议、133人次发言，参加社团达207个。同时，报纸杂志共发表了348篇相关报道和评论[①]。

在咨询期间，政府收到通过各种方式提交的书面意见2070份，其中涉及政府所提修法建议的意见共计7468项；对政府法建议表示赞成者有6458

---

① 《澳门特别行政区立法会会刊》第2组第Ⅲ－43期，2009年1月31日，第42页。

项，占总数的 86.5%；表示反对者有 1010 项，占总数的 13.5%。而最受关注的是，"提高打击贿选力度"方面的修法建议，共有 1232 项意见对此表示赞成，而表示反对者只有 29 项，前者占此类意见总数的 98%，后者占 2%；充分显示了市民在这方面高度重视和共识①。

政府认为，上述统计数字表明，各界人士对现阶段以"努力提高选举质素、稳健推进民主发展"作为工作重点显然是认同和重视的。当然，社会上也有意见认为，此次咨询时间较短、举办公众咨询会的次数较少，提出的咨询议题未能反映政制发展的要求等。政府亦表示，在咨询方式上确有改善空间，而此次咨询的重点主要着眼于确保 2009 年两个选举的顺利进行，对于政制发展将会进行深入研究。当然，上述统计只是对倾向性意见的概况，其他方面的意见更是内容丰富、观点纷呈。

纵观此次咨询活动，可以提出以下几点内容：

第一，主流爱国爱澳社团是支持政府立场的主要力量，体现了"执政联盟"具有共同的政治基础。无论是作为工商界"龙头老大"的中华总商会及其他工商界团体，还是作为劳工界组织"领头羊"的工会联合总会，或者是其他界别重要社团的街坊总会、中华教育会、妇联总会等均明确表态、积极参与；同时亦就完善修法内容提出各项建议。

第二，中联办的表态具有权威地位，体现了澳门社会尊重中央的历史传统。在特区政府推出咨询文件当天，中联办负责人公开发表了书面谈话，其内容如下：

> 一九九三年三月，全国人大通过的《中华人民共和国澳门特别行政区基本法》，确立了符合澳门实际情况的政治体制。回归祖国八年来，澳门特区按照《基本法》的规定，稳步推进民主发展，"一国两制"、"澳人治澳"、高度自治的方针得到很好的落实。
>
> 目前特区政府就修改《选民登记法》《立法会选举法》和《行政长官选举法》展开公开咨询，并提出了一些具体修改意见，反映了特区在贯彻落实基本法，从澳门实际出发，不断完善民主制度上又迈出了新的一步。
>
> 根据《基本法》的规定，澳门特区作为直辖于中央人民政府的地

---

① 参见《选举法例汇编·立法会选举法》，澳门特别行政区立法会，2008，第 358 页。

方行政区域，其政制发展的决定权在中央政府。

中央政府始终全力支援特区政府依法施政，着力发展经济、改善民生、推进民主。把三项选举法律修改好，对澳门社会各界来说，是一次民主实践过程，也是一次学习宣传《基本法》和贯彻落实《基本法》的过程，必将为澳门的民主发展打下更扎实的基础。

相信经过广泛汇集澳门居民和社会各界的智慧，特区修改三项选举法律的工作一定能够取得圆满成功①。

值得注意的是，谈话首次明确指出"政制发展的决定权在中央政府"。领导起草和推广咨询文件的行政法务司司长也表示："特区政府在研究修订三部选举法律及订出这本咨询文件的过程中，一直与中央政府保持着密切的沟通和联系。"②

第三，批评的意见亦不乏支持者，体现了政治观念多元化的社会氛围。批评意见既来自"民主派"议员及其论政团体，也来自部分传媒和学者。其中比较典型的是新澳门学社的声明，认为咨询文件"完全不触及政制发展，不增加立法会直选议席，不减少立法会间选议席；不让全体永久性居民参与投票选举行政长官，连行政长官选举委员会这个小圈子都没有扩展，完全是原地踏步，令人失望。新澳门学社强烈要求特区政府不要回避民主，切实在2009年选举中踏出政制发展的一步"③。声明同时提出了六点具体要求。对于"原地踏步"的指责，政府方面不予认同，并作出具体说明。

第四，讨论中出现了不少颇有见地的分析和建议，显示出许多人士对现行选举制度作过深入研究，尤其是对其不足之处有深刻的把握和对于必须进行改革有清晰认识。这些为政府完善修法建议提供了重要参考。事实上，政府向立法会提交的法案中，有许多内容正是采纳了其中的若干意见④。虽然有的内容（如引入"当选无效"机制）未能在立法会审议中被接受⑤，但不能因此而否认其思考价值。

第五，政制发展问题逐步引起社会关注，成为不能回避的重要议程；这

①　中联办：《澳民主发展基础更扎实》，《澳门日报》2008年2月28日，第A2版。

②　《澳政制发展须与中央沟通》，《澳门日报》2008年2月28日，第B1版。

③　《指澳门修改选举法咨询回避民主政制发展》，《华侨报》2008年2月29日，第13版。

④　参见本书第四章第二节，第五章第二节及第九章第四节。

⑤　《选举法例汇编·立法会选举法》，澳门特别行政区立法会，2008，第361~613页。

不仅在很大程度上改变着"政治冷淡"的旧有心态,并将对日后进一步讨论政制发展具有积极意义。

第三节　政制发展的推进

根据《基本法》附件一"行政长官的产生办法"第 7 条和附件二"立法会的产生办法"第 3 条的规定,在 2009 年可以考虑对两个"产生办法"作出修改;香港《基本法》两个"产生办法"的相关规定即在 2007 年,香港立法会亦在 2005 年 12 月就修改两个"产生办法"的议案进行过表决。虽然是次表决未能获得通过,但仍对澳门产生了深远影响。

因此,自 2004 年第二任行政长官就职以后,包括在 2008 年咨询修改《选举法》期间,社会上要求修改两个"产生办法"的呼声不绝于耳,其中又尤以部分立法会议员的态度更为积极。据初步统计,从 2004 年 10 月起至 2011 年底,立法会议员在大会发言和施政报告辩论中,谈及政制发展的共有近百人次。在 2005 年至 2011 年期间,立法会议员就有关政制发展问题提出的书面质询共有 16 项(2005 年 2 项,2006 年和 2007 年各有 1 项,2008年和 2009 年各有 2 项,2010 年和 2011 年各有 4 项)[1],同时尚有 4 次口头质询。提出质询的 6 位议员皆为直接选举产生的议员,包括来自同一论政团体的 3 位议员、来自劳工组织的 1 位议员、来自公务团体的 1 位议员和来自商界的 1 名议员。另外,在 2009 年至 2011 期间,政府收到 290 份有关政制发展的意见书[2]。越是接近 2013 年第五届立法会选举和 2014 年第四任行政长官选举,对于政制发展的关注度就愈高。进入 2012 年以后,立法会议员就政制发展提出书面质询及发表意见的数字更为可观。与此同时,特区政府也一直在研究政制发展问题,并决定在适当时机予以推进。

一　全国人大常委会的《解释》和《决定》

2011 年 11 月 15 日,第三任行政长官崔世安向立法会发表特区政府

---

① 参见相关年份《立法会会刊》。
② 《政改步伐正式启动》,《濠江日报》2012 年 1 月 1 日,第 A4 版。

《2012 年财政年度施政报告》。报告明确指出：

> 澳门《基本法》对澳门特别行政区的政治体制已作出规定。澳门特区成立以来的良好发展，亦已有力证明，这些规定符合澳门社会的发展实际。特区政府将继续全面贯彻落实"一国两制"、"澳人治澳"、高度自治的基本方针，根据澳门《基本法》的规定，积极而审慎地处理澳门特别行政区政治体制发展问题。

> 基于 2013 年第五届立法会选举、2014 年第四任行政长官选举的日渐接近，特区政府决定，把处理澳门《基本法》附件一和附件二规定的行政长官和立法会产生办法是否修改问题，作为明年施政的一项重要内容。

> 澳门《基本法》附件一和附件二规定的两个产生办法是否需要修改以及在需要修改的情况下，如何修改，一直为社会各界所关注，特区政府也持续听取和高度重视社会各方面的意见。社会各界普遍认为，保持澳门特区政治体制的稳定，是确保澳门长期繁荣稳定和发展的重要条件。同时也认为，有需要对两个产生办法作适当修改，以更好地适应社会的发展进步。

随后，行政长官去函全国人大常委会，请求明确修改《基本法》附件一"行政长官的产生办法"和附件二"立法会的产生办法"的具体程序①，以便展开相关工作。12 月 31 日，第十一届全国人民代表大会常务委员会第二十四次会议通过了《全国人民代表大会常务委员会关于〈中华人民共和国澳门特别行政区基本法〉附件一和附件二第三条的解释》，内容如下：

> 一、上述两个附件中规定的二〇〇九年及以后行政长官的产生办法、立法会的产生办法"如需修改"，是指可以修改，也可以不修改。

> 二、上述两个附件中规定的须经立法会全体议员三分之二多数通过，行政长官同意，并报全国人民代表大会常务委员会批准或者备案，是指行政长官的产生办法和立法会的产生办法修改时必经的法律程序。只有经过上述程序，包括最后全国人民代表大会常务委员会依法批准或者备

---

① 《特首函人大常委咨询问政改程序》，《市民日报》2011 年 11 月 23 日，第 P04 版。

案，该修改方可生效。是否需要修改，澳门特别行政区行政长官应向全
国人民代表大会常务委员会提出报告，由全国人民代表大会常务委员会
依照《中华人民共和国澳门特别行政区基本法》第四十七条和第六十八
条规定，根据澳门特别行政区的实际情况确定。修改行政长官产生办法
和立法会产生办法的法案，应由澳门特别行政区政府向立法会提出。

三、上述两个附件中规定的行政长官的产生办法、立法会的产生办
法如果不修改，行政长官的产生办法仍适用附件一关于行政长官产生办
法的规定；立法会的产生办法仍适用附件二关于立法会产生办法的规
定。

对此，可作如下几方面分析：

第一，根据国家现行《宪法》67 条第 4 项的规定，全国人大常委会行
使"解释法律"的职权；《基本法》第 143 条第 1 款规定："本法的解释权
属于全国人民代表大会常务委员会。"《基本法》附件是该法的重要组成部
分，全国人大常委会对《基本法》的解释权自然包括对该附件一、附件二
的解释。同时，基于全国人大常委会的宪制地位，其所作出的解释具有毋庸
置疑的法律效力和最高权威。当然，全国人大常委会对《基本法》或其附件
的解释，同样需要遵守《基本法》第 144 条第 4 款关于修改《基本法》基本
原则，即"不得同中华人民共和国对澳门既定的基本方针政策相抵触"。

第二，基于行政长官代表澳门特区，并具有澳门特区首长和政府首长双
重宪制地位、承担对中央人民政府和澳门特区负责的双重宪制责任，因此由
其就是否修改两个产生办法提出报告是适当的，并且也只能由其提出报告。

第三，由于对两个产生办法的任何修改只有通过全国人大常委会批准或
备案方可生效，因此由全国人大常委会对行政长官的报告作出决定是符合逻
辑的，这也是"政制发展的决定权在中央"之原则的具体体现。

第四，《解释》中提及"经征询全国人民代表大会常务委员会澳门特别
行政区基本法委员会的意见"，这是根据《基本法》第 143 条第 3 款的规定
而为之，即"全国人民代表大会常务委员会在对本法进行解释前，征询其
所属的澳门特别行政区基本法委员会的意见"。

《解释》第 2 条规定了修改两个产生办法的具体程序，也就是通常所说
的政制发展"五步曲"。其中第一步是行政长官就"两个产生办法""是否
需要修改，以及如需修改，应根据什么原则修改和如何修改"，听取社会各

界和广大市民的意见。为此，特区政府于 2012 年 1 月 1 日至 31 日期间，进行了首阶段听取意见活动，通过各种方式以收集市民意见。包括举办了七场各界代表人士座谈会和一场公众座谈会。在此期间并收到 2692 份意见书①。行政长官在充分考虑社会各界和广大市民主流意见的基础上，于 2 月 7 日向全国人大常委会提交报告，并附上了所有意见书。

2012 年 2 月 29 日十一届全国人民代表大会常务委员会第二十五次会议通过了《关于澳门特别行政区 2013 年立法会产生办法和 2014 年行政长官产生办法有关问题的决定》。内容如下：

第十一届全国人民代表大会常务委员会第二十五次会议审议了澳门特别行政区行政长官崔世安 2012 年 2 月 7 日提交的《关于澳门特别行政区 2013 年立法会产生办法和 2014 年行政长官产生办法是否需要修改的报告》，并在会前征询了国务院港澳事务办公室的意见。

会议认为，《中华人民共和国澳门特别行政区基本法》（以下简称澳门基本法）第四十七条已明确规定，澳门特别行政区行政长官在当地通过选举或协商产生，由中央人民政府任命。澳门《基本法》第六十八条已明确规定，立法会多数议员由选举产生。有关澳门特别行政区行政长官产生办法和立法会产生办法的任何修改，都应当符合澳门《基本法》的上述规定，并遵循从澳门的实际情况出发，有利于保持澳门特别行政区基本政治制度的稳定，有利于行政主导政治体制的有效运作，有利于兼顾澳门社会各阶层各界别的利益，有利于保持澳门的长期繁荣稳定和发展等原则。

会议认为，澳门《基本法》附件一第一条关于行政长官由一个具有广泛代表性的选举委员会选举产生的规定，澳门《基本法》附件二第一条关于立法会由直接选举的议员、间接选举的议员和委任的议员三部分组成的规定，是符合上述原则的基本制度安排，并得到澳门社会各界的普遍肯定和认同，应当长期保持不变。同时，为适应澳门社会的发展进步，有需要对 2013 年立法会产生办法和 2014 年行政长官产生办法作出适当的修改。

鉴此，全国人大常委会依据澳门基本法的有关规定和《全国人民

---

① 《对政制发展首轮咨询意见》，《华侨报》2012 年 2 月 11 日，第 3 版。

代表大会常务委员会关于〈中华人民共和国澳门特别行政区基本法〉附件一第七条和附件二第三条的解释》，对澳门特别行政区 2013 年立法会产生办法和 2014 年行政长官产生办法决定如下：

第一，澳门《基本法》附件一第一条关于行政长官由一个具有广泛代表性的选举委员会选举产生的规定维持不变，澳门《基本法》附件二第一条关于第三届及以后各届立法会由直接选举的议员、间接选举的议员和委任的议员三部分组成的规定维持不变。

第二，在不违反本决定第一条的前提下，2013 年澳门特别行政区立法会产生办法和 2014 年澳门特别行政区行政长官产生办法，可按照澳门《基本法》第四十七条、第六十八条和附件一第七条、附件二第三条的规定作出适当修改。

对此，可以指出如下几点：

其一，关于附件一"行政长官产生办法"的修改，必须遵循《基本法》第 47 条关于行政长官产生方式的基本规定。这是因为如果超出了《基本法》规定的范围，就必须适用修改《基本法》的程序，而不是执行修改附件一的程序。

其二，关于附件二"立法会产生办法"的修改，除必须遵循《基本法》第 68 条关于立法会议员产生方式的基本规定外，尚需遵守附件二关于立法会由直接选举的议员、间接选举的议员和委任议员组成的规定。这是因为虽然《基本法》第 68 条规定"立法会多数议员由选举产生"，但"选举产生"中包括"直接选举"和"间接选举"两种情况，故有必要提及附件二的相关规定同样具有基础意义。

其三，"两个产生办法"的修改必须遵守相同的原则，即"从澳门实际情况出发，有利于澳门特别行政区基本政治制度的稳定，有利于维持澳门的长期繁荣稳定和发展"。

其四，对于"两个产生办法"的修改，只限于 2013 年第五届立法会选举和 2014 年第四任行政长官选举。至于这两个选举之后，如未再对"产生办法"作出修改，应适用何种产生办法？则应按照《解释》第 3 条的精神，继续适用上一届立法会和上一任行政长官的产生办法。对此，可参考全国人大常委会《关于香港特别行政区 2012 年行政长官和立法会产生办法及有关普选问题的决定》第 4 条的规定。另外，似乎修改"两个产生办法"必须一并处理，而并非就"两个产生办法"的修改分别作出决定。

二　关于政制发展的全面咨询

在 2012 年 1 月进行的听取意见活动中，主要是就"2013 年立法会产生办法及 2014 年行政长官选举办法是否需要修改，以及如果需要修改，修改应坚持什么原则？怎样修改？"听取社会意见。对于"是否需要修改"，几乎全社会的共识是肯定的，即认为需要进行修改。但对于"如何修改"则意见纷呈，却也有主流倾向①。因此有必要也必须进行全面咨询，以便就"如何修改两个产生办法"寻求社会共识。为此，在全国人大常委会决定出台后，特区政府展开了为期 45 天（2012 年 3 月 10 日至 4 月 23 日）的咨询活动，并公开发表了（包括上载政府网页）《政制发展咨询文件——关于修改 2013 年立法会产生办法、2014 年行政长官产生办法及本地区选举法相关规定的建议》。

之所以一并咨询修改本地选举法的相关规定，是因为如果"两个产生办法"作出修改，则本地区的《行政长官选举法》和《立法会选举法》的部分条文亦需进行相应修改。

《咨询文件》共设四章。第一章简介政治体制的基本情况。包括《基本法》及附件一"行政长官产生办法"和附件二"立法会产生办法"的规定，历任行政长官和历届立法会选举的基本情况；修改"两个产生办法"的程序（即五步曲）；政制发展的原则，即"政制发展的决定权在中央的原则""维持基本制度原则""符合澳门实际情况的原则"以及"有利于社会各界均衡参与的原则"（上述原则与全国人大常委会决定中指出的原则基本一致，亦有少许不同）。第一章的最后部分指出："基于全国人大常委会的《决定》，特区政府只就修改 2013 年立法会产生办法和 2014 年行政长官产生办法开展咨询。但需要指出的是，根据全国人大常委会《关于澳门特别行政区基本法附件一第七条和附件二第三条的解释》的第 3 条规定，如果 2013 年立法会产生办法和 2014 年行政长官产生办法未能作出修改，即继续适用目前附件一和附件二的规定。2013 年立法会产生办法

---

① 《政制发展收逾三千意见　特首将向人大常委会交报告》，《澳门日报》2012 年 2 月 2 日，第 A03 版。

和 2014 年行政长官产生办法如作出修改，该修正案将成为附件一、附件二的组成部分；此后在依照法定程序作出进一步修改前，将适用修改后的立法会产生办法和行政长官产生办法。"① 这一方面明确了此次咨询的范围，即只是针对 2013 年及 2014 年的两个选举；同时，也提出了在此之后如何适用两个产生办法的基本原则，这对于维护政制稳定具有重要意义。

《咨询文件》第二章（关于 2013 年立法会产生办法的修改），介绍了首阶段听取意见活动中的主流意见："应增加立法会直接选举及间接选举产生的议员各两名，而委任议员名额不变"；也列举了其他意见，只增加直选议员名额，维持间选及委任议员的名额；应增加直选议员并同时减少非直选议员名额，使直选议员达到全体议员的半数。同时提出："特区政府认为主流意见所提出的增加直选和间选议员各两名，符合《基本法》及全国人大常委会的《解释》和《决定》，为进一步凝聚共识，社会各界和广大市民可就该主流意见讨论，或提出其他建议。"另外，如果增加两名间选议员也需考虑其如何分配的问题，第二章最后部分对此作出表述。

《咨询文件》第三章（关于 2014 年行政长官产生办法的修改），第一节首先介绍首阶段听取意见的情况，包括了主流意见认为应将行政长官选委会委员的人数由现在的 300 人增至 400 人，但也有意见认为应增加至 350 人、450 人、600 人等。另外，也有意见认为应将行政长官选举委员会改为"提名委员会"，由其提名后由澳门永久性居民一人一票选举产生。"特区政府认为主流意见所提出的增加选委会人数至 400 人，符合《基本法》及全国人大常委会的《解释》和《决定》，为进一步凝聚共识，社会各界和广大市民可就该主流意见讨论，或提出其他建议。"

该章第二节是讨论"新增选委会委员的分配"问题，"特区政府认为，如果增加行政长官选委会人数，则必须一并考虑新增名额在四大界别的分配问题。在首阶段所收集的意见中，对于新增委员名额的分配社会有不同意见，例如，有建议新增选委会委员名额应在四大界别中平均分配，即各界别均占新增委员总数的 25%。也有意见认为，应按照不同界别的实际情况，就分配名额作出不同的规定，适当增加第二界别（专业界）和第三界别中劳工及社会服务界人士在选委会中所占比例，以适应社会发展的变化，响应更多中产专业人士及社会新兴阶层希望扩大政治参与的诉求。为进一步凝聚

---

① 参见《咨询文件》第 15 点第 8 页。

共识，社会各界和广大市民可就此作出讨论，也可提出其他建议"。

该章第三节是关于修改提名行政长官候选人所需选委会委员人数问题。"根据《基本法》附件一的规定，不少于 50 名选委会委员可联合提名行政长官候选人，亦即不低于六分之一的选委会委员可联合提名行政长官候选人。特区政府认为，《基本法》附件一规定的不低于六分之一的提名比例是合适的，可维持不变。若选委会委员人数增加到 400 人，提名行政长官候选人所需人数应相应增加到 66 人。"

《咨询文件》第四章就"逐步完善立法会间选制度"提出三项建议。一是"降低候选名单提名门坎"，即将现行规定的只有占本界别法人选民（社团）总数 25% 的社团方可组成提名委员会，降低至 20%，以提高竞争性。二是"扩大法人选民的投票人数"，即将现行规定每个法人选民（社团）有 11 个投票人扩大一倍至 22 人，以提高参与性。三是检讨"自动当选"机制，即将现行规定的在本界别选举中若只有一张候选名单则无须投票，改为"在这种情况下亦需投票，以体现选举的完整性"。

由于这是澳门特区成立以来首次就政制发展进行公开咨询，特区政府高度重视，同时也引起社会各界和广大市民的高度关注。无论是举办各项活动的次数和参与人数，还是发表意见的数量和意见的质量，以及争议的热烈程度均为前所未见。尤其是通过不同意见的讨论和交锋，进一步提高了全社会的公民意识和政治参与，并且使政治生态在一定程度上发生了变化，甚至有舆论认为"政制咨询壁垒分明令社会分化"[1]。

咨询活动结束后，特区政府于 2012 年 5 月初发表了《政制发展咨询总结报告》（全文上载：http：//www.cdm.gov.mo）。报告第一章介绍了咨询工作的总体情况：咨询期间共派发了 21034 份咨询文件，市民从网上下载了 2120 份咨询文件；政府印制了 220000 份宣传单张，邮寄给各户住宅单位。政府举办了 10 场各界人士咨询会，其中包括 3 场由市民自由报名参加的咨询大会，共有 2245 人次出席会议、186 人次在会上发表意见。此外各社团、学校和传媒机构共举办了近百场座谈会、研讨会、讲解会和公共论坛，政府应邀派员参加了其中的 69 场活动。咨询期间，共有 340989 人次浏览了政府开设的"政制发展专题网页"，并有 40303 人次通过该网页发表意见。在整个咨询期间，政府共收集各类意见和建议 165247 份，包括亲身递交的

---

① 《政制咨询壁垒分明令社会分化》，《市民日报》2012 年 5 月 10 日，第 P04 版。

124069 份，网上提交的 40303 份，邮寄的 538 份，在座谈会上提交的 227 份，传真的 69 份以及电话的 41 份。此外，政府还收集了各类媒体的相关报道评论 77 份、学术机构所作的民意调查 7 份。

总结报告第二章"关于 2013 年立法会产生办法的修改意见"。报告指出："关于 2013 年立法会产生办法，社会上提出了各种方案，现归纳如下：①直选议员和间选议员各增加 2 人。在特区政府收集到的有关修改 2013 年立法会产生办法的 159837 个意见中，有 138251 个认为直选议席应各增加 2 席，而委任议员名额不变，约占相关意见总数的 86.49%。②其他意见。i）10679 个意见认为应增加 4 名直选议员，减少 4 名委任议员，约占相关意见总数的 6.68%；ii）5650 个意见认为直选和间选议席应各增加 1 席；iii）590 个意见认为直选和间选议席应各增加 3 席；iv）573 个意见认为应增加 3 名直选议员，减少 3 名委任议员；v）506 个意见认为应增加 4 个直选议席；vi）310 个意见认为应增加 2 个直选议席，1 个间选议席；vii）265 个认为应增加 2 个直选议席；viii）其余 3013 个意见内容比较分散，涉及方案多种多样，不能尽列，包括提出增加 4 名直选议员减少 2 名委任议员、增加 6 名直选议员减少委任及间选议员各 3 名、订定政制发展的路线图和时间表，并逐步过渡到全体或大部分议员均由直选产生等。"

关于新增间选议席分配问题，报告指出："关于新增间选议席的分配社会各界提出了各种方案，现归纳如下：①第三界别（专业界）及第四界别（社会服务、文化、教育及体育界）议员各增加 1 名。在特区政府收集到的有关新增间选议席的分配的 69819 个意见中，有 48460 个意见（约占相关意见总数的 69.4%）认为应增加第三界别（专业界）及第四界别（社会服务、文化、教育及体育界）议员各 1 名，并在第四界别 3 个议员名额中，将社会服务和教育界合并占一个名额，其余 2 个名额归文化和体育界。②其他意见。i）10719 个意见认为应维持现行规定，约占相关意见总数的 15.35%；ii）2394 个意见认为应将新增加的 2 名间选议员分配予社会服务和专业界；iii）1419 个意见认为应将新增加的 2 名间选议员分配予专业界；iv）1227 个意见认为应将新增加的 2 名间选议员分配予社会服务、文化、教育及体育界。也有不少意见，特别是一些青年团体认为，新增间选议席的分配要适当照顾到社会广大青年群体的利益，反映他们的诉求。要为年轻人创设更多的参政渠道和平台，使他们有更多机会得到锻炼并施展自己的才华。"报告同时对如新增两名间接选举议员，将如何分配问题的讨论情况作出表述。

报告第三章"关于2014年行政长官产生办法的修改意见"。报告指出："在特区政府收集到的153092个相关意见中，绝大多数认为应适当增加行政长官选委会的名额，但就应增加多少，社会有不同的意见：①将行政长官选委会委员人数增加至400人。在特区政府收集到的153092个意见中，133431个意见认为应增加至400人，占87.16%。②其他意见。i) 11149个意见认为应增加至600人，约占相关意见总数的7.28%；ii) 4278个意见认为应增加至450人；iii) 595个意见认为应增加至500人；iv) 489个意见认为应增加至960人。此外，也有1443个意见认为应维持现行规定的300人，而1707个意见则提出了其他方案，包括普选行政长官等。"

如行政长官选举委员会新增100人，将如何分配社会上也有不同意见。

关于新增100名选委会委员名额的分配，社会各界提出了各种方案，现归纳如下：

1. 按照不同界别的实际情况，就分配名额作出不同的规定。在收集到的54100个相关意见中，有28362个意见（约占相关意见总数的52.43%）认为应按照不同界别的实际情况，就分配名额作出不同的规定，适当增加第二界别和第三界别中劳工及社会服务人士在选委会中所占比例。具体方案如下：

工商、金融界100人	加20人
文化、教育、专业界80人	加35人
劳工、社会服务、宗教等界80人	加35人
立法会议员的代表、市政机构成员的代表、澳门地区全国人大代表、澳门地区全国政协委员的代表40人	加10人

2. 将新增选委会委员名额在四大界别中平均分配，即各界别均占新增委员总数的25%。

在收集的54100个相关意见中，有2126个意见提出这一方案（约占相关意见总数的22.41%）。

工商、金融界 100 人	加 25 人
文化、教育、专业界 80 人	加 25 人
劳工、社会服务、宗教等界 80 人	加 25 人
立法会议员的代表、市政机构成员的代表、澳门地区全国人大代表、澳门地区全国政协委员的代表 40 人	加 25 人

3. 亦有少量意见提出了其他方案，但较分散，包括设立青年、妇女、旅游、会展、博彩等界别。由于方案数量众多，在此未能尽列。

修改提名行政长官候选人所需选委会委员人数的意见。

关于增加选委会名额后提名行政长官候选人所需选委会委员人数，社会各界提出了不同方案，现归纳如下：（1）提名行政长官候选人所需人数增加至 66 人。在特区政府收到的 50473 个相关意见中，38884 个意见（约占相关意见总数的 77.04%）认为《基本法》附件一规定的现行六分之一的提名比例是合适的，可维持不变，提名行政长官候选人所需人数应相应增加至 66 人。（2）其他意见。①10657 个意见认为提名行政长官候选人所需人数应增加至 100 人，约占相关意见总数的 21.11%。②也有少量意见提出其他人数或建议维持现行规定的 50 人（932 个意见）。

另外，"关于增加选委会委员名额后对各界别新增人数在该界别分组内的分配，共收到了 9951 个意见，当中包括八百多种不同的方案，内容繁多，在此未能一一尽列"。

报告第四章总结了"关于完善立法会间选制度的意见"。

三　修改"两个产生办法"和市地选举法律的有关规定

（一）修改"两个产生办法"

在总结咨询意见的基础上，特区政府根据《基本法》及附件一和附件二的相关规定、全国人大常委会的《解释》和《决定》，于 2012 年 5 月 3 日向立法会提交了《澳门特别行政区行政长官的产生办法修正案（草案）》决议案、《澳门特别行政区立法会的产生办法修正案（草案）》决议案。立法会分别于

5月8日和5月9日以三分之二多数票（议员总数29人，24票赞成，4票反对，主席未作投票）予以一般性通过；并于6月5日以三分之二多数票细则性通过上述两个产生办法修正案（草案）。两次讨论不乏激烈的意见交锋①。随后，行政长官签署同意书并于6月6日报送全国人大常委会批准或备案。

2012年6月30日，第十一届全国人大常委会第二十七次会议对行政长官产生办法修正案予以批准，对立法会产生办法修正案予以备案。内容如下：

全国人民代表大会常务委员会关于批准《中华人民共和国澳门特别行政区基本法附件一澳门特别行政区行政长官的产生办法修正案》的决定

第十一届全国人民代表大会常务委员会第二十七次会议决定：

根据《中华人民共和国澳门特别行政区基本法》附件一、《全国人民代表大会常务委员会关于〈中华人民共和国澳门特别行政区基本法〉附件一第七条和附件二第三条的解释》和《全国人民代表大会常务委员会关于澳门特别行政区2013年立法会产生办法和2014年行政长官产生办法有关问题的决定》，批准澳门特别行政区提出的《中华人民共和国澳门特别行政区基本法附件一澳门特别行政区行政长官的产生办法修正案》。

《中华人民共和国澳门特别行政区基本法附件一澳门特别行政区行政长官的产生办法修正案》自批准之日起生效。

《中华人民共和国澳门特别行政区基本法附件一澳门特别行政区行政长官的产生办法修正案》

（2012年6月30日第十一届全国人民代表大会常务委员会第二十七次会议批准）

一、2014年选举第四任行政长官人选的选举委员会共400人，由下列各界人士组成：

工商、金融界　120人

文化、教育、专业等界　115人

劳工、社会服务、宗教等界　115人

立法会议员的代表、市政机构成员的代表、澳门地区全国人大代

---

① 参见2012年5月9日、5月10日、6月6日《澳门日报》、《华侨报》、《市民日报》。

表、澳门地区全国政协委员的代表 50人

选举委员会每届任期五年。

二、不少于66名的选举委员会委员可联合提名行政长官候选人。每名委员只可提出一名候选人。

三、第五任及以后各任行政长官产生办法，在依照法定程序作出进一步修改前，按本修正案的规定执行。

需要说明的是，澳门特区报送全国人大常委会的两个产生办法修正案皆称为"草案"，是因为只有待全国人大常委会批准或备案方可正式生效。而随着全国人大常委会批准或备案，标示着澳门特区首次进行的宪制层面的政制发展已完成所有法律程序。

（二）修改本地选举法律

1. 修改《行政长官选举法》

由于《基本法》附件一"行政长官的产生办法"已作出修改，故本地区第3/2004号法律《行政长官选举法》的相关条文亦需作出相应修改。为此，特区政府于2012年7月16日就修改《行政长官选举法》法案向立法会作出引介，立法会于同日进行一般性讨论和表决并于8月29日进行细则性讨论及表决，均以三分之二多数票予以通过。这就是第11/2012号法律《修改第3/2004号法律〈行政长官选举法〉》，于2012年9月10日公布于《澳门特别行政区公报》，并于公布翌日生效。其内容如下：

（1）将选委会人数由300人修改为400人（对第8条第1款的修改）；

（2）将选委会选举中每一法人选民（社团）有11个投票权改为有22个投票权（对19条第1款的修改）；

（3）废止选委会选举中的"自动当选机制"（对第60条第1款的修改），并因此而废止与此相关的第24条第6款（在自动当选机制下候选人出缺之处理）；

（4）将行政长官候选人由不少于50名选委会委员联合提名，改为不少于66名选委会委员联合提名（对第41条第1款的修改）；

（5）按照"行政长官产生办法"修正案关于选委会会增加名额分配的规定，对《行政长官选举法》附件一"选委会委员界别、界别分组和名额分配"作出修改。包括：工商、金融界由100人增至120人；文化界由18人增至26

人，教育界由 20 人增至 29 人，专业界由 30 人增至 43 人，体育界由 12 人增至 17 人；劳工界由 40 人增至 59 人，社会服务界由 34 人增至 50 人；立法会议员的代表由 16 人增至 22 人，澳门地区全国政协委员的代表由 12 人增至 16 人。

在立法会讨论过程中，仍有议员质疑为何选委会中没《基本法》附件一规定的选委会成员中"市政机构成员的代表"，也有议员认为如不设市政机构且没有其代表应在《选举法》中删除相关规定。政府代表就此作出解释①。

2. 修改《立法会选举法》

由于《基本法》附件二"立法会的产生办法"已作出修改，故本地区第 3/2001 号法律《立法会选举法》的相关条文亦需作出相应修改。为此，特区政府于 2012 年 7 月 9 日向立法会提交了《修改第 3/2001 号法律〈澳门特别行政区立法会选举法〉》法案。立法会于 7 月 16 日进行一般性讨论和表决并以三分之二多数通过，随后交立法会第三常设委员会进行细则性审议，并于 8 月 29 日以三分之二多数予以细则性通过。经行政长官签署后公布于 2012 年 9 月 10 日《澳门特别行政区公报》并于翌日生效。这就是第 12/2012 号法律《修改第 3/2001 号法律〈澳门特别行政区立法会选举法〉》。其内容如下：

（1）将直选议员由 12 人增至 14 人、间选议员由 10 人增至 12 人（对第 14 条及第 21 条的修改）；

（2）将间选中每一法人选民有 11 个投票权增至 22 个投票权（对第 22 条第 4 款的修改）；

（3）将间接选举中专业界选举组别议员由 2 人增至 3 人；将原社会服务、教育、文化及体育界共有 2 个议席修改为社会服务和教育界产生 1 个议员，文化及体育界产生 2 个议员（对第 22 条第 2 款的修改）；

（4）废止自动当选机制（对第 24 条的修改）；

（5）将间选候选人提名门槛由占该界别法人总数的 25% 降至 20%（对第 43 条第 2 款的修改）。

3. 修改两个《选举法》

修改两个《选举法》均采用 2/3 多数表决制，这是根据《议会议事规则》第 8 条第 1 款的规定为之。根据该款规定，立法会在表决议事规则第

---

① 《若设市政机构也不涉政治》，《正报》2012 年 7 月 17 日，第 1 版。

56 条第 a 和 e 项所指的因两个产生办法的修改而修改本地区《行政长官选举法》和《立法会选举法》时，均需以全体议员三分之二多数通过。这与通常情况对两个《选举法》的修改是不同的。

第四节　必要的回顾：澳门回归
前后政治体制比较

诚如本章开篇所言，政治体制并非仅限于行政长官和立法会如何产生。为了全面了解澳门特别行政区政治体制的基本特征，有必要对回归前后的政治体制进行比较分析，从而正确把握未来政制发展的方向。

1999 年 12 月 20 日中国政府恢复对澳门行使主权，标志着澳门的性质和地位发生了根本变化。因此，澳门回归前后的政治体制必然存在着本质区别。回归前的澳门政治体制是葡国对澳门实施殖民管治或行政管理的产物，自 1970 年代中期以后是以葡国宪法及专项法律《澳门组织章程》（以下简称《组织章程》）为宪制基础[1]。回归后的政治体制，由根据中国宪法制定的《澳门特别行政区基本法》作出全面规定，是实施"一国两制"、"澳人治澳"、高度自治方针的制度安排。

本节拟对两种政治体制的几个重要问题进行初步的比较研究，并且主要是对《组织章程》和《基本法》有关规定作出分析。

一　宪法及宪法性法律

《基本法》序言指出："澳门，包括澳门半岛、凼仔岛及路环岛，自古以来就是中国的领土，十六世纪中叶以后被葡萄牙逐步占领。"直到 20 世纪 70 年代中叶以前，葡国对澳门实行殖民管治。1972 年 3 月 10 日，中国政府致函联合国非殖民地化委员会特委会主席，声明"解决香港、澳门问题

---

[1]　现行《葡萄牙共和国宪法》由立宪会议于 1976 年 4 月 2 日通过，4 月 25 日生效。后于 1982 年 9 月、1989 年 7 月、1992 年 11 月分别以第 1/82 号、第 1/89 号、第 1/92 号宪法性法律修改。《澳门组织章程》由葡国议会于 1976 年 2 月 17 日通过，后于 1979 年 9 月、1990 年 5 月、1996 年 8 月分别以第 53/79 号、第 13/90 号、第 23－A/96 号法律修改。

完全是属于中国主权范围内的问题，根本不属于通常的所谓'殖民地'范畴"①。1974 年 4 月 25 日葡国发生革命，新政府宣布澳门不是殖民地，而是葡萄牙管理下的中国领土②。1976 年 4 月 2 日通过的葡国现行宪法第 292 条第 1 款规定："澳门地区仍受葡萄牙行政管理时，由适合其特别情况之通则约束。"这就从宪法上确认了"澳门不是殖民地"的政府立场。1987 年 4 月 13 日签署的《中葡联合声明》指出："自本联合声明生效之日起至 1999 年 12 月 20 日的过渡期内，葡萄牙共和国政府负责澳门的行政管理。"③ 由殖民管治到行政管理是一项重要变化，并且在很大程度上影响到澳门政治体制，尤其是澳门总督的地位和权力，以及行政和立法的互动机制。

同样，中国政府决定以"一国两制"方针解决台、港、澳问题，并由《中华人民共和国宪法》第 31 条确认了这项基本国策，《基本法》对回归后澳门政治体制的规定正是依据宪法，将"一国两制"、"澳人治澳"、高度自治方针予以法律化。

值得注意的是，葡国对澳门由殖民管治转为行政管理，这更多地具有国际法层面的意义，而对澳门政治体制的设置仍然与其宪法确立的葡国政制模式密切相关。例如，葡国政府同样行使国家立法职能并以法令为之（《宪法》第 201 条），且为此详细列明议会和政府各自的立法范围及确立授权立法机制（《宪法》第 164 条、第 167 条、第 168 条、第 172 条及第 201 条等）。这些在《澳门组织章程》中也有具体规定（第 5 条、第 13 条至第 15 条、第 30 条及第 31 条等）。

与此不同的是，由于实行"一国两制"方针，澳门特别行政区的政治体制与内地不同，宪法中的某些规定自然也不会沿用于《基本法》，但宪法所体现的内地宪法观念和立法技术却在《基本法》中有所反映。例如，国家立法权只属于全国人大，中央政府并无此种立法权但可以制定行政法规（《宪法》第 62 条、第 89 条），因此也就不存在如何在人大和政府之间划分立法权限的问题。《基本法》亦同样如此（参见第 50 条第 5 项、第 71 条第 1 项等）。

以上所述，旨在简要描述两种政治体制的宏观法律背景，揭示不同的

---

① 郑言实编《澳门回归大事记》，澳门基金会，2000，第 3 页。
② 郑言实编《澳门回归大事记》，澳门基金会，2000，第 3 页。
③ 郑言实编《澳门过渡时期重要文件汇编》，澳门基金会，2000，第 2 页。

宪法与回归前后澳门政治体制的内在联系。至于宪法在当地的适用,中葡两国的情况也有所不同。例如,《澳门组织章程》对此有较为明确的规定:"澳门地区为一公法人,在不抵触共和国宪法与本章程的原则,以及在尊重两者所定的权利、自由与保障的情况下,享有行政、经济、财政、立法及司法自治权"(第 2 条)。将澳门界定为一公法人而不是如葡国 1838 年《宪法》将其列为葡国的海外省[①],无疑体现了葡国现行《宪法》关于废除殖民主义的规定(第 7 条第 2 款),事实上,这也是葡国《宪法》的一项基本原则。但是葡国《宪法》序言中明文规定的其他"基本原则"(第 1 条至第 11 条)却并非都能适用于澳门,而可以肯定的是该宪法关于权利、自由与保障的规定是适用于澳门的[②],这也是《组织章程》不再具体规定这方面内容的主要原因。而《基本法》设有专章规定"居民的基本权利和义务"(第三章)。由此可见,这是在宪法适用问题上的一个重要不同点。中国宪法在澳门特别行政区的适用,情况较为复杂[③],前文已有涉及,此处不再展开论述。

二 总督与行政长官

(一)权力来源、产生及任期

政治体制的本质区别决定了总督与行政长官具有完全不同的法律性质和政治地位。然而,就其权力来源而言,双方也有相同之处,即皆来自中央授权,只不过对总督的授权关系较为简单和人格化("总督由总统任免,并授予职权",《组织章程》第 7 条第 1 款),而对行政长官的授权关系则较为复杂,并且由《基本法》作出或原则或具体的规定,而不是如前者直接由某个国家领导职务担任者作出授权。

在产生方面,总督由总统任免,任命前要咨询当地居民,此项咨询

---

① 萧伟华(Jorge Noronha e Silveira):《澳门宪法历史研究资料(1820~1974)》,澳门政府法律翻译办公室、澳门法律公共行政翻译学会,1997,第 23 页。

② J. J. Gomes Canotilho, Vital Moreira:《宪法的依据》(中译本),冯文庄等译,澳门大学法学院,2003,第 206~207 页。

③ 骆伟建:《澳门特别行政区基本法概论》,澳门基金会,2000,第 36~40 页;许昌:《对中国宪法与基本法关系的再思考》,载《行政》第 45 期,第 849~851 页。

"主要是透过立法会及在社会基本利益方面有代表性的机构为之"(《组织章程》第3条第2款)。但"实际上这些意见大多是对人选的总体要求,咨询结果也没有真正的约束力"①。另外,对于总督人选的条件,《组织章程》并未规定,但事实上只能是葡国人,而且主要是葡国的职业军人②。行政长官则是按照《基本法》及附件一的有关规定,在当地选举产生,由中央人民政府任命。同时,《基本法》第46条对行政长官人选的条件作出明确规定,"由年满四十周岁,在澳门通常居住连续满二十年的澳门特别行政区永久性居民中的中国公民担任"。《基本法》对行政长官条件的规定,既体现了国家主权原则(澳门永久性居民中的中国公民),也是为了落实"澳人治澳"方针。

对于总督任期《澳门组织章程》也未规定,这应该是基于政治考虑,事实上总督的人选和任期主要取决于葡国国内政治力量对比和政策取向。而行政长官的任期是明确规定的,每任5年,且只可连任一次(《基本法》第48条),这有利于保持政治和政策的稳定性,也是对行政长官的一种宪制性保障。

（二）性质和地位

关于总督的性质和地位,《澳门组织章程》有如下规定：

（1）"共和国的主权机关除法院外,在当地以总督为代表"(第3条第1款)。按照葡国宪法第113条第1款的规定,葡国主权机关包括葡国总统、议会、政府和法院。

（2）在对外关系及缔结国际协议时,如涉及专属澳门地区利益的事宜,总统得将代表澳门之权限授予总督(第3条第2款)。

（3）"澳门地区的本身管理机关为总督及立法会"(第4条)。

（4）"立法职能由立法会及总督行使"(第5条)。

（5）"执行职能由总督行使,并可由政务司辅助"(第6条)。

（6）"总督的职级相等于共和国政府部长级"(第8条)。

---

① 吴志良：《澳门政制》,澳门基金会,1995,第83页;简能思(Vitalino Canas)：《政治学研究初阶》(中译本),澳门政府法律翻译办公室、澳门大学法学院,1997,第302页。

② 简能思(Vitalino Canas)：《政治学研究初阶》(中译本),澳门政府法律翻译办公室、澳门大学法学院,1997,第303页。

（7）在政治上总督向共和国总统负责；总督应对其行为向法院负刑事及民事责任，当其在任期间成为民事或刑事诉讼的被告时，只能在里斯本法区提起诉讼，但该诉讼非属澳门而属另一法院管辖时例外（第20条）。

根据上述规定，我们可以对总督的性质和地位作如下表述：

其一，总督是葡国在澳门的总代表，即代表总统、议会和政府；但除特定情况外（如前引第3条第2款所指事项），总督并不能对外代表澳门①。这是符合葡国对澳门的基本政策。

其二，总督是葡国对澳门实施行政管理的最高执行者，因此被授予包括立法和行政在内的广泛职权（具体情况将在下文分析）。但关于总督刑事和民事责任及其诉讼管辖的规定，仍体现出殖民管治的色彩。

其三，总督是直接向总统负责的葡国部长级官员。对于这一点，尚体现在《澳门组织章程》的其他规定中，如第10条规定"未经共和国总统事先同意，总督不得离开当地"。

《基本法》对行政长官的性质和地位的规定主要是指第45条及第62条。根据这些规定，可以清楚地看到行政长官与总督在性质和地位方面的区别。

第一，行政长官并不是中央国家机关在澳门的代表，当然也不是中央政府或内地地方政府的官员。事实上，中央人民政府在澳门有专设机构——中央人民政府驻澳门特别行政区联络办公室；为了处理外交事务，中央政府的外交部在澳门设立了特派员公署，至于解放军驻澳部队则直接由中央军事委员会统辖②。这些设置体现了国家主权原则。

第二，行政长官是澳门特别行政区首长，代表澳门特别行政区，包括"代表澳门特别行政区政府处理中央授权的对外事务和其他事务"（《基本法》第50条第13项）。此处的"中央"包括宪法规定的部分中央国家机关（参见《宪法》第三章第一至第四节的有关规定）。虽然总督代表葡国总统、议会及政府，但并不具有明确的地区首长之法律地位。

第三，行政长官既是澳门特别行政区首长，也是政府首长。这种双重身份的法律地位决定了行政长官的双重责任：既要对中央政府负责，也要对澳门特别行政区负责。这与总督只对葡国总统负责而无须向本地负责形成鲜明对比。

---

① 有学者对此持另一种观点，参见吴志良《澳门政制》，澳门基金会，1995，第83页。

② 参见《中华人民共和国澳门特别行政区驻军法》第2条。

（三）职权

根据《澳门组织章程》的规定，总督的职权包括代表权、行政权和部分立法权。

代表权——总督在澳门代表除法院外的葡萄牙主权机构进行管治；同时，在法律规定的情况下，在某些对外关系上代表澳门。总督有权签署法律、法令，并命令颁布；订定内部安全政策，确保其执行；采取必要措施恢复澳门的公共秩序；提请葡萄牙宪法法院审议立法会订定的任何法规有无违宪或违法；向葡萄牙议会提出修改或取代《澳门组织章程》的建议；行使法律赋予的其他权力。

行政权（亦称执行权）——总督拥有除法律规定保留给葡萄牙主权机关外的全部行政权，具体包括：指导澳门地区的总政策；领导整个公共行政；为实施在当地生效但欠缺规章的法律及其他法规而制定规章；保障司法当局的自由、执行职务的全权性及独立性；管理澳门地区财政；订定货币及金融市场的结构，并管制其运作等。总督在行使行政权时所发出的训令在《澳门政府公报》上公布。

部分立法权——总督的立法权有三类：一是共享性立法权（又称竞合权限），即对所有未保留予葡萄牙主权机构或立法会的立法权皆可行使；二是局限性立法权，即经立法会事先许可或在立法会解散后行使的立法权，立法会赋予的立法许可期限可以延长，但只能一次性使用；三是专属性立法权，即明文规定保留予总督的立法权。总督以法令形式立法，法令与立法会通过的法律有同等效力①。

关于行政长官的职权，已故著名宪法学者、基本法专家、港澳基本法起草委员会委员、北京大学法学教授萧蔚云先生在其主编的遗著《论澳门特别行政区行政长官制》中有精辟全面的论述。该书将行政长官的职权分为两类。

一是作为澳门特别行政区首长的职权，包括五个方面：

（1）负责执行《基本法》和依照《基本法》适用于澳门特别行政区的其他法律。

（2）签署立法会通过的法案，公布法律；签署立法会通过的财政预算案，将财政预算、决算报中央人民政府备案。

---

① 吴志良、杨允中主编《澳门百科全书》，澳门基金会，1999，第548页。

（3）提名并报请中央人民政府任免包括各司司长、廉政专员、审计长、警察部门负责人和海关负责人等主要官员和检察长。

（4）执行中央人民政府就《基本法》规定的有关事务发出的指令。

（5）依法颁授澳门特别行政区奖章和荣誉称号；依法赦免或减轻刑事罪犯的刑罚；处理情愿、申诉事项。

二是作为澳门特别行政区政府首长的职权，包括七个方面：

（1）领导特区政府。

（2）决定政府政策，发布行政命令。

（3）制定行政法规并颁布执行。

（4）依法任免公职人员。

（5）批准向立法会提出有关财政收入或发出的动议。

（6）代表特区政府处理中央授权的对外事务和其他事务。

（7）根据国家和特区的安全或重大公共利益的需要，决定政府官员或其他负责公务的人员是否向立法会或其所属的委员会作证或提供证据[1]。

根据行政长官的双重身份阐述其职权已成为《基本法》研究中的一项共识[2]。

对于总督和行政长官的职权，可作如下比较：

第一，较为相同或相近的方面：领导整个公共行政或领导澳门特别行政区政府，指导当地的总政策或决定政府政策，依法定程序任免公职人员、法官和检察官，提议解散或自行解散立法会等。

第二，有所不同的方面：总督以制定法令方式行使部分立法权，行政长官可制定位阶低于法律的行政法规；立法会被解散之后其立法权由总督行使，行政长官则无此职权；总督有权提请葡国宪法法院审议立法会发出的任何规定有无违宪或违法，行政长官则是代表澳门特别行政区将立法会通过的法律送全国人大常委会备案，由后者根据《基本法》第11条处理；总督有权向葡国议会提出修改或取代《澳门组织章程》的建议，以及对葡国议会修改该章程发表意见，而行政长官并无权独立提出《基本法》修改案等。

第三，《澳门组织章程》顾名思义主要是就政治体制——包括行政、立法、司法之设定及运作作出规定，而《基本法》则是就澳门特别行政区的

---

① 萧蔚云主编《论澳门特别行政区行政长官制》，澳门科技大学，2005，第 62～67 页。

② 骆伟建：《澳门特别行政区基本法概论》，澳门基金会，2000，第 162～165 页。

各项基本制度作出全面规定。因此，关于总督与行政长官职权的规定，《澳门组织章程》与《基本法》的表述亦有所不同，前者较为具体，后者较为原则。当然，比较总督与行政长官职权和地位尚需分析其他相关法律，而更重要的是对整个政治体制及其实际运作状况，尤其是对政制模式的比较分析。

三 政治体制模式

对于澳门回归前的政治体制，大致看法如下。

有评论认为："那是一种经过强化的总统（总督）制。"[①] 曾任澳门第一届至第三届立法会主席的土生葡人领袖宋玉生，在 1984 年总督解散立法会后对传媒说："事实上，总督拥有差不多全部的权力……如今立法会已经解散，总督成为绝对主宰，拥有一切的权力。"[②] 曾在澳门政府任职的一位葡国学者却并不这样看，他指出"虽然总督是显现权力的一面，但澳门的制度是一个平衡的制度"，不同于总统制或半总统制。"虽然总督最为突出，但不可谈及权力均集中于其手中。"[③] 也有华人学者持较为相近的看法：澳门政制是以行政为主导的体制[④]，"只有分权平衡，而非三权分立"[⑤]。

对于回归后的政治体制，萧蔚云教授认为就是行政长官制。即"是以具有较高法律地位和较大决策权的行政长官为核心的特别行政区地方政权形式"[⑥]。澳门大学法学院骆伟建教授认为："澳门特别行政区政治体制与原澳门政治制度、西方三权分立的政治制度、内地的人民代表大会制度相比较，有相同点，也有不同点，形成了自己的特点。"包括采纳了原有政制的行政主导原则，以及"行政、立法、司法互相独立、互相制衡、互相配合"[⑦]。但是萧蔚云教授在其 1993 年出版的专著中只提及"行政与立法的相互制约

---

① 李炳时：《澳门总督与立法会》，澳门基金会，1994，第 88 页。
② 李炳时：《澳门总督与立法会》，澳门基金会，1994，第 54 页。
③ 简能思（Vitalino Canas）：《政治学研究初阶》（中译本），澳门政府法律翻译办公室、澳门大学法学院，1997，第 8、281、345~347 页。
④ 吴志良：《生存之道——澳门政治制度与政治发展》，澳门成人教育学会，1998，第 334 页。
⑤ 吴志良：《澳门政制》，澳门基金会，1995，第 85 页。
⑥ 萧蔚云主编《论澳门特别行政区行政长官制》，澳门科技大学，2005，第 2 页。
⑦ 骆伟建：《澳门特别行政区基本法概论》，澳门基金会，2000，第 146~147 页。

和相互配合"并未提及"司法"①。

澳门学者吴志良在其著作中写道:"《基本法》设计的政制模式,是现代民主政制中总统制和半总统制的混合体,行政、立法、司法三权基本上分而立之,但行政长官的地位显得特别突出和超然,有点似总统制中的总统。行政长官由(间接)选举产生,代表特别行政区,对特别行政区负责,虽然可能受到特别行政区立法会弹劾,但无须对其负责。向立法会负责的,只是他所领导的特别行政区政府。因此,实际上行政长官既是特别行政区首长,又是特别行政区政府首长,担任重大的政治和行政责任,也拥有相当大的行政权和决策权。行政长官高度集中权力的特点,与目前的总督很相似。他们之间的根本性差别是,总督由葡萄牙总统委派,仅向总统负责,而行政长官则在当地推选产生,包含了民主成分,故而要对特别行政区负责。但从形式上,行政长官又由中央人民政府任命,因此,同时对中央人民政府负责。这正是主权和治权合一的必然结果,也意味着澳门政制的进一步民主化。"②

对于吴文中说中央对行政长官的任命是"形式上"的,骆伟建持不同看法。他认为:"行政长官人选产生后报中央人民政府任命。该任命既是必经的程序,也是中央人民政府行使实质性的决定权,包括任命或不任命。中央人民政府将以国务院令的形式任命行政长官。"③本书认同此说,但在中央政府不任命行政长官人选的情况下将如何处理,尚缺乏明确具体的法律规定。

对于回归前后政制模式的比较,还可以指出以下几点:

第一,回归前是"一般自治",回归后是"高度自治"。例如,立法会通过的法律只需向全国人大常委会备案,后者只是对不符合《基本法》关于中央管理的事务及中央和特区关系的条款可以发回,但不作修改;对于行政法规则无此程序。而回归前无论是法律或总督制定的法令,也无论是其内容为何,均可提请葡国宪法法院审议,以确定其是否违宪或违法。再如,回归前的澳门没有终审权,而且对总督或政务司的刑事、民事诉讼均不能在澳门提起和审理。而回归后澳门设有终审法院,并对

---

① 萧蔚云主编《一国两制与澳门特别行政区基本法》,北京大学出版社,1993,第171页。
② 吴志良:《生存之道——澳门政治制度与政治发展》,澳门成人教育学会,1998,第356~357页。
③ 骆伟建:《澳门特别行政区基本法概论》,澳门基金会,2000,第157页。

行政长官及主要官员等，均由澳门法院行使完整的司法管辖权①。又如，回归前解散立法会是由总督提请总统为之，回归后则是由行政长官决定，无须中央批准。

第二，在倡导行政与立法相互合作的前提下，两者的相互制约似乎有所加强。例如，行政长官不再行使立法权，但《基本法》对议员提案权有较多限制；而回归前议员的提案权有较大空间。再如，行政长官有权解散立法会，但同时立法会也可对行政长官提出弹劾案报请中央决定，而回归前立法会只可表决对施政方针的弹劾动议，并立即通知总统及总督。但"此机制之目的在于授予立法会一项手段以便对总督施加压力，这目的大于引致其直接辞职"②。值得注意的是，《基本法》和《澳门组织章程》均无规定中央政府或总统是否必须接受弹劾动议。最后应说明的是，虽然相互制约有所加强，但行政主导仍然是政治体制的基本模式。

第三，行政主导是就整个政治体制中的权力分配而言，即在整个政制架构中行政权居主导地位，尤其体现在行政与立法的相互关系中。行政主导是回归前后政治体制的共同特征，但除了本质不同外两者的现实形态或权力运行机制也有所不同。回归前体现为"独任专权型"，即总督独揽行政权不存在作为完整的行政架构即政府的法定设置，行政机关的立废皆由总督定夺；包括政务司在内的各级领导之权力源于总督，放权收权皆由其决定。回归后的行政主导是"一元主政式"的首长负责制。即首先表现在行政长官的双重法律地位和责任，体现为行政长官在整个政治体制中及整个行政架构中居最高地位和享有最大的权力，行政长官与主要官员是领导与服从的上下级关系。同时，政府作为完整的行政系统具有明确的法律地位和法定权责，但即便如此，基于行政长官的地位，整个行政架构以致整个政治体制仍然呈现出"一元主政"的体制特征③。

闻名世界的英国宪法学家 W. Ivor 詹宁斯早在 1933 年指出："若非仅仅就形式上的意义而言，宪法仍是人们的一种结合体，它的特性取决于处于统治和被统治地位的人们的特性。在此方面，宪法是一种转变中的事物，像万花筒的色

---

① 参阅澳门特别行政区第 9/1999 号法律《司法组织纲要法》第二章第四节及第五节。

② 简能思（Vitalino Canas）：《政治学研究初阶》（中译本），澳门政府法律翻译办公室、澳门大学法学院，1997，第 335～337 页。

③ 赵向阳：《澳门宏观行政架构过渡法律思考》，载《澳门 1999》，澳门基金会，1999，第 42～52 页。

彩一样变幻不定；对宪法运作的研究包括对各种社会和政治力量的考察，正是这些力量造成了民众及其社会各阶层的观念、愿望和习惯的变化。一个公法学家如果不理解宪法的这些方面，就不会理解宪法。"① 这就是宪法学界所谓的宪法之规范研究与宪法之实证研究的问题。而回归十多年的实践为深入研究澳门特区政治体制的实际运作和《基本法》的实施状况，提供了丰富的资源和广泛的空间。

---

① W. Ivor. 詹宁斯：《法与宪法》（中译本），龚祥瑞、侯健译，生活·读书·新知三联书店，1997，第 10～11 页。

图书在版编目（CIP）数据

澳门选举制度/赵向阳著.—北京：社会科学文献出版社，
2013.9（2025.2 重印）

（澳门特别行政区法律丛书）

ISBN 978 - 7 - 5097 - 4888 - 6

Ⅰ.①澳…　Ⅱ.①赵…　Ⅲ.①选举制度 - 研究 - 澳门
Ⅳ.①D676.592.4

中国版本图书馆 CIP 数据核字（2013）第 163246 号

·澳门特别行政区法律丛书·

澳门选举制度

著　　者／赵向阳

出 版 人／冀祥德
项目统筹／王玉敏
责任编辑／王玉敏　张文静
责任印制／王京美

出　　版／社会科学文献出版社·文化传媒分社（010）59367156
　　　　　地址：北京市北三环中路甲 29 号院华龙大厦　邮编：100029
　　　　　网址：www. ssap. com. cn
发　　行／社会科学文献出版社（010）59367028
印　　装／唐山玺诚印务有限公司

规　　格／开本：787mm × 1092mm　1/16
　　　　　印张：19　字数：315 千字
版　　次／2013 年 9 月第 1 版　2025 年 2 月第 5 次印刷
书　　号／ISBN 978 - 7 - 5097 - 4888 - 6
定　　价／59.00 元

读者服务电话：4008918866